rowohlt
BERLIN

Volker Wieprecht · Robert Skuppin

Das erste Mal

Küssen, Fliegen, Siegen
und andere Debüts

Rowohlt · Berlin

1. Auflage Januar 2013

Satz aus der DTL Documenta PostScript
bei Dörlemann Satz, Lemförde
Druck und Bindung CPI – Clausen & Bosse, Leck
Printed in Germany
ISBN 978 3 87134 746 7

Inhalt

Vorwort

Wir sagen es Ihnen lieber gleich: Das eine oder andere große Ereignis der Weltgeschichte wird in diesem Buch möglicherweise nur angedeutet oder gar nicht erst erwähnt. Sie erfahren auch wenig Neues über die Identität jenes ersten Huhns, das das Ei legte, aus dem es zuvor selbst geschlüpft war. Wir sahen uns gezwungen, dies alles stark zu vereinfachen, und haben sämtliche ersten Male auf das Minimum an Erfahrungsweisheit eingedampft, das wir im Laufe unseres Lebens zweifellos gewonnen haben: die Einsicht, dass wir alle Kinder unserer Zeit sind und keiner von uns etwas Besonderes darstellt. Das wiederum rechtfertigt hinreichend, dass wir in aller gebotenen Bescheidenheit bei uns selbst beginnen – und mit unseren eigenen Premieren, Debüts und ersten Malen aufwarten.

Auch in der Auswahl der Themen haben wir uns auf das Notwendigste beschränkt. So erwähnen wir zum Beispiel nicht, wie wir das erste Mal bei Rot über die Ampel gelaufen sind oder wie einer von uns im Kindergarten eine Holzkugel mit zwei Zentimetern Durchmesser verschlungen hat, die dann beim Arzt mit Kontrastflüssigkeit sichtbar gemacht und anschließend unter konvulsivischen Mühen des Körpers verwiesen wurde (Volker). Genauso wenig werden Sie hören, dass einer der Autoren im Alter von drei Jahren wider Erwarten das erste Mal doch noch einmal in die Hose gemacht hat, obwohl er schon längst ohne Windeln unterwegs war (Robert). Schließlich haben wir Ihnen auch jene Momente erspart, in denen wir das erste Mal über einen eigenen Wurstbrötchenverleih oder eine eigene Kneipe nachdachten. (Die zweite dieser beiden phänomenalen Geschäftsideen haben wir sogar umgesetzt und können nun getrost davon abraten: Der Betrieb einer Kneipe macht zwar Spaß, ließ uns aber auch das erste Mal richtig scheitern.)

Wir konzentrieren uns in diesem Buch auf jene biographischen Debüts, an die wir uns perfekt erinnern können: an die Sinneseindrücke und Gefühle, an das Lachen und die Tränen. Es sind die kleinen und großen Tief-, Höhe- und Wendepunkte unseres Lebens.

Tief- und Höhepunkte betreffend: Höher als viertausendfünfhundert Meter (der erste Fallschirmsprung) beziehungsweise tiefer als dreiundfünfzig Meter unter den Meeresspiegel (das erste Mal tauchen) sind wir aus eigener Kraft nicht gekommen. Und doch haben wir genug von der Welt gesehen, um zu wissen: Was Weltrekorde und Spitzenleistungen für Sportler, Abenteurer und Entdecker sind, sind für uns die hier beschriebenen ersten Male. Was wäre ohne diese Herausforderungen auch aus uns geworden? Kinderlose, sexuell frustrierte Einzelgänger, die nicht mal Rad fahren können? Angsthasen, die ständig kneifen, weil sie nichts einstecken können? Vielleicht nicht mal Verdientes? Vater zu werden, zu küssen, zu lieben, Fahrrad fahren zu lernen, Todesangst auszustehen und bei Raufereien zu unterliegen: All das hat geholfen in dem Durcheinander, das wir Leben nennen.

Es erscheint uns sinnvoll, ein Buch zu lesen, bevor man drüber spricht; genauso ist auch der klar im Vorteil, der seine eigenen Erfahrungen sammelt – und erkennt, welche Bedeutung er seinen Erlebnissen beimessen sollte. Triumph oder Niederlage: Ob etwas als sinnlos und bitter oder als lehrreich und befreiend erfahren wird, ist letztlich auch das Resultat bewusster Entscheidungen, die jeder für sich selbst trifft. Im schlimmsten Fall macht man aus einer Tragödie eben eine Komödie. Innerhalb dieses Spielraums sind die Geschichten, die wir hier erzählen, auch wahr. Manche unserer schlimmeren Erfahrungen sind Ihnen hoffentlich erspart geblieben. Hier können Sie sich unterhaltsam und lehrreich davon erzählen lassen. Bei der Lektüre der zum Glück zahlreicheren erfreulichen Episoden unseres Lebens werden Sie sich vielleicht an Ihre eigenen Debüts erinnern.

Kindheit – Extrem laut und unglaublich jung

Der erste Kindergeburtstag

Mein siebter Geburtstag wartete mit einer Überraschung auf – sogar mit einer erfreulichen. Dabei hatte ich die Hoffnung schon aufgegeben.

Die Gäste erschienen in einem Pulk pünktlich um 15.00 Uhr und staksten steif und keuchend die Treppen zu unserer Wohnung hoch. Mutter rückte ihre Betonfrisur zurecht und öffnete die Tür. Als Erste traten sich Oma und Opa die Füße auf der Matte ab, dann kam mein Patenonkel Hans. Ihre Polyesterkleidung knisterte, als sie die Jacken ablegten. Meine Wenigkeit trug die obligate Feiertagsuniform: die GUTE Hose, das GUTE Hemd. Der Aufzug für besondere Gelegenheiten. Ich stand brav mit den Händen auf dem Rücken und durchgedrückten Knien im Flur – «gespannt wie ein Flitzebogen» sagte man damals – und prüfte die Lage: einmal Treffer, einmal Niete. Oma hatte ein Geschenk dabei, Onkel Hans wieder mal keins. Unwahrscheinlich, dass er in der Hosentasche eine goldene Kette für mich versteckt hielt. Oma überreichte mir ein Paket. Ein Buch, wie ich gleich an der Form erkannte. Onkel Hans schüttelte mir nur mit zu festem Griff die Hand. «Alles Gute zum Geburtstag, Junge!» Was für eine Party …

Mehr Besuch war nicht geladen. «Wenn du größer bist, feiern wir auch mal mit den anderen Kindern!», sagten meine Eltern im darauffolgenden Jahr. Ich glaube, sie hatten einfach nicht die Nerven für den sprichwörtlichen Sack Flöhe. Und damit waren sie nicht allein. Ich kann an dieser

Stelle versichern, dass ich in jungen Jahren nie eine selbstgebastelte Einladung in Händen gehalten habe. Niemand in meiner Grundschulklasse hat je seine Mitschüler zum Geburtstag gebeten. Mag sein, dass ich einem Ausbildungslager für asozial Veranlagte entstamme.

Kindergeburtstagsklassiker wie die «Geschenke-Torte-Verwüstung» oder «Bastelkurs im Museum – Pizza – Tanzen» gab es in meinem Leben nicht. Ich hatte keine Apo-Eltern, die für Stimmung sorgten, und in einer Arbeiterfamilie war so etwas unvorstellbar. Auch in meiner Gymnasialzeit passierte wenig. Damals feierten die Eltern vor allem ihre eigene vermeintliche Meisterleistung: Wir haben den Jungen gezeugt. Und er hält sich ganz ordentlich. Dafür darf er auch dabei sein. Das musste reichen. Zweifel hatten sie keine, weil es bei den anderen Familien genauso lief und sie es aus ihrer Kindheit selbst nicht anders kannten. 1946 wurden nur selten Kinder eingeladen, um die Kohlsuppe am Geburtstag auf noch mehr Teller zu verteilen oder Eierlaufen mal anders zu spielen, indem man am Güterbahnhof über den Zaun kletterte und Koks von den Waggons mopste. Sie hatten in ihrer Kindheit gedarbt. Ich lebte aus ihrer Sicht schon in Saus und Braus.

Wir begannen also umgehend mit den verhaltenen Feierlichkeiten angelegentlich meines siebten Geburtstags und aßen wortkarg kalte Quarktorte mit Dosenmandarinen, die nach rostigem Blech schmeckten. Onkel Hans überreichte mir vor aller Augen jetzt doch noch zehn Mark, die mir Mutter dann abnahm, um sie, wie sie sagte, für mich aufzuheben. Das kannte ich schon. Bei ihr war das Geld wirklich sicher – vor allem vor mir. Dann wurde ich aufgefordert, in mein Zimmer zu gehen, um in Ruhe mit meinen Geschenken zu spielen. Mir fiel auch nichts mehr ein, womit ich die Erwachsenen hätte unterhalten können. Ihre Bemühungen, mit mir ins Gespräch zu kommen, fruchteten auch nicht viel. Später lernte ich ihre Fragetechnik in Interviews zu vermeiden. «Ich habe gehört, du bist gut in der Schule ... dann macht es dir sicherlich Spaß?» – man traut sich kaum, ein Fragezeichen hinter so einen Satz zu setzen.

Ich trollte mich, lief in mein Zimmer und setzte mich aufs Bett. Zuerst las ich in meinem Buch: «Kasimirs Weltreise». Kasimir hatte eine Nase wie ein Schwein, aber dafür eine gute Frisur. Er kam ziemlich viel rum. Ich kam ganz gut klar mit dem Stoff, der vermutlich für Dreijährige gedacht war. Immerhin war ich dieses Mal nicht aufgefordert worden, mich noch ein zweites Mal bei Oma und Opa zu bedanken. Ich legte das Buch beiseite und spielte mit dem Baukran, den mir meine Eltern geschenkt hatten. Ein sensationelles Geschenk: Der Kran konnte kleinere Lasten mühelos dreißig Zentimeter in die Höhe hieven, wenn man eine kleine Kurbel betätigte. Ich klinkte den Haken des Krans in die Fensterrahmen meiner Matchbox-Autos und ließ die Wagen hoch und runter. Total realistisch, in echt kaum besser. Kontrolle auszuüben ist eine beruhigende Tätigkeit.

Meine Mutter lief währenddessen immer wieder über den Flur und holte neue Flaschen. Es war Medizin – so viel wusste ich. Erst braune, dann grüne, schlussendlich durchsichtige Pullen. Bevor Letztere zum Einsatz kamen, war es im Wohnzimmer bereits deutlich lauter geworden. Die Stimmung war geradezu ausgelassen. Genau so, wie es auf einem Kindergeburtstag sein sollte – nur im falschen Zimmer. Aber letztlich war ich froh, dass es den Erwachsenen mit diesen Getränken offenbar gelungen war, die Symptome ihrer Krankheit zu lindern. Eine Krankheit, die sich, nüchtern betrachtet, in granteligem Schweigen äußerte. Oder, noch schlimmer, in Erwachsensein.

Aus dem Wohnzimmer trällerte mittlerweile Mireille Mathieu. Die Dame mit der Prinz-Eisenherz-Frisur arbeitete sich an großen Brocken Deutsch ab: «Es geht mir gut, Merci, Chéri!» Ich stellte die Kranarbeiten ein und wagte einen Blick in die Wohnstube. Vater legte die B-Seite der Single auf und sah stolz zu, wie der elfenbeinfarbene Arm des Plattenspielers die Nadel in die Rille setzte. Eine Nordmende Musiktruhe. Der letzte Schrei. Dann setzte er sich auf einen der beiden klobigen rotbraunen Sessel aus Lederimitat. Sein Bruder lungerte im anderen herum. Die Dinger waren viel zu groß für das Zimmer, aber zumindest modern. Oma und Opa hockten auf der gewaltigen Couch, Mutter dazwischen.

Meine Gäste starrten auf den Tisch, auf ihre Gläser, in die Luft, dann sahen sie mich an. Opa hob sein Schnapsglas, nickte meiner Mutter zu, die ihm nachschenkte, und sprach einen Toast aus: «Auf den Jungen!» – «Auf den Jungen!», wiederholten die anderen und hoben ebenfalls die Gläser. Ich fragte, ob ich mal probieren dürfe. «Hohohoho!», sagten da die Erwachsenen, und Opa winkte mich zu sich. Die Platte war zu Ende, der Plattenarm rumpelte zurück in seine Ausgangsstellung. Opa betupfte den Zeigefinger seiner Rechten mit dem Bodensatz seines Schnapsglases und steckte ihn mir in den Mund. Es war widerlich. Sein Finger schmeckte nach Tabak, und es brannte beim Schlucken. Ich verzog keine Miene. «Lecker!», sagte ich.

Alle lachten, bis auf Mutter. «Geh jetzt mal wieder in dein Zimmer. Schön spielen!» Langsam hatte ich genug. Jetzt reichte es also schon nicht mehr, dass ich spielte. Ich sollte auch noch schön spielen. Gerade wollte ich die gelöste Stimmung der Erwachsenen ausnutzen und frech werden, als etwas Unerhörtes passierte: Es klingelte an der Wohnungstür. Fünf Mal. Viel zu oft. Alle sahen sich an. «Wer kann das sein?», fragte Oma.

Aus heutiger Sicht würde ich sagen: Jeder der Beteiligten hatte sicher so seine eigenen, historisch bedingten Befürchtungen, aber allen wird klar gewesen sein: Das Private muss stets vor der Öffentlichkeit geschützt werden. Ein Eindringling nahte, der das traute Beisammensein der Familie gefährdete. Ich begann zu hoffen. Mutter lief auf den Flur und drückte den Türöffner. Wir wohnten im vierten Stock. Es dauerte eine Ewigkeit. Ich versuchte an den Geräuschen zu erraten, wer da kam. Jung, alt, dick, dünn, einer, zwei, viele? Es war nur einer, und er war jung. Er hielt sich am Geländer fest und zog sich, immer zwei Stufen auf einmal nehmend, die Treppe hoch. Schließlich kam er atemlos vor meiner Mutter an, die mittlerweile die Fäuste in die Hüften gestemmt hatte. Ich stand hinter ihr.

Christian Brammberg. Der Sohn des Konditors. Sein Haar hatte mindestens sieben Wirbel. Einer der Wilden auf dem Schulhof. Hatte immer Kuchen dabei. Manchmal gab er was davon ab. Nicht der Beste in Deutsch und Mathe, auch in Sport keine Kanone. Aber immerhin.

«Guten Tag, ich wollte fragen, ob der Volker mit mir auf dem Hof spielen kann?» Er wohnte zwei Häuser weiter. Wenn jeder von uns über eine Mauer kletterte, konnten wir im gleichen Hof Fahrrad fahren oder mit Ästen fechten. «Volker hat Geburtstag», sagte meine Mutter, «und wir feiern gerade schön!» Ich fragte mich wirklich, wer hier bitte ‹gerade schön feierte›. Aber dann geschah das Wunder. «Komm erst mal rein.» Christian trat sich übertrieben gründlich die Füße ab. Als er nach einer gefühlten halben Stunde damit fertig war, nahm meine Mutter seine Jacke entgegen. «Wir haben noch Kuchen? Möchtest du ein Stück?»

Es wurde dann doch noch ein schöner Nachmittag. Die Erwachsenen bekämpften ihr düsteres Gemüt weiter erfolgreich mit Stimmungsaufhellern und amüsierten sich wie verrückt, dass Christian es schaffte, sage und schreibe sechs Stück Kuchen zu verdrücken. Von der leckeren Mandarinentorte zwei und vier vom Marmorkuchen. Das Thema dominierte das Tischgespräch über eine Stunde. Danach war Christian leider so sediert, dass das große Getobe auf dem Hof ausfallen musste.

Wir blieben also oben. Mein Baukran erfuhr ausreichend Bewunderung, das Buch kam verständlicherweise nicht ganz so gut an. Der Vollständigkeit halber berichtete ich Christian, dass ich auch noch zehn Mark geschenkt bekommen hatte. Das konnte er locker überbieten: Er habe eine Tante, meinte er, die ihm sogar mal zwanzig Mark geschenkt habe. Ich war beeindruckt. Dann setzten wir uns an den Maltisch und fingen an loszukritzeln. «Wer den besten Ritter malt!», sagte ich, und Christian fing auch gleich damit an. Er hielt sich sehr lange mit der Burg und ihren Türmen und Zinnen auf. Ein Fehler. Ich ging den Kämpfer direkt an und versah ihn mit einer Menge Waffen: Morgenstern, Doppelaxt und zwei riesige Schwerter, in jeder Hand eins. Dazu eine Rüstung, die ihn auf das Doppelte seiner Körpergröße aufblähte. Als wir die Bilder verglichen, wurde schnell klar, dass ich den mächtigeren Ritter gemalt hatte. «Das ist unfair», beschwerte sich Christian, «die hatten immer nur ein Schwert!» Mir war das völlig egal. Doppelt hält besser. Die Zeit zu zweit war außerdem viel zu kostbar, um währenddessen auch noch andauernd zu verlieren.

Um kurz nach sechs musste Christian gehen. Er gab jedem Erwachsenen zum Abschied die Hand. Mir hatte er das Dokument seiner Niederlage dagelassen. Wir aßen belegte

Brote, und ich sollte mir nach dem Essen sofort die Zähne putzen. «Volker kommt dann noch mal im Schlafanzug und sagt uns allen gute Nacht!» – der Satz einer Generation. Ich weiß schon, warum ich auch heute noch am liebsten wortlos von Partys verschwinde. V.W.

Das erste Haustier

«Oh Gott, sind die süß!», dachte ich und drückte mir die Nase an der Ladenscheibe platt. Weder Hamster noch Meerschweinchen, Hund, Katze oder Papagei interessierten mich, mein Herz schlug allein für diese schwarz-weiß gefleckten putzigen Dinger. Meine Eltern waren strikt gegen ein Haustier. Ich aber spürte, dass sie es nicht verhindern konnten: Es würde der Tag kommen, an dem die japanischen Tanzmäuse ihre Runden auch bei uns zu Hause drehten.

Japanische Tanzmäuse sind noch kleiner als weiße Mäuse, haben mittellange rosa Schwänzchen und passen sogar auf die Handfläche kleiner Kinder. Eigentlich waren sie nicht mal richtig teuer: Eine Maus kostete zwölf Mark. Natürlich musste man noch in Käfig, Ausstattung und Futter investieren.

«Die stinken!», sagte meine Mutter. Das brachte mich zum Weinen. «Nein, nein, nein, du stinkst!», schlug ich zurück. Zugegeben, die Mäuse kackten tatsächlich ab und zu in das fein geschnittene Stroh in ihrem Käfig. Aber warum, in aller Welt, sollten diese Minimäuse-Häuflein stinken? «Die schlafen tagsüber», meinte mein Vater, «und tanzen nur nachts, wenn du schläfst. Das macht doch keinen Sinn!» – «Ich werde die nicht schlafen lassen», parierte ich auch hier selbstbewusst, «ich wecke sie! Die tanzen den ganzen Tag nur für mich, und außerdem laufen sie hier im Laden doch auch tagsüber im Kreis!»

Allerdings hatte mein Vater damals recht: Japanische Tanzmäuse schlafen tagsüber und werden erst in der Nacht aktiv. Für Kinder sind sie als Haustiere also eher ungeeignet. Mittlerweile sind die Zucht und der Verkauf in Deutschland sowieso verboten. Die Mäuse haben einen angezüchteten Gendefekt. Eine hervorgerufene Schädigung des Innenohrs macht sie gehörlos und zerstört ihren Gleichgewichtssinn. Das verleitet sie, immerzu im Kreis zu laufen. In Deutschland gilt das mittlerweile als Tierquälerei. 1974 spielte es wohl noch keine Rolle. Hätte ich das alles gewusst, wäre es mir wahrscheinlich auch egal gewesen. Für mich waren die Mäuse einfach nur klein, süß und extrem lebendig.

Wochen vergingen, in denen ich am Schaufenster dem Treiben der kleinen Nager zusah oder im Laden mit dem Verkäufer über Pflege, Nahrung und Verhalten der Minimäuse sprach. Ich besaß weder genügend Geld, um eine Maus, den Käfig und alles andere zu kaufen, noch hatte ich die Erlaubnis meiner Eltern. Andere Kinder hatten Hamster, Meerschweinchen, Kanarienvögel, Katzen oder sogar Hunde (die eigentlichen Könige unter den Haustieren) – mir wurde nicht mal eine Tanzmaus gegönnt.

Eines Tages stand ich wieder allein vor dem Laden und sah den Tanzdarbietungen meiner kleinen Freunde zu, als plötzlich eine ältere Dame neben mir stehen blieb. Dass jemand vor der Scheibe des Tiergeschäfts haltmachte, kam natürlich öfters vor. Aber diese Dame blieb erstaunlich lange dort stehen, beobachtete die Mäuse und zwischendurch auch immer wieder mich. Irgendwann sahen wir uns beide an. «Gefallen dir die Mäuse?», fragte sie. Ich nickte und antwortete: «Die sind so süß. So eine will ich auch haben!» Die Frau lächelte verständnisvoll. «Ich habe bei einer Tombola einen Gutschein für zwei Tanzmäuse mit Käfig gewonnen. Leider kann ich mich nicht um die Mäuse kümmern. Möchtest du den Gutschein haben?»

Was für eine Frage – natürlich wollte ich! Ich konnte mein Glück kaum fassen. Ich lief, ich sprang, ich tanzte und sang, bis ich zu Hause war, wo ich meinen Eltern freudestrahlend den Gutschein unter die Nase hielt. Die waren natürlich fassungslos – ihr Widerstand aber war gebrochen. Bereits am nächsten Tag zwang ich sie ins Tiergeschäft. Dort suchte ich mir zwei Tanzmäuse aus: Eine war fast weiß und hatte nur ein paar schwarze Punkte auf dem Kopf, die andere hatte zwei große, fast quadratische schwarze Flecken auf dem Rücken. Dazu bekam ich einen Käfig aus Plexiglas, der halb so groß war wie ein Bierkasten. Außerdem kauften wir noch Streu, Futter und zwei kleine Porzellanfutterschälchen.

Wir transportierten die Mäuse in einer Pappschachtel nach Hause, die während der Autofahrt auf meinem Schoß ruhte. Im Kinderzimmer ließ ich die beiden sofort frei. Anders als erwartet tanzten sie nicht, sondern versteckten sich unter dem Kleiderschrank. Meine Mutter füllte derweil die Streu in den Käfig, in die eine Futterschale Körner und in die andere Wasser. «Ich mache das nur das erste Mal!», sagte sie streng und stellte den Käfig in mein Kinderzimmerregal. «Kein Problem, ich mache das gern!», antwortete ich, während ich versuchte, die Mäuse wieder einzufangen, was mir lange nicht gelang. Irgendwann eierten sie unter dem Schrank hervor, sodass ich sie packen und in ihren Käfig setzen konnte. Jetzt musste ich den zweien nur noch Namen geben. Feierlich trat ich vor den Käfig und sprach: «Hiermit taufe ich euch auf die Namen Max und Moritz!»

Als es Zeit war, schlafen zu gehen, begannen die Mäuse plötzlich wie wahnsinnig in ihrem Käfig herumzurasen. Immer wieder drehten sie sich im Kreis und machten einen Höllenlärm. «Ihr müsst jetzt auch schlafen», ermahnte ich die beiden, «morgen ist Schule!» Den Mäusen war offenbar egal, was ich sagte, denn sie setzten ihre Runden unbeirrt fort. Ich konnte nicht einschlafen. Schließlich beschloss ich, meine Eltern zu holen. Mein Vater kam ins Kinderzimmer, griff sich den Käfig und stellte ihn kurz entschlossen auf den Balkon. Jetzt war Ruhe.

Als ich am nächsten Morgen aufwachte, lief ich gleich nach draußen zu den Mäusen. Max und Moritz lagen wie tot nebeneinander im Käfig. Sie waren doch nicht etwa erfroren?! Es war gar nicht so kalt gewesen! Mir stockte der Atem. Aber ich beruhigte mich schnell wieder: Wenn man genau hinsah, konnte man die kleinen Herzen von Max und Moritz schlagen sehen. Die Tiere schliefen tief, und das taten sie auch noch, als ich wieder aus der Schule kam. Ich versuchte sie zu wecken, aber sie streckten sich nur und liefen einmal im Kreis, bevor sie sich wieder hinlegten.

Gegen Abend wurden sie immer munterer und rasten bald wie irre im Kreis. In seltenen Pausen tranken und fraßen sie oder pinkelten und kackten ihren Käfig voll. Am darauffolgenden Morgen waren sie dann wieder wie tot. Nach einer Woche ödeten mich die beiden Gesellen nur noch an.

Eines Nachmittags besuchte ich einen Freund, der selbst Mäuse hielt – allerdings keine japanischen Tanzmäuse, sondern weiße Mäuse. Davon hatte er eine ganze Menge, im Keller des Hauses standen mehrere Käfige. Bereits in der Schule hatten wir einen tollen Plan ausgeheckt: Wir wollten für zwei der weißen Mäuse kleine Fallschirme aus Taschentüchern basteln und diese dann mit Raketen, die vom letzten

Silvesterabend übrig geblieben waren, in die Luft schießen. Die Mini-Fallschirmspringer sollten dann zur Erde zurücksegeln. Wir verknoteten die Tuchenden mit Nylonfäden und knüpften Schlaufen, die wir den beiden umlegen wollten.

Den Weg zur Abschussrampe legten die zwei Mäuse in der Transportschachtel meiner Tanzmäuse zurück. Wir fuhren mit unseren Fahrrädern zu einem abgelegenen Waldstück mit einer großen Lichtung. Die Mäuse ahnten wohl, dass ein aufregendes Abenteuer auf sie wartete. Nachdem wir angekommen waren, sahen wir, dass sie sich diverse Male in der Schachtel erleichtert hatten.

Wir machten eine Rakete startklar und tauften die erste Astronauten-Maus auf den Namen «Armstrong». Als wir ihr den Fallschirm anlegen wollten, wehrte sie sich und versuchte, die Fäden durchzubeißen. Erfolglos. Wir hängten das Tuch mit dem zappelnden Armstrong an die Spitze der Rakete, dann verabschiedeten wir den kleinen Astronauten: «Houston, Mission Control: zehn, neun, acht, sieben, sechs, fünf, vier, drei, zwei, eins, null!» Ich lief zur Rakete und hielt das Feuerzeug unter die Zündschnur.

Es qualmte und zischte. Für kurze Zeit war kaum mehr etwas zu erkennen, dann verzog sich langsam der Rauch. Dort, wo eben noch die Rakete im Boden gesteckt hatte, konnte man eine Maus entdecken, die mühsam einen kleinen Fallschirm hinter sich her zog. Offensichtlich hatte sie sich kurz vor dem Start der Rakete befreien können.

Entschlossen packte ich die zweite Rakete aus, mein Freund fing in der Zwischenzeit Armstrong ein. Der kleine Astronaut zitterte am ganzen Körper. Davon ungerührt drapierten wir den Fallschirm ein weiteres Mal an der Spitze der Rakete. Wir salutierten und fingen an, den Startcountdown herunterzuzählen. Ich zündete die Zündschnur schon bei «fünf» und streichelte Armstrong noch mal zur Beruhigung über den Rücken. Kurz vor «Null» startete die Rakete. Diesmal blieb nichts auf dem Boden zurück. Die Mausmission hatte begonnen – nur ein kleiner Schritt für uns, aber ein großer Schritt für die Mausheit.

Früher als erwartet kam etwas vom Himmel gefallen. Der Fallschirm war offenbar nicht aufgegangen. Armstrong hatte keine weiche Landung, war aber auch nicht besonders tief gefallen, ein paar Meter vielleicht. Er hatte überlebt. Enttäuscht beendeten wir unser Projekt der Eroberung fremder Welten durch Mäuse und fuhren zurück nach Hause. Immerhin, sicher hatte Armstrong den anderen Mäusen einiges zu erzählen.

Als wir wieder im Keller bei den Mäusen waren, fiel mir in den Käfigen weiße Watte auf. Mein Freund erklärte mir, die Mäuse würden sich darin zum Schlafen einrollen. Beim Abschied gab er mir für meine Tanzmäuse etwas davon mit. Ich hoffte, dass Max und Moritz darin besser schlafen könnten. Noch am gleichen Tag säuberte ich ihre Behausung und machte ihnen neben ihrer Streu ein schönes Bett. Am nächsten Morgen lagen die beiden gemütlich eingerollt in der weißen Mäusewatte.

In der Schule erwartete mich eine erschreckende Nachricht: Armstrong hatte die Nacht nicht überlebt. Wahrscheinlich war er bei den missglückten Starts doch schwerer verletzt worden, als wir dachten. Nun lagen seine sterblichen Überreste in einen Waschlappen gewickelt im Schulranzen meines Freundes. Nach der Schule beerdigten wir ihn feierlich in der Nähe der Raketenabschussrampe. Da wir keine andere Hymne kannten und nicht wussten, welcher Nationalität der tote Maustronaut Armstrong angehört hatte, summten wir die amerikanische – oder das, was wir dafür hielten –, während wir ihn verscharrten.

Betrübt ging ich nach Hause. Wir hatten Armstrong nichts Böses antun wollen, aber irgendwie fühlte ich mich für seinen Tod verantwortlich. Zurück in meinem Zimmer, betrachtete ich den Käfig. Max und Moritz schliefen friedlich und fest in der neuen Watte.

Als sie am frühen Abend wieder begannen im Kreis zu laufen, fiel mir auf, dass Max Teile der Watte mit sich herumschleppte. Ich nahm ihn aus dem Käfig und versuchte, die Watte vom Mäusebein zu entfernen. Das ging auch ganz gut, bis auf einen ganz kleinen Teil, der sich durch das ständige Herumlaufen sehr eng und fest um das Bein gelegt hatte. Ich beließ es dabei, in diesem Augenblick schien mir das nicht so wichtig.

Erst am Abend darauf, als Max und Moritz wieder wie irre durch den Käfig flitzten, bemerkte ich, dass das Bein von Max leicht angeschwollen war. Bei genauerer Betrachtung konnte man sehen, dass die Watte das Bein abschnürte. Durch die Schwellung war es allerdings unmöglich, sie zu entfernen. Einen Tag später hatte Max bereits erkennbar Probleme, die Kreisbahnen in hohem Tempo zu laufen. Das linke Bein war nun im oberen Bereich fast so dick wie ein kleiner Finger, unter der Abschnürung wirkte es dürr, farblich verändert und kraftlos. Er eierte eher um die Kurven. Ich ging mit Tränen in den Augen schlafen. Erst vor kurzem hatten wir Armstrong getötet, und nun ging es Max schlecht.

Der nächste Abend war noch schrecklicher. Es tanzte nur Moritz, Max war zwar wach, konnte aber mit dem monströs angeschwollenen Bein nicht laufen. Der Stummel hatte inzwischen eine dunkle, fast schwarze Färbung angenommen und fühlte sich merkwürdig rau und trocken an. Beim

Abendessen lobten mich meine Eltern dafür, wie gut ich für Max und Moritz sorgte. «Wir waren nicht sicher, ob du dich wirklich um ein Tier kümmern würdest», gab meine Mutter zu. Ich sprang auf und lief zu den Mäusen. Meine Eltern sollten nicht sehen, wie sehr ich mich schämte.

Am nächsten Tag rannten beide wieder durch den Käfig, als sei nichts gewesen. An Max' Bein war zwar die monströse Schwellung verschwunden, dafür war der untere Teil jetzt tiefschwarz. Ich war kein Mediziner und auch kein Erwachsener, aber ich traute mir eine Diagnose zu: Der untere Bereich des Beins musste wohl abgestorben sein. Zum Glück wusste ich, was zu tun war: Ich ging ins Badezimmer, holte die Nagelschere, nahm Max aus dem Käfig, hielt ihn fest und schnitt das kleine schwarze Stück, das einmal ein Unterschenkel mit Fuß gewesen war, einfach ab. Das ging so einfach, als würde ich durch Papier schneiden, es blutete nicht, und es lief auch sonst nichts aus. Dann lief ich mit Max ins Badezimmer und sprühte zur Desinfektion das Aftershave meines Vaters auf den Beinstummel. In Abenteuerfilmen hatte ich gesehen, dass man Verletzungen auch ausbrennen konnte, um Entzündungen zu verhindern, aber ich hätte Angst gehabt, Max dabei abzufackeln. Danach setzte ich ihn wieder in den Käfig.

Obwohl er gerade eine ambulante Amputation hinter sich gebracht hatte, fing er sofort wieder an, im Kreis zu laufen. Ich fühlte mich wesentlich besser und hoffte, dass Max nicht mehr zu viel leiden musste. Den abgeschnittenen Unterschenkel wickelte ich in Klopapier und nahm ihn am nächsten Tag mit in die Schule. Zusammen mit meinem Freund beerdigte ich das Bein neben Amstrongs Grab. Max ging es von Tag zu Tag besser. Irgendwann lief er wieder so, als hätte er noch alle seine Extremitäten. Meine Eltern haben das fehlende Bein nie bemerkt. Wenn man sich die kleine Maus nicht genau ansah, konnte man es auch kaum erkennen.

Max und Moritz wurden leider trotzdem nicht alt. An einem schönen Frühlingstag nahm ich sie mit zum Fußballspielen und stellte den Käfig, der oben offen war, in den Schatten. Ich hatte nicht damit gerechnet, dass Katzen durch die Gegend streunten – und kam zu spät. Moritz hatte keine Chance. Ich fand ihn mit durchgebissenem Nacken im Käfig. Max hätte wohl flüchten können, wäre er nicht gehandicapt gewesen. Auch er lag tot im Gras. Mein Vater hielt mir am Abend eine Gardinenpredigt darüber, was es heiße, Verantwortung zu übernehmen. Ich sagte nichts und dachte mir nur: «Wenn du wüsstest, wie ich in einer Notoperation um meine Maus gekämpft habe.» Erzählen wollte ich ihm davon aber nicht. Wahrscheinlich hätte es Ärger gegeben, weil ich seine Nagelschere und sein Aftershave dafür benutzt hatte.

Wir hatten danach noch viele Haustiere, darunter sogar einen Hund. Ich habe allerdings nie wieder welche in die Luft geschossen oder sie selbst operiert. R.S.

Das erste Mal Fahrrad fahren

Ich erinnere mich noch genau: Wir saßen zu viert am Tisch und frühstückten. Monika, Dietmar, Peter und ich. Still kauten wir unsere mitgebrachten Brote. Alle aus Weißmehl, alle mit dick Butter und Wurst. Nur Monika hatte Käse. Ich würgte an der Blutwurst rum, die ich nicht mochte, wegen ihrer Farbe aber immerhin interessant fand. Bevor ich den Geschmack im Mund runterspülen konnte, musste ich erst einmal die runzlige Haut auf der warmen Milch beiseiteschieben. Kurzum: Ich hatte zu tun und war übel gelaunt.

Das Gespräch am Tisch war ohnehin versiegt, seit Monika bei uns war. Wo Monika war, war immer Ärger. Frau Lohmann, unsere Kindergärtnerin, hatte es auf sie abgesehen. Und es kam noch schlimmer: Dietmar sprach mich auf mein Fahrrad an. «Fährst du eigentlich noch mit Stützrädern?» Pause. Genüssliches Schmatzen. «Ich nämlich nicht!»

Verdammt, wie peinlich. Ich war ertappt und Dietmar gerade dabei, mich im großen Stil vorzuführen. Ich sagte, er sei ein Stinkepups. Monika lachte laut und hämisch. Sofort stand Frau Lohmann neben ihr. «Was habe ich gesagt, Monika? Was habe ich gesagt?» Sie griff Monika, die wie immer reflexartig zu weinen begann, am Arm und zog sie in Richtung Heizungskeller. «Wie oft habe ich dir schon gesagt, dass wir beim Frühstück essen? Essen. Und nur essen. Wir regen uns nicht auf, wir lachen nicht. Wir beruhigen uns. Und du wirst dich jetzt im Heizungskeller beruhigen.» Beide verschwanden im Gang, während Frau Lohmann in ihrer Kitteltasche nach dem Pflaster kramte, das sie Monika auf den Mund kleben würde. Tür zum Heizungskeller auf, Kind rein, Tür zu.

Alle kauten betroffen. Ich hatte doppeltes Glück: Ich saß noch auf meinem Stühlchen und weinte nicht mit Pflaster vor dem Mund im Dunkeln. Und, fast noch wichtiger, meine fehlenden Radelkünste waren vom Tisch. Ich schwor mir trotzdem, diesem Makel sofort abzuhelfen. Gleich am Nachmittag wollte ich meine Mutti bitten, die Stützräder zu entfernen. Jeder wusste, Fahrrad fahren mit Stützrädern ist kein richtiges Fahrrad fahren, sondern eher so, als führe man einen Rolls-Royce, den ein Esel zieht. Allerdings scheint, wie ich bald lernen sollte, der Entwicklung jeder kulturellen Fertigkeit großes Leid vorauszugehen – im Großen wie im Kleinen.

Jahrtausendelang besorgten Vierfüßler den Transport. Pferde, Mulis, Ochsen und in exotischeren Gefilden auch Elefanten, Kamele und andere Höckertiere quälten sich mit Menschen und anderen Lasten. Dann kam der Winter 1815/16. Die Ernten der vorangegangenen Jahre waren schon mager gewesen; die nun folgenden zwölf Monate erhielten den Namen «Jahr ohne Sommer». Die Temperaturen lagen permanent drei bis vier Grad unter dem Durchschnitt. Die Ernteausfälle waren verheerend. Die eisige Kälte legte die Häfen lahm, auch über den Seeweg konnte der Ausfall der Ernte nicht ausgeglichen werden. Überall in Europa herrschte Hungersnot.

Die Ursache für diese Katastrophe fanden Wissenschaftler erst im späten zwanzigsten Jahrhundert: Der Vulkan Tambora war 1815 auf der indonesischen Insel Sumbawa ausgebrochen. Manche behaupten, bis zu dreihundert Kubikkilometer Staub seien in der Folge durch die Atmosphäre gezogen. Im darauffolgenden Jahr verdunkelte sich in der nördlichen Hemisphäre der Himmel, und der Ruß schob sich vor die Sonne. Die Menschen aßen Sauerampfer, Moos, Kettenhunde und Katzenfleisch. Für das Vieh blieb nichts über. Pferde starben en masse. Und während im Sommer Schnee fiel, grübelten die Menschen, wie sie ohne Pferd von A nach B kommen könnten.

Einer von ihnen war Karl Freiherr von Drais (1785–1851). Drais, ein Mannheimer Forstlehrer und Erfinder, legte am 12. Juni 1817 nach vierjähriger Vorarbeit mit einer fünfzig Pfund schweren Laufmaschine aus Holz eine Strecke von ungefähr fünfzehn Kilometern in gut einer Stunde zurück. Schon die erste Fahrt mit seiner später «Draisine» oder auch «Veloziped» genannten Maschine, berichtet die «Karlsruher Zeitung» am 1. August 1817, habe «mehrere Kunstliebhaber von der großen Schnelligkeit dieser sehr interessanten Fahrmaschine überzeugt». Noch im gleichen Jahr fügte Drais seiner Erfindung eine dosierbare Klotzbremse und einen Ständer hinzu und war auf der Strecke zwischen Karlsruhe und Kehl bei Straßburg schneller als die Postkutsche.

Schon bald begann in halb Europa der nicht lizenzierte Nachbau der Maschine. Abbildungen in deutschen Zeitungen machten einen Nach- oder Umbau leicht. Menschen mit großer «Balancierangst» erprobten auch drei- und vierrädrige Varianten. In England führten die wilden Wettfahrten früher Dandys auf den Trottoirs von London schon 1819 zu sozialer Ächtung. Schnell hatte das Veloziped europaweit erklärte Feinde; die erbosten Gegner waren, wie ein späterer Verfechter schreiben wird, vor allem «dicke Männer, Nachtwächter, alte Frauen, die Obrigkeit, der Mob, die königlichen Minister und die Pferde». Es hagelte Verbote.

Erst vier Jahrzehnte später tauchte das erste zweirädrige Gefährt mit Pedalen auf, das sogenannte Frontkurbelveloziped. Einen Fuß auf das Pedal, Stange zwischen die Beine, abstoßen, rollen, ganz aufsteigen, treten, los geht's. Ein chinesischer Besucher der Weltausstellung 1867 in Paris berichtete staunend, auf den Straßen überall Maschinen angetroffen zu haben, die durch «Fuß-Pedalieren» wie galoppierende Pferde flitzten. In den siebziger Jahren des neunzehnten Jahrhunderts kam schließlich das Hochrad auf. Nur adlige Herrschaften konnten es sich leisten – sie betrieben Hochradfahren als Sport. Das große Vorderrad sorgte für höhere Geschwindigkeit, führte aber auch oft zu bösen Abgängen. Ein Schlagloch, und der Fahrer schoss über den Lenker hinaus. Schlimmstenfalls blieb er auch noch mit den Füßen hängen, sodass die Nase erst in die Speichen und dann der Rest des Körpers unters Fahrrad geriet.

Jede Technik hat ihre Tücken. Die Sicherheitsmängel meines eigenen Fahrrads lernte ich noch am selben Tag des Jahres 1968 kennen, an dem ich als Stützradfahrer und Nichtskönner entlarvt worden war. Ein älterer Spielkamerad demontierte vor der Haustür die Stützräder. Ich stieg auf, er hielt das Fahrrad am Gepäckträger fest, schob an, und ich eierte los. Die erste Runde um den Häuserblock verlief unfallfrei. Mir dämmerte allerdings schon während der zweiten Runde, dass das Bremsen ein echtes Problem darstellen könnte. Und siehe da, schnell wurde der Horror real. Fahrrad fährt, weil Junior tritt. Junior verunsichert, Fahrrad wackelt, Verunsicherung nimmt zu. Bremsung volles Karacho per Rücktritt. Und nun stellt sich plötzlich eine Frage, der man sich zuvor vollkommen unzureichend gewidmet hat: Wie lässt es sich motorisch anstellen, ein zum Stillstand strebendes Zweirad einerseits stabil zu halten und andererseits beide Füße auf den Boden zu bekommen?

Damals gab es in meiner Welt nur drei Fahrradtypen: das Klapprad, das Herrenrad und das unfassbar coole, aber ebenso nutzlose Bonanza-Rad mit Stangendreigangschaltung und Fuchsschwanz. Meine ahnungslosen Eltern hatten mich dagegen mit einem gebrauchten, roten Zweirad beschämt, das der Farbe nach ganz klar ein Mädchenrad war. Natürlich hatten sie es auf Zuwachs gekauft. Noch reichten meine beiden Fußspitzen nicht gleichzeitig auf den Boden, wenn ich den Rahmen gerade hielt. Nur wenn ich das Rad schräg hielt, war ans Aufsteigen überhaupt zu denken.

Ich erinnere mich auch an den folgenden Teil der Geschichte noch sehr genau (ich glaube, man nennt es einen Schmerzeindruck). Die erste Lektion, die ich fälschlich gelernt hatte, war: Wer bremst, bleibt stehen, und wer steht, fällt um. Das wollte ich in Zukunft bedenken.

Ich fahre also eine weitere Runde, und als mein Ziel in

Sicht kommt, höre ich einfach auf zu treten. Das Rad wird langsamer, und ich schiebe mich vom Sattel, weil ich das Prinzip des Abstiegs bei gleichzeitiger Betätigung der Rücktrittbremse noch nicht verstanden habe. Ich lande mit beiden Füßen gleichzeitig auf dem Boden, diesmal, ohne die blöde Bremse zu benutzen. So bleibe ich einen Moment, einen sehr kurzen Moment stehen, dann schieben sich die Pedale von hinten in meine Beine und lassen mich mit den Knien in die Speichen des verdrehten Vorderrads fallen. Aua.

Woher der aufgeschürfte Ellbogen kam, weiß ich nicht mehr, aber die Narbe an meinem rechten Knie kann ich erklären. Als ich das rechte Bein wegziehen wollte, rammte ich mir den scharfkantigen Klingelknopf in die Haut über der Kniescheibe. Auch das ein technischer Fortschritt, den es damals noch nicht gab: Plastikversiegelung von messerscharfen Klingelknöpfen. Ich habe nicht geweint. Aber es hat weh getan.

Heute, dreiundvierzig Jahre später, will ich aus dieser Verletzung kein Riesending machen. Es gab keine Blutvergiftung, ich lebe noch. Kein Thema. Aber schön war's nicht. Echt. Wenn Sie mich mal treffen: Fragen Sie nach der Narbe. Ich weiß es noch wie damals. Und doch war es nicht so schlimm wie die Folgen der ersten freihändigen Fahrt. Eigentlich auch kein Problem – wenn man vorher ausbaldowert, wie das Abbiegen geht. Ich zeig Ihnen das gern mal, nachdem Sie sich die Narbe angesehen haben. Nicht, dass Sie sich weh tun.

V.W.

Der erste Kuss

Bis zu vierunddreißig Muskeln kommen laut wissenschaftlichen Untersuchungen zum Einsatz, wenn Menschen sich küssen. Pro Minute werden dabei zwanzig Kalorien verbrannt, und die Speicheldrüsen werden zu erhöhter Produktion angeregt. Gleichzeitig schütten Hoden und Eierstöcke wie wahnsinnig Sexualhormone aus. Das Herz beginnt schneller zu schlagen, die Atmung wird flacher, und die Bronchien vergrößern sich. Die Geschlechtsorgane werden stärker durchblutet, bei Frauen schwellen Klitoris und Schamlippen an, beim Mann kommt es zur Erektion – der Kuss ist die Vorbereitung des Sexualakts.

Allerdings nur beim Menschen. Schimpansen küssen sich zwar auch, tun dies aber eher selten: Sie nutzen den Kuss als Versöhnungsgeste nach einem Streit. Wie es menschheitsgeschichtlich zum Kuss kam, ist umstritten. Einige Forscher glauben, dass er aus einem Fütterungsritual hervorging, bei dem Nahrung von Mund zu Mund weitergegeben wurde. Andere meinen, dass der Kuss bei Erwachsenen eher der Erklärung gegenseitiger Sympathie dient, ähnlich wie das Genital- beziehungsweise Analschnüffeln bei anderen Säugetieren.

Pubertierende und eigentlich auch alle anderen Menschen sollten froh sein, dass sich der Homo sapiens für den Kuss entschieden hat. Man will sich gar nicht ausmalen, was im Frühling in den Parks abginge, wenn wir alle Analschnüffler wären.

Aber egal, wie und warum der Kuss sich entwickelt hat, er stellt auch ein Problem dar. Internetforen laufen über mit den Fragen Heranwachsender zu Kusstechniken und Gefahren für die Gesundheit. Immer wieder stößt man auch auf verzweifelte Geständnisse («Hilfe, ich bin vierzehn Jahre alt und noch ungeküsst!»). Der Kuss ist schließlich ein Initiationsritual des Erwachsenwerdens. Daher haben auch die wenigsten ein Problem, sich an ihren ersten Kuss zu erinnern.

Sie hieß Claudia, war blond und wunderschön. Und sie veränderte mein Leben radikal. Bereits als ich sie das erste Mal sah, wusste ich, wir würden zusammenkommen, heiraten und eine Familie gründen. Bevor ich sie getroffen hatte, war ich fast ausschließlich mit Jungs abgehangen und hatte mich an deren Spielchen beteiligt. All das bedeutete mir auf einmal nichts mehr. Ich sehnte mich nach Claudia, ihrem Lachen und der Art, wie sie mich anschaute.

Wann immer ich sie sah, versuchte ich, in ihrer Nähe zu sein. Wir hatten noch nie miteinander gesprochen. Wie es häufig bei solchen Mädchen der Fall ist, hatte sie eine unscheinbare Freundin, die sie ständig begleitete und deren Namen ich vergessen habe. Leider konnte mich diese Freundin offensichtlich nicht leiden. Immer wenn ich mich Claudia nähern wollte, zog sie ihre Freundin von mir weg. So verging die Zeit mit Träumerei.

Eines Tages war es dann doch so weit. Claudia stand plötzlich allein vor mir, ihre hässliche Freundin war wohl an diesem Tag krank. Ich war natürlich viel zu nervös, um irgendetwas zu sagen. Falls beim Küssen wirklich vierunddreißig Muskeln arbeiten, dann hatte ich in diesem Moment in allen vierunddreißig einen Muskelkrampf. Claudia dagegen blinzelte mich an und fragte: «Willst du Vater spielen?»

Ich jubilierte innerlich – natürlich wollte ich. Sie nahm mich an der Hand, und wir gingen spazieren. Nun lief ich mit der hübschesten Frau des Universums auf scheinbar endlos langen Wegen. Auch sie schien glücklich zu sein. Die anderen beobachteten uns. Wir versuchten, ihren neidischen Blicken zu entfliehen, bis wir etwas abseits stehen blieben. Claudia stellte sich vor mich und lächelte mich bezaubernd an. Dann trat sie noch dichter an mich heran, sie roch unglaublich gut, ich sah ihre Lippen immer näher kommen, meine Knie bebten, und schließlich presste sie ganz kurz ihren Mund auf meinen.

Mein erster Kuss. Ich fühlte mich erwachsen. Wir hatten uns heimlich geküsst, während die anderen ihre kindischen Spiele spielten. Claudias Lippen hatten nach salzigen Gummibärchen, nach Lakritz, Schokolade und Honig geschmeckt. Endlich war geschehen, was ich seit langer Zeit erhofft hatte. Mir war klar: Claudia und ich würden nun unser gemeinsames Leben planen. Viele Dinge waren zu erledigen. Wir mussten ein Aufgebot bestellen, Freunde und Verwandte zur Hochzeit einladen, eine gemeinsame Wohnung finden und natürlich unsere Eltern um Zustimmung bitten. Dieser Kuss, der nicht vergleichbar war mit den Küsschen von Mami, Tante oder Oma, war für mich der Beginn eines neuen Lebens.

Ehe ich wusste, wie mir geschah, schob ich zusammen mit Claudia einen Kinderwagen vor mir her. Im Kinderwagen lag unser Kind! Ich musste es an diesem Tag noch zweimal wickeln und bekam dafür jedes Mal einen Kuss.

Am nächsten Tag kam ihre Freundin wieder in den Kindergarten, und nun schoben die beiden mein Kind ohne mich durch die Gegend. Ich hing wieder mit den Jungs herum, die sich über mich lustig machten, weil ich am Tag zuvor wie ein Mädchen eine Puppe gewickelt und einen Kinderwagen vor mir hergeschoben hatte. Die Küsserei mit Claudia fanden sie eklig. Aber was wussten die mit ihren fünf Jahren schon vom Leben. R.S.

Das erste Mal recht haben

Manchmal hört man einen Satz, den man nie wieder vergisst. Einen Satz, der zu einem passt wie das Gürkchen in die Sülze. Je knackiger, desto besser.

Während einer psychologischen Fortbildung, an der ich teilnahm, klagte eine Frau darüber, von der Schwester um ihr Erbe betrogen worden zu sein. Ausführlich schilderte sie, welche Kniffe und Tricks ihre Schwester angewandt hätte, um es ja nicht teilen zu müssen. Die erste Frage der Kursleiterin war: «Wem gehört das Geld jetzt?» Es brauchte dreißig Minuten des Lamentierens, bis die Frau einräumen konnte, dass das Geld nun rechtlich gesehen ihrer Schwester gehörte. Egal, wie es dazu gekommen war. Die beiden erörterten die Situation noch etwas weiter, und schließlich sagte die Kursleiterin dann folgenden Satz: «Es gibt im Leben immer zwei Möglichkeiten: Entweder man hat recht, oder es funktioniert!» Bingo.

Der Frau, die leer ausgegangen war, fiel es am Ende des Gesprächs leichter, sich ihre Niederlage einzugestehen, und sie musste ihrer Schwester nicht länger grollen. Damit war sie immer noch nicht reicher, aber es ging ihr zumindest besser. Im Laufe der Zeit hat sich dieser Satz mir eingebrannt. Ich habe ihn danach in zig Varianten immer mal wieder gehört oder gelesen. Mein innerer Zensor spult ihn jetzt so ab: «Entweder ich habe recht, oder es läuft rund.» Andere würden sagen: Man hat manchmal die Wahl zwischen Gerechtigkeit und Frieden. Beides hat seinen Preis. Eine Sichtweise, die das Leben erheblich vereinfacht, weil man zu einem gewissen Grad selbst bestimmen kann, wie man die Dinge erlebt, und sich nicht mehr nur als Opfer anderer Leute versteht. Sie ahnen schon, worauf ich hinauswill: Recht haben allein nutzt gar nichts.

Das lässt sich mit einem kurzen Blick auf mein bescheidenes Leben leicht zeigen. Bereits in der ersten Klasse bürdete die Lehrerin uns Wochenhausaufgaben im Fach Rechnen auf. Da waren sehr viele kleine Kästchen, in die ich mit blauer Tinte zittrige Zahlen klecksen musste, um unterm Strich nichts anderes herauszubekommen als noch mehr Gekrakel, das wiederum mit dem Tintenkiller bearbeitet werden musste. Viele, viele Additionsaufgaben. In meinem DIN-A5-Heftchen sah es aus wie auf einem Soldatenfriedhof: lauter Kreuze, eng gestellt und in regelmäßigen Abständen. Dazwischen tote Zahlen. Natürlich ließ ich die ganze Woche verstreichen, um erst am Samstag versuchsweise alles auf einmal zu addieren. Dabei stand ich zusätzlich unter Druck, weil ich um 18.05 Uhr die neueste Folge von «Raumschiff Enterprise» sehen wollte. Nein, sehen MUSSTE.

Meine Mutter war mit den Ergebnissen meiner Rechenkunst zwar halbwegs zufrieden, mit meiner Handschrift – sie nannte sie «Sauklaue» – aber keineswegs. Etwa gegen 17.30 Uhr ließ sie mich alles noch einmal sorgfältig abschreiben. Mir kamen sofort die Tränen vor Wut. Das war eine Arbeit von Stunden, gefühlten Tagen. Kein Pille, kein Spock, kein Kirk? Ich begehrte auf und führte ins Feld, dass meine Handschrift nun mal so aussehe, wie sie aussehe, und ich «Raumschiff Enterprise» sonst auch immer hätte sehen dürfen. Dem Gesetz der Serie, meinte ich, war schwer zu widersprechen. Es sei denn, man hatte Außergewöhnliches vorzuweisen. «‹Raumschiff Enterprise› kommt heute nicht!», behauptete meine Mutter. «Aber es kommt doch jeden Samstag um die gleiche Zeit!», wandte ich ein. «Heute nicht. Heute läuft was anderes.» Sprach's und verließ das Zimmer.

Ich hatte zuvor noch die Programmzeitschrift gelesen und glaubte meiner Mutter kein Wort. Sie unterschätzte offenbar meine Lesekünste. Sie meinte wohl, ich könne noch nicht entziffern, was da stand. «Ich hab's gelesen!», schrie ich ihr hinterher. Das saß. Welch ein Triumph. Jetzt muss sie sich der Wahrheit beugen, dachte ich, und sich bei mir entschuldigen. Leider tat sie das nicht, sondern wählte Methode zwei, die ich nicht auf dem Schirm hatte: Sie leugnete alles. Es ging ganz einfach: «Stimmt nicht!», rief sie aus der Küche. Ende der Diskussion. Ich platzte beinah vor Wut.

Am darauffolgenden Montag erzählten mir meine Klassenkameraden Christian und Olaf die gesamte Handlung der Folge. Ein Roboter namens Nomad hatte sich der Enterprise bemächtigt. Nur mit Mühe konnte ihn die Besatzung ins All werfen. Ich hatte es doch gewusst: SIE hatte gelogen, ICH hatte recht gehabt. Und es nutzte mir gar nichts. Ich war ohnmächtig und wütend. Recht zu haben, das wurde mir bei dieser Gelegenheit klar, ist leider nutzlos, wenn man nicht auch den Einfluss hat, sein Recht durchzusetzen. Der Unterschied zwischen recht haben (das tun alle!) und recht bekommen (das wollen alle!) entscheidet darüber, ob die Einschätzung der Realität, sei sie nun zutreffend oder nicht, zum Genuss oder zur Qual wird.

Recht haben ist ein beliebter Sport. Beliebter noch als Fußball, da man dabei nicht bis zum Ende abwarten muss, sondern lediglich einen eingebildeten 1:0-Vorsprung braucht, um das Spiel selbst abzupfeifen und sich den Siegespokal zu greifen. Lorbeerkranz für das Lebenswerk inklusive.

Ich erinnere mich an die tiefe Befriedigung, die ich empfand, als ich einmal einen Prahlhans in meiner Klasse coram publico der Lüge überführen konnte. Wieder drehte sich alles ums Fernsehen. Nur besonders liberal gemanagte Kinder durften damals unter der Woche «Immer wenn er Pillen nahm» schauen, eine amerikanische Fernsehserie, in der aus einem lächerlichen Männchen, das, wie der Titel schon sagt, Pillen einwirft, ein heldenhafter Kraftprotz wird. Ich ahnte schon, dass Andreas sich nur wichtigmachen wollte, als er behauptete, er dürfe die Serie gucken. Dennoch war ich neidisch. Also fragte ich ihn – ohne die betreffende Folge natürlich selbst gesehen zu haben –, ob er den Kampf zwischen Held und Riesenaffen nicht auch toll gefunden habe. Und was tat Andreas? Taps, taps, taps ... und rein in die Falle. Ja, das sei wirklich spannend gewesen, antwortete er, offenkundig verlegen. Auftritt Wieprecht: «Moment ... Das kam in der Folge überhaupt nicht vor! Du hast gelogen, du hast die Serie gar nicht gesehen!» Alle wussten Bescheid: Ich hatte recht, er war der Dumme.

Andreas ist nie mein Freund geworden. Recht haben ohne Mitgefühl vergällt anderen das Leben. Ha, werden Sie sagen: Recht zu haben ist dennoch wichtig, schließlich macht es vor Gericht, bei Prüfungen und in anderen Situationen einen nicht unerheblichen Unterschied, ob wir richtig- oder falschliegen. So haben wir es zumindest gelernt. Wenn wir das erste Mal den Ball in den Kreis werfen, den Würfel ins Rechteck und die Pyramide ins Dreieck stecken oder Mama – «Ja, fein!» – das erste Mal «Mama» nennen, ernten wir viel Zuspruch. Ganz zu schweigen von der Begeisterung, die wir auslösen, wenn wir das erste Mal nicht mehr in die Windel, sondern ins Töpfchen machen. Wie der Pawlow'sche Hund warten wir auf Belohnung, Anerkennung und Streicheleinheiten. Und wehe, die bleiben aus. Dann zimmern wir uns eine Theorie zurecht, die den anderen ins Unrecht setzt: Mutti, die Politiker, die Reichen, die Amerikaner, das Kapital.

Zu meinen beschämendsten Versuchen, nicht nur recht zu haben, sondern auch recht zu behalten, gehört das Lob eines Staatskörpers, der so voller Parasiten und Krebsgeschwüren war, dass sein Immunsystem 1989 zusammenbrach und der sieche Patient schnell verschied. Wie krank er war, erfuhr man erst nach dem Mauerfall. Zuvor habe ich die DDR in meiner Jugendzeit verteidigt, und zwar aus mehreren Gründen. Zum einen weil ich noch Verwandtschaft dort hatte, die mehr als fit im Marxismus-Leninismus war. Es gelang ihnen, mir glaubhaft zu versichern, dass sich die BRD in einer fettleibigen Übergangszeit befinde, der durch die Ankunft des kommunistischen Heilands bald ein Ende gesetzt würde. Zum Zweiten ritt mich der Gedanke, dass Gerechtigkeit immer auf Kosten derer hergestellt werden müsse, die am meisten besitzen. Schlussendlich waren mir die Vordenker des Sozialismus politisch näher als das fundamentalontologische Gefuchtel eines Heidegger oder die Grundgarstigkeit eines Schopenhauer. Soweit ich Letztere überhaupt gelesen und begriffen hatte. «Proletarier aller Länder, vereinigt euch!» ist eingängiger als jede beliebige Sentenz aus «Sein und Zeit».

Ich glaubte, die Welt würde ein besserer Ort, wenn die Reichen mit den Armen teilten. Also mit mir. Deshalb verzieh ich der besseren Hälfte Deutschlands großzügig ihre vierzig Jahre andauernden Anlaufschwierigkeiten, während ich fröhlich die spätrömische Dekadenz der BRD genoss. Ich war wie meine Mutter, die leugnete, was auf dem Programm stand: das Abenteuer grenzenloser Freiheit und entsprechend großer Verantwortung. Keine leichte Aufgabe, wenn man wie ich gefühltermaßen als Botschafter aller Menschen unterwegs ist. Und dann noch versucht, mit dem Humor eines James Tiberius Kirk aufzuwarten.

Übrigens: Ich habe die verpasste Folge als Erwachsener dann irgendwann mal nachts gesehen (Wer wusste 69 schon, dass die Serie endlos weiterlaufen würde?). Nomad ist eine Robotersonde, die darauf aus ist, ganze Planeten zu vernichten. Als die Sonde von der Enterprise eingesammelt wird, hält sie Kirk für ihren Schöpfer, weil beide ursprünglich aus dem irdischen Sonnensystem stammen und Nomads Konstrukteur ähnlich wie Kirk heißt. Eigentlich sollte die Blechkiste sich nur im All umgucken, doch dann hat sich Nomad im interstellaren Raum mit irgendeiner Fremdsonde gekreuzt und ist dabei umprogrammiert worden. Das Ziel der Sonde ist jetzt, unvollkommenes Leben auszulöschen. Und das tut sie dann auch.

Enterprise nebst Erde sollen als Nächstes dran glauben. Die Crew um Kirk besiegt den nervösen Kasten jedoch mit einem formallogischen Trick: Wenn Kirk der Schöpfer der Sonde und selbst unvollkommen ist, so das brillante Argument, ist Nomad nicht berechtigt, die Crew, die Erde und alles andere zu vernichten – weil er selbst dann ja auch unvollkommen sein muss. Oder aber er müsste sich selbst vernichten. Wumms! Das sitzt. Da knallen die Drähte bei Nomad durch, und seine Vernichtungswut erlischt. Bevor Nomad explodiert, beamt die Enterprise die heißgelaufene Kiste wieder ins All. Peng. Kirk an Enterprise: danke! Volle Energie.

Ich muss sagen: Nach fast fünfzig Jahren des Rechthabens und des Versuchs, darin Perfektion zu erlangen, kann ich die Sonde Nomad in all den Phasen ihrer Existenz sehr gut verstehen. V.W.

Das erste eigene Unternehmen

Die Idee des Kapitalismus habe ich schon als Kind verinnerlicht. Bereits mit acht Jahren hatte ich, ohne es zu wissen, nicht nur die wichtigsten Prinzipien der freien Marktwirtschaft verstanden, sondern bereits selbst marktkonform gewirtschaftet. Was war damals geschehen?

Meine Großmutter fand, ihre schwarzen Schuhe seien zu dreckig und müssten mal wieder geputzt werden. Eine Mark wollte sie mir geben, wenn ich diesen kleinen Job übernähme. Das tat ich natürlich. Wenngleich sie dabei bereits den ersten Fehler beging: Sie hatte den Auftrag nicht ausgeschrieben und damit keinen freien Wettbewerb ermöglicht. Anderen Anbietern hatte sie von Anfang an keine Chance gegeben – meine beiden Geschwister waren nicht gefragt worden. Ich befand mich also in einer komfortablen Monopolstellung, auch wenn ich diesen Ausdruck damals noch nicht kannte.

Dazu kommt, dass sie den Preis für die geforderte Leistung bereits einseitig festgelegt und nicht an Qualitätskriterien gekoppelt hatte. Sie hätte sich also kaum beschweren können, wenn die Schuhe nicht ordentlich geputzt worden wären. Ebenfalls ganz wichtig: Eine Mark für etwa zehn Minuten Arbeit bedeutete 1972 hochgerechnet sechs Mark Stundenlohn – für einen Achtjährigen quasi ein Vermögen. Meine Oma hatte also neben den erwähnten Unterlassungen auch noch ohne Not einen viel zu hohen Lohn angesetzt. Den Materialeinsatz, also Schuhcreme und Arbeitsgeräte wie Bürste und Lappen, wollte sie stellen.

Das alles war von meiner Oma zwar sehr nett gemeint, ermöglichte mir aber erste tiefe Einblicke in die innere Mechanik des Kapitalismus. Ohne echten Wettbewerb, ohne klare Definition der Arbeitsleistung und ohne leistungsgerechte Vergütung kommt es zu einer Verzerrung im marktwirtschaftlichen System.

Diese Verzerrung verkörperte mein zwei Jahre jüngerer Bruder. Richard hätte den Job nämlich gut brauchen können. Seit Wochen sparte er auf eine absurd teure Spielfigur und war bereit, dafür alle Arbeiten der Welt zu übernehmen. Wenn eine Mark schon für einen Achtjährigen viel Geld war, dann war es gigantisch viel Geld für einen Sechsjährigen. Ich spürte die Wucht des Kapitals und sah voraus, dass der Druck, Geld verdienen zu müssen, zu Deformationen der Marktwirtschaft führen würde: Mein Bruder konnte es sich gar nicht leisten, den Job abzulehnen, den man ihm nicht angeboten hatte. Ich war kurz davor, eine gute Tat zu vollbringen, entschied mich dann aber für den Kapitalismus.

Meine Oma war begeistert über die sauberen Schuhe, sie lobte mich in den Himmel und nannte mich ihren fleißigen Enkel, der bald alle ihre Schuhe putzen dürfe. Ich versprach, bei gleichen Konditionen jederzeit für saubere Schuhe zu sorgen. Wirtschaftsjuristisch betrachtet hatte sie mir damit schon bindende Folgeaufträge in Aussicht gestellt.

Auch mein Bruder war glücklich. Ein paar Tage später kaufte er sich die Spielfigur und freute sich über das viele Geld, das er durch mich, seinen älteren Bruder, verdient hatte.

Marktwirtschaft kann also durchaus glücklich machen, auch das stellte ich bei dieser Gelegenheit fest. So verdiente damals mein Bruder sein erstes eigenes Geld, während ich …

Na ja, ein bisschen Arbeit hatte ich damals auch. Jemand musste ihm den Job ja besorgen und das Geschäft abwickeln. Das verursacht Kosten. Die habe ich mir damals mit fünfzig

Pfennig ausbezahlt, denn für meinen Bruder waren die restlichen fünfzig Pfennig schließlich auch schon eine ganze Menge. Wie ich heute weiß, habe ich mein erstes eigenes Geld also redlich als Leiharbeitsfirma verdient. R.S.

Das erste Mal auf der Bühne

Sie werden als Mäuse, Bärchen oder auch Steine mit Ohren verkleidet: Kleinkinder, die Hand in Hand auf die Bühne wackeln und sich räumlich und zeitlich desorientiert zu Schlumpfmusik bewegen. Die Gruppenleiterin steht währenddessen an der Stelle der Souffleuse, gestikuliert wie wild und ruft den Kleinen zu, was sie tun sollen. Später wanken Mäuse, Bärchen und Steine zum Bühnenrand, und schon brandet Applaus auf. Nur wenige ihrer Gesichter lassen darauf schließen, dass sie verstehen, warum sie so verunstaltet wurden. Von überall her hört man staunendes «Ah!» und «Oh!», gern auch Sätze, in denen das Wort «süß» vorkommt.

Der allererste Bühnenauftritt deutscher Kleinkinder findet heute nicht selten während Cluburlauben statt, gut zwei, drei Jahre früher, als unsereins damals zum Zuge kam. Es braucht jedoch auch so mindestens drei Urlaube in All-Inclusive-Clubs und noch weit mehr Arbeitszeit, um zu verstehen, wie unsere Welt organisiert ist: Alles ist in allem enthalten, und jeder Teil kann als Abbild des Ganzen gelten. Und so beweisen wir auf der Bühne unsere inszenatorische Fähigkeit, mit der wir alle selbstverantwortlich unser Leben gestalten. Wir setzen uns permanent einem Publikum aus und schaffen die Welt nach eigenem Willen. Dann begutachten wir das Resultat, oft als wären wir selbst nur Zuschauer. Dass wir den ganzen Kladderadatsch über all die Jahre eingeübt haben, vergessen wir leicht. Wenn uns etwas nicht gefällt, wollen wir unser Geld zurück. Dabei haben wir uns fraglos in unsere Rollen begeben, die uns Kindergärtner, Eltern, Tanzlehrer oder eben Clubbetreuer zugewiesen haben. Und um zurück zum Theater zu kommen: Vielleicht deuten sich in unseren frühesten Darbietungen bereits die Rollen an, die wir später im Leben spielen werden.

Das Drehbuch für meinen ersten Auftritt vor Publikum verfasste Reimerich Kinderlieb alias Peter Struwwel, nach eigener Auffassung ein «Gelegenheitsversemacher», der im wirklichen Leben Kinderpsychiater war und unter seinem Klarnamen Heinrich Hoffmann praktizierte. Als Weihnachtsgeschenk für seinen ältesten Sohn schrieb er ein Buch, das die Kinder der westlichen Welt seit mittlerweile rund hundertsiebzig Jahren über verabscheuungswürdige Verhaltensweisen unterrichtet, die mal mit Zwangsamputation, mal mit Hals- und Beinbruch oder gar mit Verbrennung geahndet werden müssen.

Ich hätte sehr gern den Hasen gespielt, der den Jäger abschießt, nachdem er diesem die Brille entwendet hat. Oder den Hans Guck-in-die-Luft, weil ich bei seiner Darstellung meine Eignung als Stuntman hätte unter Beweis stellen können. Frau Lohmann jedoch verpasste mir Bart und Soutane. Bis heute betrachte ich diesen Akt als wegweisend. Hätte ich den auf seinem Stuhl herumzappelnden Philipp geben müssen, hätte ich vielleicht meine heimliche Neigung zum Ballett danach ernster genommen. So aber zwang mich das Leben in Person der Kindergartenleiterin dazu, meine autoritären Charakterzüge auszuleben. Mir sollte es recht sein. Warum nicht den Zuchtmeister geben? Ich wollte lieber Täter als Opfer sein.

Ich sollte also den Nikolaus spielen, der die bösen Buben in die Tinte tunkt. Von den insgesamt zehn Geschichten im Bilderbuch ist die von den drei schwarzen Buben selbst heute noch so krachend politisch korrekt, dass ich mich fast schäme, in homöopathischer Dosis zur Zementierung des positiven Rassismus beigetragen zu haben. Damals war ich jedoch einfach nur froh, eine tragende Hauptrolle bekommen zu haben, die mich auch textlich forderte.

Während der ganz in Schwarz gekleidete Jakob mit aufgespanntem Regenschirm von rechts nach links über die Bühne marschieren musste und versuchte, sich nicht für sein schwarz bemaltes Gesicht zu schämen, hüpften drei andere Jungs wie die Zirkusflöhe um ihn herum und heizten ihm mit Beleidigungen ein, die zuvor von der Kindergartenzensur freigegeben worden waren. «Du bist ein Neger!» lautete die Neufassung der ursprünglichen Häme, die sich der Bezeichnung «Mohr» bedient hatte. Der Mohr war mittlerweile ein wertvoller Bestandteil der westdeutschen Gesellschaft geworden, lieferte er doch für die Firma Sarotti Schokolade aus. Also kam, lange bevor wir aus dem Fernsehen erfuhren, dass der Begriff «Nigger» üblicherweise mit einem Schlag ins Gesicht quittiert wird, nur das Wort «Neger» in Frage. «Neger, Neger, Neger!» So viel infantiler Garstigkeit hatte ich als Nikolaus natürlich Einhalt zu gebieten.

Schritt eins: Ermahnen! Soweit ich mich erinnern kann, stand ich während meines Sprechdebüts an der vorderen Bühnenkante, den Blick auf den Boden gesenkt. Volle Konzentration auf den Text, ohne jegliche Betonung: «Ihr Kinder, hört mir zu. Und lasst den Mohren hübsch in Ruh! Was kann denn dieser Mohr dafür, dass er so weiß nicht ist, wie ihr?» Dabei entging mir situationsbedingt, dass die weiße Hautfarbe mit diesen Worten zur Norm erklärt wurde und der arme Mohr deshalb bemitleidet werden sollte. Ich dachte damals noch, ich könnte einem Menschen wirklich helfen, ohne vorher um seine Einwilligung gebeten zu haben. Aber wie zu erwarten taten die Reime hinter meinem Rücken ohnehin keine Wirkung. Damit hatte ich gerechnet.

Schritt zwei: Aktion! Ich griff beherzt zu, und schon ließen sich die Übeltäter zum Tintenfass abführen. Die drei bösen Buben schienen förmlich hineinspringen zu wollen. Ein mit schwarzem Krepppapier beklebter Waschmaschinenkarton (auf die Kontur eines Fässchens zurechtgeschnitten) gaukelte den Zuschauern ein schockierendes Purgatorium vor. Gerade noch waren die Jungs frei und munter gewesen, jetzt ertränkte ich sie schon in Tinte. Vereinzelter Applaus war zu hören. Nach einer Weile wurden die Jungs im Tintenfass unruhig. «Kann ich mal über den Rand gucken?», hatte einer die Frechheit zu fragen. «Bleib unten!», zischte ich.

Die Kindergärtnerinnen hatten sie vor die Wahl gestellt. Entweder sollten sie ihr Gesicht mit Schuhwichse eincremen, sobald sie im Tintenfass verschwunden waren, um dann mit schwarzem Gesicht wieder aufzutauchen, oder einfach unten bleiben. Ich hatte mich für Ersteres ausgesprochen, war aber von meinen drei Zöglingen überstimmt worden. Keiner wollte ein Schwarzer sein.

Ich kam zu Abschnitt drei meines bewegenden Auftritts: Der Verbeugung. Mittlerweile war es im Saal wieder still geworden. Als ich dann aber den Kopf in Richtung meiner Eltern neigte, brach ein Sturm der Begeisterung los, wie ich ihn noch nie erlebt hatte. Ich dachte: «Für so ein bisschen Züchtigung? Das Glück ist mit den Starken!» Ein Gedanke, der sich schnell verflüchtigte, als mir klarwurde, dass ich an meinem Zipfel herumzog. Was ich wiederum nur deshalb bemerkte, weil meine Mutter, während ich auf Zeichen ihrer Anerkennung wartete, mit schmalen Lippen immer wieder auf meine Hose blickte und schließlich entsetzt den Kopf schüttelte. Ich ließ von meinem Würstchen ab und bemühte mich, etwas verhaltener unter meiner vollen Blase zu leiden.

Ein Foto zeigt mich kurz nach der Vorstellung in vollendeter fünfter Position (auch hier wird meine Neigung zum Ballett erkennbar), aus der ich ständig ins Grand-Plié wechselte, um dem Druck auf meiner Blase Herr zu werden. Das nächste Foto fängt einen Moment ein, in dem ich etwas abseits stehe und zusehe, wie die anderen Fußball spielen. Darunter auch meine drei Pappenheimer, die zuvor noch dem Mohr das Leben schwer gemacht hatten und dafür bestraft worden waren, sich aber nun schon wieder um den Ball rauften.

Ich hatte fürs Leben gelernt: Jede Abweichung von der Norm wird sofort angeschwärzt und unterdrückt. Es sei denn, die Sittenwächter müssen auch mal auf den Pott. Während sie dort sitzen, darf man endlich in Ruhe spielen und herausfinden, welches Team das bessere ist. Weiß oder Schwarz.

V.W.

Das erste Mal schwimmen

Wir Menschen kommen evolutionstechnisch betrachtet aus dem Wasser, und deshalb können wir natürlich schwimmen. Zumindest gelingt es uns mit etwas Übung, die Lufteintrittsöffnungen unseres Gesichts durch Bewegungen unserer Gliedmaßen über dem Wasser zu halten und so das Eindringen von Flüssigkeit in den Atmungsapparat zu verhindern.

Da wir das als Babys noch nicht beherrschen, schleppen verantwortungsbewusste Eltern ihre Kinder bereits im Säuglingsalter zu ersten Schwimmkursen. Angeblich sollen die dort schon das Tauchen lernen. Wer weniger engagierte Eltern hat, muss später zum Schwimmunterricht.

Babyschwimmkurse gab es zu meiner Zeit noch nicht. Meine Eltern vertrauten der schulischen Ausbildung, und so wurde ich erst nach der Einschulung, im Alter von sechs Jahren, mit der Notwendigkeit, schwimmen zu lernen, konfrontiert. Ich wusste damals noch nicht, dass die Menschheit aus dem Wasser kam. Es hätte mich wohl auch eher belastet. Wasser, das tiefer war als ich groß, stieß mich ab. Es war klar, dass der erste Schwimmunterricht keinen guten Verlauf nehmen würde. Als es so weit war, spielte ein Bademeister eine besondere Rolle, die ich erst heute, mit Hilfe von angeeignetem historischen Wissen, richtig einschätzen kann.

Wir schreiben das Jahr 1970, der Mann war etwa fünfzig Jahre alt, und ich glaube, er hieß Kaltenbrunner oder Heydrich. Jedenfalls sah er aus wie Himmler. Es roch stark nach Chlor im kleinen Schulschwimmbad, und noch viel nervöser als Himmler machte mich, dass am Beckenrand eine Wassertiefe von 1,80 Metern angezeigt wurde. Zusammen mit meinen Klassenkameraden stand ich ratlos vor dem Becken. Mit aufgeblasenem Schwimmreifen wäre ich vielleicht sogar reingesprungen, so aber wollte ich dem Wasser nicht zu nahe kommen. Kaltenbrunner hatte eine Trillerpfeife um den Hals hängen und benutzte sie auch, danach herrschte erst mal Stille. Er musterte unsere dürren schwächlichen Körper und meinte: «Mit euch kann man keinen Krieg gewinnen!» Dann lachte er und sagte: «Spaß muss sein! Jetzt aber ab ins Wasser!» Gehorsam kletterten wir die Leiter in das tiefe Becken hinab und hielten uns am Rand fest.

Heydrich brüllte seine nächsten Befehle: «Luft anhalten, mit den Händen am Beckenrand bleiben und den Kopf auf mein Kommando einmal unter Wasser!» Ich bin doch nicht wahnsinnig, dachte ich mir. Aber ein Blick nach rechts und links überzeugte mich davon, dass die anderen tatsächlich ihren Kopf ins Wasser tauchten. Ich tat also das Gleiche – oder legte zumindest mein Gesicht auf die Wasseroberfläche. Es war weit weniger schlimm als gedacht. Schon nach ein paar Sekunden ging mir allerdings die Luft aus, und ich sah wieder auf.

Direkt vor mir stand jetzt Himmler. «Du sollst den Kopf unter Wasser halten, habe ich gesagt!» Ängstlich tauchte ich mein Gesicht ein zweites Mal ins Wasser. Plötzlich drückte etwas meinen Kopf tief nach unten. Ich bekam panische Angst, wollte schreien und bekam natürlich Wasser in den Mund und in die Nase. Verzweifelt versuchte ich, an die Luft zu kommen, was mir nach einiger Zeit auch gelang – nachdem Kaltenbrunner seinen Badeschlappen, den er mir auf den Hinterkopf gesetzt hatte, wieder zurückgezogen hatte. Ich heulte, und das auch noch vor den Mädchen (wir hatten damals noch zusammen Schwimmunterricht).

Himmler kümmerte sich nicht darum. Stattdessen befahl er schon die nächste Übung. Diesmal mussten wir alle das Wasser verlassen, während er selbst in das Becken stieg. Anschließend sollten wir einer nach dem anderen reinspringen. Nach dem Eintauchen wollte er uns rausziehen. Das tat er dann zwar auch, nur wollte ich leider nach wie vor nicht untertauchen – also blieb ich, als die Reihe an mir war, einfach am Beckenrand stehen.

Kaltenbrunner hatte dafür kein Verständnis. Blitzschnell kam er aus dem Becken, packte mich und warf mich ins Wasser. Physikalisch betrachtet kann der Mensch, wie bereits erwähnt, seinen Körper durch koordinierte Bewegungen über Wasser halten. Ich hatte davon noch nichts gehört und ging unter wie ein Stein. Weil Heydrich Bademeister bleiben wollte, sprang er mir hinterher und rettete mich.

Meine Mutter besorgte mir für den Rest des Schuljahres ein Attest. Ich konnte jetzt aus medizinischen Gründen nicht mehr an der HJ-Ausbildung teilnehmen. Darüber war ich sehr froh und lernte weitere sechs Jahre lang nicht das Schwimmen. Andere trugen stolz das Freischwimmer-, Fahrten- oder sogar ein Jugendschwimmabzeichen auf ihren Badehosen, ich besaß nicht mal mehr eine.

Mit zwölf Jahren lernte ich es dann doch noch. Nach stundenlangem Üben im Badesee gelang es mir endlich, mich über Wasser zu halten. An Tauchen war allerdings wie gehabt nicht zu denken. Noch mit sechzehn startete ich bei einer Schwimmveranstaltung meiner Schule vom Beckenrand, nicht wie die anderen vom Startblock, weil ich Angst hatte, ins Wasser zu springen. Heute kann ich tauchen und springen, aber weder Delfin noch Kraulen oder Rücken schwimmen. Kaltenbrunner hatte recht, mit mir kann man keinen Krieg gewinnen. Immerhin: Brust schwimmen kann ich mittlerweile ganz gut. R.S.

Die erste Hochzeit

Vor meiner ersten Hochzeit war ich ganz schön aufgeregt. Im besseren Fall entscheidet man sich selbst für so ein Ereignis, manchmal wird man aber auch dazu gezwungen. Ich persönlich folgte dem Befehl einer höheren Macht.

Die Sonne schien, und ich ging nervös, aber frohen Mutes zur Kirche. Sie war mit Blumen geschmückt, und die ersten Hochzeitsgäste standen schon vor der Tür. Die Gäste grüßten mich freundlich, auch wenn sie wahrscheinlich gar nicht wussten, wer ich war, da ich mich noch umziehen musste. Ich ging in die Sakristei und begrüßte den Priester, dann zog ich meine Festtagskleidung an. Schließlich setzte ich mich, wartete und ging in Gedanken die Zeremonie durch.

Wichtig war, dass ich in den entscheidenden Momenten wusste, was zu tun war – sonst könnte es peinlich werden. Besonders prekär war nach Ansicht meiner Kollegen die Sache mit den Ringen. Die musste ich im richtigen Moment parat haben. Während ich darüber sinnierte, wo ich die Ringe finden würde, fragte mich der Pfarrer, ob ich aufgeregt sei. Ich gab zu, dass ich etwas nervös war. Er meinte, dass das beim ersten Mal ganz normal sei, und lachte laut. «Irgendwann wird es Routine», sagte er, «ich habe jetzt schon so viele Hochzeiten hinter mir, da gibt es kaum noch Aufregung.» Dann wandte er sich wieder ab und las entspannt seine Zeitung.

Langsam füllte sich die Kirche, und auch die ersten meiner Kollegen tauchten auf. Sie hatten sich ebenfalls dem Anlass entsprechend festlich angezogen. Der Ablauf der kirchlichen Trauung war zunächst ziemlich simpel. Das Brautpaar wird an der Kircheneingangstür abgeholt, dann gehen alle gemeinsam mit dem Priester nach vorn zum Altar. Währenddessen spielt der Organist ein Lied von Bach. Der Pfarrer hatte mich ermahnt, möglichst nah neben der Braut zu laufen, weil das vom Gesamtbild her am schönsten sei. Am Altar angekommen, sollte ich dann aber einen Schritt zur Seite machen.

Plötzlich erklang in der Kirche die Orgel. Das war das akustische Zeichen für das Brautpaar, nun am Kircheneingang Stellung zu beziehen, damit die Hochzeit beginnen konnte. Ich musste los. Der Priester sah mich an, legte die Zeitung zur Seite und verließ mit mir die Sakristei. Aufgeregt wartete schon die Braut auf uns. Ihr Bräutigam war auf dem Weg. Der Pfarrer, drei meiner Kollegen und ich gingen in der mittlerweile voll besetzten Kirche von der Sakristei Richtung Altar.

Vor dem Altar standen Stühle für das Brautpaar. Als wir diese passierten, blieb ich mit meinem prächtigen Festtagsgewand an einer der Stuhllehnen hängen und riss mit großem Poltern den Stuhl um. Es war eine perfekte, aber unbeabsichtigte Slapstick-Einlage, und die versammelte Hochzeitsgesellschaft hatte erhebliche Mühe, sich das Lachen zu verkneifen. Ich lief rot an, sah dann aber das bezaubernde Lächeln der Braut, das mich beruhigte. Der Priester strafte mich dagegen mit einem bösen Blick. Nachdem ich den Stuhl wieder aufgestellt hatte, eilten wir weiter.

Das Brautpaar ließ sich nun vom Priester zum Altar führen. Ich lief wie besprochen dicht an der Seite der Braut, meine Kollegen hinter mir. Vor den Stühlen blieben wir stehen. Ich ging einen Schritt zur Seite und konnte die Braut zum ersten Mal in Ruhe betrachten. Sie war wunderschön. Genau so sollte meine Frau einmal aussehen, dachte ich. Allerdings wollte ich dann nicht so aussehen wie ihr zukünftiger Mann, der blass und unscheinbar neben ihr stand. Aber noch war ich ja nur ein neunjähriger Messdiener und kein Bräutigam.

Mein christlicher Chef, der Pfaffe, begann mit dem Gottesdienst. Ich musste mich konzentrieren und immer wieder zu meinen Kollegen, den anderen Ministranten, schielen, um zu wissen, wann wir stehen, knien oder mit der Schelle zur Elevation klingeln mussten. Das Aufstehen nach dem

Knien war mit den festlichen, weit geschnittenen Messdienergewändern gar nicht so einfach.

Langsam näherten wir uns dem Höhepunkt der Hochzeit, dem Anstecken der Ringe. Ich stand dicht beim Pfarrer, der gerade sagte, dass die Ringe ein Symbol für die ewige Verbindung der Eheleute seien. Nun kam mein Einsatz. «Bitte bring jetzt die Ringe!», flüsterte er mir zu. Dummerweise hatte ich keine Ahnung, wo sich die Ringe befanden. Ich konnte mich beim besten Willen nicht daran erinnern, dass wir darüber gesprochen hatten. Reglos und mit großen Augen schaute ich den Pfarrer an. Der wiederholte noch einmal: «Bitte bring jetzt die Ringe!» Die Orgelmusik in der Kirche erstarb, es wurde still, und ich hatte den Eindruck, dass mich alle in der Kirche erwartungsvoll anstarrten. Fieberhaft überlegte ich, wo die Ringe wohl sein könnten. Vielleicht hatte sie jemand in die Sakristei gelegt? Ich drehte mich um und ging.

In der Kirche war es inzwischen so still, dass man eine Nadel hätte fallen hören. Ich öffnete die Tür der Sakristei und sah auf den Tisch, auf dem aber nur die Zeitung des Pfarrers lag. Die Ringe entdeckte ich nicht. Mit leeren Händen lief ich zurück zum Altar. Die Hochzeitsgesellschaft, das Brautpaar, die anderen Messdiener und der Pfarrer standen erstarrt da. Niemand brachte einen Ton heraus. Alle blickten mich fassungslos an. Ich unterbrach selbst die Stille. «Ich habe keine Ahnung, wo die Ringe sind», flüsterte ich dem Priester zu, «in der Sakristei liegen die Dinger jedenfalls nicht.» Sicher konnte man mein Flüstern bis in den letzten Winkel der Kirche gut verstehen. Zornig über so viel Unfähigkeit, fuhr mich der Pfarrer an: «Die Ringe liegen auf dem Altar! Und da liegen sie übrigens immer!»

Spätestens jetzt war wohl jedem der Anwesenden klar,

dass der junge Messdiener ein absoluter Vollpfosten sein musste, was allseits mit einem leisen, unterdrückten, aber vernehmbaren Lachen kommentiert wurde. Ich trat ein paar Schritte auf den Altar zu, wo ich jetzt zwei goldene Ringe auf einem silbernen Tablett sah. Als ich damit allerdings wieder zum Hochzeitspaar zurückkehren wollte, blieb ich mit dem Fuß an meinem weiten, langen Messdienergewand hängen und fiel hin. Das Tablett schlug hart auf, die Ringe rollten über den Kirchenboden.

Nun gab es kein Halten mehr. Die gesamte Kirche prustete los. Die junge Braut schnappte nach Luft, während ihr vor Lachen Tränen die Wangen herunterliefen. Ich schämte mich unsäglich. Die andern Messdiener sammelten die Ringe wieder ein, nur der Pfarrer lachte nicht. Das machte aber nichts, dafür hallte das Lachen seiner Gemeinde laut durch die Kirche. Verzweifelt versuchte der Organist, die Situation zu retten, und spielte ein nüchternes Kirchenlied von Bach, das die Besucher beruhigen sollte. Der Priester übernahm wieder die Initiative und steckte dem Hochzeitspaar die Ringe an. Nach den Vorfällen war es jedoch nahezu unvermeidlich, dass er dabei von vereinzelten Lachattacken unterbrochen wurde. Am schwersten hatte es die Braut erwischt, die sich im Laufe der Trauung noch so manches Mal lachend ausschütten musste.

Tapfer hielt ich bis zum Ende durch. Als wir nach dem Gottesdienst schließlich in die Sakristei gingen, brach auch unter meinen Messdienerkollegen großes Gelächter aus. «Mann, war das komisch!», brüllten sie immer wieder. Während ich mich umzog, ging die Tür der Sakristei auf, und ein Mann und eine Frau kamen herein. «Wir sind die Trauzeugen», sagte die Frau schmunzelnd zu mir, «und wir sollen dich von der Braut grüßen. Sie hatte einen Riesenspaß!» Der

Mann ergänzte: «Hier sind zwanzig Mark. Die hast du dir verdient. Du kannst sie natürlich auch gern mit den anderen teilen. Das war das erste Mal, dass ich auf einer Hochzeit war, bei der die Braut vor Lachen weinen musste!»

Vielleicht hat es für mich persönlich bis heute kein erstes Mal Hochzeit gegeben, weil ich so etwas kein zweites Mal erleben wollte? R.S.

Jugend – Verliebt, verkloppt, verpeilt

Das erste Mal Geld verdienen

Der Zigarettenautomat hatte einen schweren, am Ende geriffelten Schieber, den man kräftig in die Führungsschiene drücken musste, um das Wechselgeld wiederzubekommen. Jedes Mal, wenn ich allein daran vorbeiging und mich unbeobachtet wähnte, reizte es mich, diesen Knopf zu betätigen. War ich schon genauso kräftig wie die erwachsenen Raucher? Der Automat hing hoch, ich kam gerade so an den Schieber.

Eines schönen Sonntagmorgens, die Straßen waren leer, weil die Mütter kochten und die Väter beim Frühschoppen waren, schob ich mit aller mir zur Verfügung stehenden Kraft den Riegel in den Automaten. Es klackerte laut. Mit einem metallischen Rieseln füllte sich der Ausgabeschacht mit einem Geldhaufen. Ich war fassungslos. Der Automat war offenbar defekt. Achtzehn Mark in Zwei-Mark-Stücken. Einfach so. Das war mehr, als ich mit meinen sechs Jahren jemals besessen hatte. Ich steckte das Geld ein und lebte in den darauffolgenden Tagen ein süßes Leben voller Esspapier, Caramac, Brause-Ufos, Schaum-Mäuse und schokoladenüberzogener Karamellstangen. Das gab Kraft.

Zum ersten Mal konnte ich mir vorstellen, was ein Dukatenkacker ist, dieser Goldmünzen scheißende Esel, von dem die Erwachsenen immer sagten, sie hätten ihn nicht im Keller. Gleichzeitig plagte mich die Vorstellung, dass der wackere Mann, der die Automaten wartete, nachzählen und feststellen würde, dass er gut acht Packungen Atika, Juno und Overstolz weniger nachfüllen musste, als der Automat dem Geldbestand nach verkauft haben sollte. Sicher würde er sich rächen wollen. Um nicht von ihm erwischt zu werden, lief ich fortan, wenn ich zum Bäcker geschickt wurde, um Stuten oder Teilchen zu kaufen, auf der anderen Seite um den Häuserblock.

In gewisser Weise waren die achtzehn Mark mein erstes selbst verdientes Geld – Kilometergeld, denn der neue Weg war bedeutend länger als der alte, der am leise anklagenden Metallkasten vorbeiführte. Mein relativer Reichtum erfüllte allerdings partout nicht die Kriterien, nach denen traditionell ein erfolgreicher Waren- und Dienstleistungskreislauf bemessen wird: Ich lieferte für das erhaltene Geld keine Gegenleistung. Es sei denn, man bewertet meinen Konsum als Dienst für die Gesellschaft. Wenn man es so sieht, könnte man allerdings sogar schließen, dass Hedgefonds ihr Geld rechtschaffen verdienen.

Noch in der zehnten Klasse hatte ich keinerlei Vorstellung von meinem Wert am Arbeitsmarkt. Ich beneidete die Realschüler, mit denen wir uns den Schulhof teilen mussten. Sie würden schon sehr viel früher als wir Gymnasiasten eigenes Geld verdienen. Um die sechshundert Mark monatlich standen ihnen im ersten Lehrjahr zur Verfügung. Das hatte mir zumindest ein Kumpel aus dem Schwimmverein erzählt, der bald seine Lehre als Kfz-Schlosser beginnen wollte. Davon, rechnete ich aus, konnte man sich all das leisten, was überlebensnotwendig war. Ich dagegen bekam zehn Mark Taschengeld, und das reichte nicht. Wirklich nicht.

Mit meinen Freunden Marc und Rüdiger beratschlagte ich, wie wir der Ebbe in unseren Portemonnaies gemeinsam abhelfen könnten. In den Osterferien des Jahres 1979 hatten wir schließlich einen Plan. Im Berliner Bezirk Neukölln sollte es ein Arbeitsamt geben, bei dem man angeblich morgens um fünf Uhr aufkreuzen konnte, um einen Job für den jeweiligen Tag abzustauben. In völliger Unkenntnis der gesellschaftlichen Organisationsstrukturen hielt ich das für einen echten Geheimtipp. Ich bestimmte, dass wir schon um 4 Uhr dort sein sollten, weil ich Angst hatte, dass uns andere Knechte die Wartemarken mit den zweistelligen Ziffern wegschnappen würden. Wir fuhren also um 3.20 Uhr mit der ersten S-Bahn nach Neukölln.

Keiner von uns sprach ein Wort. Die anderen beiden, weil sie müde waren. Ich, weil ich aufgeregt grübelte, wie wohl die Markenvergabe ablaufen würde. In meiner Vorstellung warteten vor dem Arbeitsamt Hundertschaften von Arbeitswütigen – bereit, noch den unterbezahltesten Job in der Drückerkolonne bis aufs Messer zu verteidigen. Die Mitarbeiter des Arbeitsamts sah ich vor meinem geistigen Auge an kleinen Ausgabefenstern sitzen und Jobzettel durch die Gitterstäbe werfen, um die sich die Massen dann rissen wie Kampfhunde um den einzigen Fetzen Fleisch, der täglich in ihren Zwinger geworfen wird. Ich kannte das traurige Phlegma noch nicht, das an solchen Orten oft herrscht, muss mich im Nachhinein aber für mein bildliches Vorstellungsvermögens loben.

Wir marschierten durch die Nacht, Marc mit Stadtplan in der Hand vornweg, fanden den Eingang zum Arbeitsamt, zogen Marken und nahmen in einem verrauchten Warteraum mit vergilbten Wänden Platz. 4.13 Uhr. Marc und Rüdiger hatten die Nummern neunzehn und zwanzig, ich die einundzwanzig. Wir warteten. Kein Getränkeautomat. Kein Kaffee. Nichts zu essen. Keine Frau. Einige zahnlose Gesichter. Nicht wenige, denen man ansah, dass sie soffen. Alle rauchten. Wir sowieso. Kurz vor 5.00 Uhr öffnete sich ein Rollladen, und über einen kleinen, knarzenden Lautsprecher wurden ohne weitere Begrüßung die Nummern ausgerufen. Einer nach dem anderen trat an den Schalter, sprach mit dem Mann dahinter – der in meiner heutigen Vorstellung auf jeden Fall einen Pullunder getragen hat – und erhielt einen kleinen Zettel mit der Adresse seines Arbeitgebers für den Tag. Es gelang uns nicht herauszufinden, welcher Art die hier verteilten Jobs waren, denn die von Neonlicht und Müdigkeit gebleichten Gesichter liefen, den Blick auf den Zettel gerichtet, geradewegs zur Tür. Einige wenige schienen die angebotenen Arbeiten auch abzulehnen. Sie zogen eine neue Nummer und setzten sich wieder. Ich wusste nur eins: Ich würde meinen Eintritt in die Arbeitswelt ab sofort so lange wie nur irgend möglich hinauszögern.

«Neunzehn!» Marc sprang auf und ging zum Schalter. Er kramte seinen Ausweis hervor, um nachzuweisen, dass er sechzehn war. Dann nickte er beflissen und nahm seinen Zettel entgegen. Rüdiger ging in Startposition. «Und, was haste?», fragte ich Marc. «Sieben Uhr in der Kantine des Patentamts Kreuzberg: Spül- und Aufräumhilfe», antwortete er zufrieden. Abspülen. Für sieben Mark die Stunde. Hauptgewinn. Rüdiger kam zurück, er hatte den gleichen Job erwischt. Ich hatte Bammel. Spülen war beherrschbar. Das Unbekannte nicht.

«Einundzwanzig!» Auch ich musste meinen Ausweis vorzeigen. «Kannst du mit einer Ameise umgehen?» Ich wusste immerhin, was das ist, und sagte: «Klar!» Der Mann hinter dem Schalter sah mich nicht mal an, sondern schlürfte nur unbeeindruckt seinen Kaffee. «Gut. Hier: Entladen eines Lkws in Mariendorf.» Mariendorf? Wo war das denn bitte? Wie da hinkommen? «Ja, gern», antwortete ich brav. «Es gibt 7,50 die Stunde.» Ich rechnete nach: Siebenfuffzich mal acht ergab sechzig. Ich war ein gemachter Mann.

Zehn Minuten vor Arbeitsbeginn hatte ich die Mariendorfer Tiefgarage nach zigmal Umsteigen erreicht. Ein Siebentonner mit Ladebordwand stand am Straßenrand. Die Abfahrt zum Garageneingang war kurz und steil. Der Besitzer der Fuhre machte sich nicht die Mühe, mir zu erklären, warum er eine Lkw-Ladung Weinkisten in die fast leere Tiefgarage eines Mehrfamilienhauses räumen lassen wollte. Er fragte nur, ob ich schon einmal mit Ladebordwand und Ameise gearbeitet hätte. Für die Wahrheit war es jetzt zu spät. Ich nickte müde. «Ein guter Mann», meinte mein Auftraggeber, «kann das allein in drei Stunden schaffen. Ich gebe dir dreißig, wenn du fertig bist.» Erster Irrtum: Nicht alle Jobs dauern acht Stunden. Erste Lektion: Frage stets nach, ob deine Vorstellung auch der Wirklichkeit entspricht.

Die erste Palette stand schon bereit, um beladen zu werden, und ich musste nicht mehr tun, als sie mit dem Hubwagen nach oben zu pumpen und zur Ladebordwand vorzuziehen. Das klappte besser als erwartet. Gesehen hatte ich eine solche Vorrichtung natürlich schon einmal. Wenn ich abends am Fenster heimlich rauchte, beobachtete ich manchmal vor dem Aldi-Markt gegenüber die Fahrer beim Ein- und Ausladen. Mein Chef für den Tag ließ mich – in der Hocke vor den Hebeln der Hydraulik kauernd – wieder runter und sah zu, wie ich die mit zwölf Kisten Wein beladene Palette in Gang setzte. Es war Viertel vor neun. Ich war seit sechs Stunden für nichts und wieder nichts auf den Beinen, und es wurde langsam Zeit, Cash zu machen. Voller Tatendrang legte ich los.

Genau zwei Stunden später befand ich mich ohne einen Pfennig mehr in der Tasche wieder zu Hause. Nennen wir es ein «kleines Missgeschick». Oder einen «Anfängerfehler». Statt Ameise samt Palette vor der Einfahrt zur Garage zu drehen, um die Ladung rückwärts laufend stoppen zu können, ging ich die Abfahrt vorwärts an. Das Gewicht zog mich in die Tiefe, und bei dem Versuch, den Einer-Wein-Bob abzubremsen, rutschten mir zwei Kisten von der Palette. Es klang und roch, als hätten nicht alle Flaschen dieses Manöver heil überstanden.

Der wütende Besitzer kam sofort herbeigerannt. «Pass doch auf!», schrie er – guter Tipp, danke. Er meinte aufgebracht, dass ich ihm jetzt eigentlich Geld schulden würde, und riss mir die Ameise aus der Hand. Dabei verabschiedete sich eine weitere Kiste. Jetzt schickte mich der Mann unter lauten Beleidigungen nach Hause. Ich wagte nicht, nach Geld zu fragen.

Auch Marc und Rüdiger hatten es nicht richtig gut getroffen, aber wenigstens fast sechzig Mark verdient. Wir trafen uns abends in einem nahe gelegenen Park. Die beiden erzählten, sie seien knöcheltief durch Soßenreste gewatet und auf dem schlüpfrigen Küchenboden ausgeglitten. Rüdiger behauptete sogar, er sei unter der Last einer Schweinehälfte, die er von der Kühlkammer in die Küche tragen musste, zusammengebrochen. Zwei reiche Helden und ein armer Schlucker rauchten Selbstgedrehte. «Morgen wieder?», fragte ich. Ich hatte eine Scharte auszuwetzen. Aber die beiden wollten erst einmal ausschlafen. Allein traute ich mich nicht.

Jetzt stand ich wirklich unter Druck. Ein vernünftiger Job wurde mir zum Beweis meiner Wichtigkeit. Ich graste meine unmittelbare Umgebung ab und hatte doppelten Erfolg: Unter der Woche fuhr ich Blumen aus, am Wochenende verteilte ich Zeitungen. Beide Jobs brachten mir zum ersten Mal ein regelmäßiges Einkommen, vor allem aber viel Trinkgeld. Das Blumenausfahren hatte kaum Tücken, sieht man davon ab, dass ich den Geruch von Lilien hasse. Mindestens zweimal ließ ich mich zum Kaffee bei leicht bekleideten Damen mittleren Alters einladen, die mich sicher verflucht haben, nachdem ich sie schlagartig mit ihrem Sahnekuchen sitzenließ, als es mir zu heiß wurde. Blumenbote kommt zwar im Berufsranking nach Gasmann, taucht dafür aber nicht in Witzen auf. Der andere Job war noch besser. Das Zeitungspaket wurde freitags geliefert. Ich trug es in den Heizungskeller, sortierte die Magazine und klopfte nebenbei die Nackt-Storys in der Neuen Revue, der Praline und der Bravo ausgiebig auf ihren Textgehalt ab.

Ich vertrete die Ansicht, dass es keine Zufälle gibt, sondern nur Ursache und Wirkung. Ferner kann man meistens schon beim Start nicht nur den Sieger, sondern auch das berufliche Lebensthema erkennen. Überprüfen Sie es. Nehmen wir mich zum Beispiel. Ich bekomme bis heute beim Radio Geld dafür, dass ich anderen Leuten Zeugs liefere, an dem ich selbst geschnüffelt und mich in Wallung gebracht habe. Ausführliche Lektüre und ein gründliches Quellenstudium gehören auch zu meinem Beruf. Eine Lektion, die ich mit Hilfe der Praline gelernt habe. Aber das Allerwichtigste: Die Welt braucht andere Hubwagenfahrer als mich. V.W.

Das erste Mal klauen

Eigentlich konnte ich gar nichts dafür: Ich wollte nur nett sein und jemandem helfen – und doch bin ich kriminell geworden.

In unserer Stadt war ein Nachtclub ausgebrannt. Er hatte den schicken Namen «Cancan», und der Neonschriftzug am Eingang der verkohlten Ruine war auch alles, was vom Club noch zu erkennen war. Einer meiner besten Schulfreunde war ein leidenschaftlicher Sammler von Neon- und Leuchtstoffröhren in allen Farben und Formen. Er war fasziniert von den grellen, pinkfarbenen Neonbuchstaben. Also beschloss er, den Besitzer des Clubs aufzusuchen, um ihn zu fragen, ob die Leuchtstoffröhren noch gebraucht würden. Leider war das nicht so einfach, denn das Cancan gehörte einer GmbH, die telefonisch nicht zu erreichen war. Und langsam machte er sich auch Sorgen. Der Abriss der Ruine hatte längst begonnen.

Wir erörterten zusammen mit einem weiteren Freund die Lage. Man musste mit dem Schlimmsten rechnen: Das Gebäude war durch Feuer und Löscharbeiten beschädigt worden, wahrscheinlich funktionierten auch die Neonröhren nicht mehr. Das aber bedeutete, dass sie eigentlich Müll waren, der nur weggeräumt werden musste. Müll, den wir nur zu gern für unseren Freund aufgesammelt hätten. Funktionierten die Leuchtstoffröhren gegen jede Wahrscheinlichkeit doch noch, würden sie von der Versicherung nicht ersetzt werden. Der Besitzer hätte also sicherlich seine Freude daran, wenn sie nach dem Brand einfach verschwänden. Im Grunde hatten wir es bereits beschlossen: Wir wollten die Buchstaben abmontieren.

Das größte Problem bestand darin, dass sich das Cancan mitten in der belebten Innenstadt befand. Es war beinah unmöglich, dort unbeobachtet auf einer Leiter zu stehen und die übergroßen Buchstaben zu entfernen. Nach intensiver Diskussion verwarfen wir den Plan, heimlich zu operieren. Niemand würde dagegen Verdacht schöpfen, vermuteten wir, wenn Monteure in blauen Arbeitskitteln an der Fassade des ausgebrannten Hauses zugange wären. Uns gefiel die Idee, bei der Aktion dreist den gesamten Bürgersteig abzusperren, um möglichst viel Platz für unsere Demontagearbeiten zu schaffen.

Schon ein paar Tage später hatten wir alles besorgt: Werkzeug, Leiter, Absperrband, blaue Arbeitskittel und Sonnenbrillen. Eine wichtige Rolle spielte in unserem Plan außerdem der Ford Turnier meines Vaters, mit dem wir die Sachen transportieren und den Bürgersteig blockieren wollten. Mit großen Aufklebern einer Neoninstallationsfirma sollte aus der biederen Familienkutsche ein unauffälliger Handwerkerwagen werden. Die Aufkleber stellten wir selbst her, indem wir Logo und Schriftzug aus Plastiktüten ausschnitten, die mein Freund, der Sammler, noch zu Hause hatte. Auf die Frage meines Vaters, wozu wir das Auto bräuchten, antwortete ich: «Wir wollen ein paar geklaute Sachen transportieren. Dafür müssen wir dein Auto umlackieren. Aber keine Angst, du wirst später nichts mehr davon merken.» Er musste lachen und gab mir schließlich den Schlüssel.

Wir luden das Material in den Ford, zogen die blauen Arbeitskittel an und setzten die Sonnenbrillen auf. Dann beklebten wir das Auto mit den Logos der Neoninstallationsfirma, wobei wir darauf achteten, diese nur provisorisch mit Tesafilm zu befestigen, um sie später schnell und spurenlos wieder entfernen zu können. Als wir damit fertig waren, raste mein Puls. Ich fühlte mich schon jetzt wie ein Gangster.

Wir parkten den Wagen direkt vor dem Cancan im Halteverbot. Dann holten wir die Leiter aus dem Kofferraum und stellten sie unter den Neonschriftzug am Eingang. Viele Passanten waren unterwegs, die nun unfreiwillig auf die Straße ausweichen mussten, weil wir den gesamten Bürgersteig mit Absperrband blockiert hatten. Niemand beschwerte sich. Alle fanden es offenbar normal, dass an der traurigen Brandruine der Müll beseitigt wurde.

Ich kletterte die Leiter hoch, die meine zwei Freunde von unten festhielten. Langsam begann ich, mit einem Schraubenzieher die Kabelverbindungen an den Neonröhren zu lösen. Wir begingen zwar gerade einen Diebstahl, den wir auch noch gründlich vorbereitet hatten, anders als noch vor der Aktion war ich aber überhaupt nicht mehr aufgeregt. Ich nahm mir meine Rolle als Neon-Monteur fast selbst ab. Schon hatte ich die Halterungsschrauben der ersten Röhre abgeschraubt, damit war der erste Buchstabe demontiert. Ich reichte ihn gleich von der Leiter nach unten. So entfernte ich mit der Ruhe eines achtzehnjährigen Schmalspurganoven schließlich einen Buchstaben nach dem anderen. Mein Freund konnte es kaum fassen und freute sich wahnsinnig: Die Röhren sahen tatsächlich alle noch funktionsfähig aus.

Länger als eine Viertelstunde hatte der Coup nicht gedauert. Wir luden die Leuchtstoffröhren ins Auto, räumten Leiter und Werkzeug ein, hoben die Absperrung auf und fuhren los. Als wir die Innenstadt verlassen hatten und weit genug vom Tatort entfernt waren, hielten wir an und lösten die Aufkleber vom Auto. Danach versteckten wir unser Tatwerkzeug und das Diebesgut im Keller meines Freundes. Zum Abschluss gönnten wir uns noch gemeinsam ein paar Bier, wie es Handwerker und vermutlich auch Diebe nach getaner Arbeit tun. Leicht angetrunken fuhr ich nach Hause und gab meinem Vater die Autoschlüssel zurück. Er unterzog den Wagen einer kritischen Prüfung, was er immer tat, wenn sich der Führerscheinneuling das Auto ausgeliehen hatte, und war zufrieden.

Wir haben diese Geschichte später nie an die große Glocke gehängt, obwohl ich kein schlechtes Gewissen oder Angst hatte. Natürlich war es Diebstahl gewesen, und wir hatten ihn mit bemerkenswerter krimineller Energie und

Phantasie durchgeführt. Schade eigentlich, dass die Zeitungen nie über diesen sagenhaften Coup berichtet haben. Aber das lag sicher daran, dass der Diebstahl am Ende wohl unbemerkt blieb. Ein paar Tage später wurde der Club vollständig abgerissen. Für die Neonröhren hätte sich wahrscheinlich sowieso niemand mehr interessiert. R.S.

Das erste Mal im Plattenladen

Der Besuch eines Plattenladens glich immer einem Kirchgang. Man schritt zur Anbetung, suchte seinen Platz zwischen den Regalreihen, blätterte in den Covern wie im Gesangbuch und bewegte ostentativ kennerhaft die Lippen zu den Textpassagen jener Lieder, die gerade über die Ladenboxen liefen. Auch wenn man sie nicht kannte. «Taffenti pa tatuta. An oll fanz togetta!»* Am Ende warf man Geld für eine schwarze Oblate in die Kollekte und fühlte sich besser. Geradezu selig. Music was my first love.

Wenige Fragen eignen sich besser, um in das Herz von Partygästen vorzudringen, als die nach der ersten Single. Kaum einer, der nicht ein paar entschuldigende Worte hinzufügt: «Die Bay City Rollers mit ‹Bye Bye Baby›! Aber die hatte mir meine Tante geschenkt.» Bedauerlicherweise steht dabei selten der Einkauf, sondern meist nur das 45er-Vinyl selbst im Mittelpunkt der Betrachtung. Fragen nach dem ersten Vinyl-Longplayer tauchen selten auf.

* Frei nach dem Refrain der Single «The System of Dr. Tarr and Professor Fether» von The Alan Parsons Project: «Your mind changes like the weather, you're in need of Doctor Tarr and Professor Fether».

Halten Sie sich unter Menschen auf, die erst kurz vor der Jahrtausendwende geboren wurden, geben Sie mit Ihrer Frage außerdem zu erkennen, dass Ihnen Torrent-Plattformen und illegale Downloads nicht vertraut sind. Sonst hätten Sie die Frage nämlich nicht gestellt. Auch kann Ihnen Ihre Neugier schnell den Ruf einbringen, ein bemooster Vollpfosten zu sein (neudeutsch für: oldschool). Dennoch existiert unter jungen Menschen so eine Art respektvollen Reststaunens darüber, dass wir Alten uns noch so viel Mühe gaben, um einen Tonträger in unseren Besitz zu bringen. Platten konnte man nicht selber pressen oder brennen. CDs waren später trotzdem nie wirklich beliebt, allein schon wegen der hässlichen und teuren Ständer, die man ihretwegen im Wohnzimmer aufpflanzen musste. Das Leben kann so retro sein.

Gehört heute ein rudimentäres Computerwissen und eine Portion krimineller Energie dazu, sich in den Besitz von Gigabytes voller Klänge zu bringen, bedurfte es zur Hochzeit von Beatles, Abba und A-ha nur zweier Komponenten: Zeit und Geld. Bevor man überhaupt Plattenläden aufsuchen konnte, musste man hinreichend geprägt worden sein. So wie heute die Kids vor den Spielkonsolen der Elektronikmärkte stehen, schwänzelte man zunächst lüstern unter den missmutigen Blicken der Verkäufer durch die Plattenabteilungen von Karstadt. «Freundchen, das ist hier kein Schullandheim», raunzten die schlecht gekleideten Herrschaften. Das war nicht unser Reich. Diese Menschen kannten sich nicht aus und boten ohnehin nur stapelweise K-tel- oder Europa-Scheiben an. Massenware. Kinderkram. Der Beschaffungsdruck stieg an.

Rückblickend fragt man sich sowieso, welcher Recke heute noch aus dem Haus stiefeln, dreißig Minuten bis zum nächsten Kaufhaus latschen und dann umgerechnet drei Euro und sechs Cent für eine einzige kleine schwarze Scheibe mit nur einem bekannten und einem zweiten, meist lausigen Lied auf der anderen Seite ausgeben würde. Selten lohnte sich der Aufwand doppelt. Alle wichtigen Ausnahmen sind ja bekannt: Da wäre zum einen Gloria Gaynor, die auf der B-Seite ihrer Single «Substitute» den Song «I will survive» lieferte. «Substitute» kennt heute keiner mehr. Oder Queen, die «We will rock you» auf die gesichtsabgewandte Seite des Vinyls von «We are the Champions» gepresst haben. Solche Doppel ließen hoffen – aber nur theoretisch. Denn es handelte sich bei beiden Liedern natürlich um echte Obergrütze für Primaten, die nur von radikal geschmacksbefreiten Nichtauskennern gekauft wurde. Also von allen außer mir. Aber ich ging ja auch nicht in Kaufhäuser, zumindest nicht, um dort Platten zu kaufen. Unsereiner schonte sein Käuferseelchen bis zum ersten geweihten Gang in den Schallplattentempel. Bei so viel Dünkel fiel erst gar nicht auf, dass ich ohnehin zu mittellos war, um mich mit Musikalien eindecken zu können.

Dauernde Radionutzung und leidvolle Stunden im krissligen Schimmer der ZDF-Hitparade hatten meinen Musikgeschmack verfeinert. Tante Hilde brauchte mir gar nicht erst mit der Single «Teenage Rampage» von The Sweet zu kommen. Tat sie dann aber doch und ließ leider völlig außer Acht, dass ich keinen eigenen Plattenspieler besaß. Die Nordmende Musiktruhe war ausschließlich Vatis Reich und sollte nach Möglichkeit mit juvenilem Popgedöns nicht in Berührung kommen. Da liefen tatsächlich James Last und Mireille Mathieu und bliesen einem die Birne weich. «Teenage Rampage» gammelte derweil ungespielt in der Ecke rum. Das war 1974.

Ich wartete auf den Moment der Musikmündigkeit, den Tag, an dem es mir gelingen würde, den Fachverkäufer eines Plattenladens mit einer Frage zu behelligen, die er nicht würde beantworten können. Mein Challenge Day kam 1978. War der eigene Musikgeschmack gar so weit entwickelt, dass die aktuelle Lieblingsscheibe vielleicht nicht vorrätig war? So ein Schlag musste gut vorbereitet sein. Ich stellte es mir ungefähr so vor: «Haben Sie die neue von Bob Welsh?» – «Bob wer?» – «Schon gut!» Ich übte ein Gesicht ein, das zwischen tiefer Enttäuschung und Verletztheit einerseits, Verachtung und Mitgefühl andererseits schwankte. Wäre die Antwort aber «Steht da vorn unter W!» gewesen, hätte ich noch eine Frage in Reserve gehabt: die nach Steve Hillage, dessen Song «Searching for the Spark» in meiner Klasse nur ich kannte. Und, wie sich später herausstellte, alle Plattenfachverkäufer. Alternativ dazu das als Frage getarnte Statement, eine Methode, die während zahlloser Fachgespräche unter Freunden verfeinert worden war: «Hat nicht gerade Lindsey Buckingham Bob Welsh als Gitarristen von Fleedwood Mac abgelöst? Der hat ja dann auch gleich seine Freundin Stevie Nicks mit in die Truppe geholt.»

Heute sehe ich ein, dass mein Musikgeschmack niemals seiner Zeit voraus war. Schon gar nicht beim ersten Mal, als ich dann wirklich, und nicht nur im Geist, einen Plattenladen betrat. Es war Offenbarung und Enttäuschung in einem. In Berlin hatte es eine kleine Ladenkette namens ZIP geschafft, sich mir als Mekka anzudienen. Kleine Anzeigen in lokalen Stadtmagazinen priesen dort Kassenschlager für nur 14,90 DM an. Das zog. Für den ersten Besuch plante ich einen ganzen Nachmittag ein.

Der Plattenladen am U-Bahnhof Wilmersdorfer Straße war meiner Erinnerung nach in freundlichem Schwarz gehalten, der Tresen rot. Daneben ein paar klotzige Stahlrohrsessel zum Vorhören der Platten. Wahnsinn. Luxus. Dahinter bediente der gleiche Mann, der auch in der nahe gelegenen Discothek samstagabends Bowie auflegte. Hieß es. Hier war man unter Gleichgesinnten. Endlich daheim! Der Laden war voller Musikjünger, die ihren Unterleib gegen Kisten pressten und mit Zeige- wie Mittelfinger über die harten Plastikkanten der LP-Schutzhüllen huschten. Ab und zu zog einer mal ein Exemplar raus und studierte eingehend das Cover. Warm war es, Spiegelkacheln an den Wänden gleißten hinter versilberten Glühbirnen. In den eigens angefertigten Kästen lagerten unzählige Stunden Musikgenuss, zahllose Abende mit dem Kopfhörer auf sowie schier unbegrenzter Zuwachs an musikalischem Sachverstand. Und natürlich erregende Bilder. Zum Beispiel das Cover des Roxy-Music-Albums «Countrylife», das damals ähnlich erotische Verwerfungen erzeugen konnte wie die Miedermodenseiten des Otto-Katalogs.

Ich wendete den zusammengerollten Zwanzigmarkschein in meiner Hosentasche und genoss es, ziellos in den Plattenstapeln rumzublättern. Musik allein nach Covern auszusuchen, gab ich später bald auf, da das Anstellen und die Frage, ob man denn mal in die betreffende Platte reinhören könne, immer eine ganze Weile in Anspruch nahm. Außerdem schämte ich mich bereits bei meinem ersten Besuch, weil ich wusste, dass ich nur eine der drei zum Reinhören vorgelegten LPs würde kaufen können.

Die Typen neben mir, bildete ich mir ein, sahen genauso aus wie die Platten, die sie hörten. Der Verweichlichte zu meiner Linken hatte die «Life Tapes» von Barclay James Harvest am Wickel, der Undurchdringliche hielt ein Album in den Händen, das ich nicht kannte. Wie ungefähr neunundneunzig Prozent der Platten in diesem Laden.

LP Nummer eins war ein totaler Reinfall. Eine Kakophonie aus defektem Sägezahngenerator, heiserem Gebrüll und widerlich wabbelnden Gitarren. Ich hielt beim Vorhören kaum zwei Stücke durch, dann gab ich dem guten Mann hinter der Theke ein Zeichen, das Album «Force it» von UFO vom Teller zu nehmen. Dabei war auf dem Plattencover doch ein Paar abgebildet, bei dem sich offenbar Geschlechtsverkehr in der Badewanne anbahnte. Die zweite LP, die ich hörte, war von Tangerine Dream. «Stratosfear». Schon viel besser. Nein, nicht besser, optimal. Kostete aber leider 21,90 DM und fiel damit aus. Adieu ihr Stratosphärenklänge, ihr lustvollen Klangwellen, die ihr in Richtung Ewigkeit schwappt. Heute müsst ihr ohne mich ins All vordringen.

Platte Nummer drei schließlich brachte die Gewissheit, dass ich nicht allein nach Hause gehen würde. Das Cover zeigte drei schluffige, dürre Herren, die mit dem Rücken gegen ein riesiges Bild lehnten, das hinter ihnen an der Wand klebte. Drei überlebensgroße Indianer als Fototapete. Ich verstand: Die Musiker waren die Nachgeborenen einstmals großer Häuptlinge. Sie sahen so amerikanisch aus, wie ich es mir nur vorstellen konnte: Jeans, T-Shirts, einer darüber noch ein Holzfällerhemd, und alle Mann Turnschuhe. Ich mochte die kehlige Stimme des Sängers. Die Nadel des Plattenspielers erreichte schnell die dritte Nummer auf der A-Seite. So klar, so brillant wie jetzt unter den engen Stereokopfhörern hatte das Lied in meinem Kofferradio nie geklungen. Mir kamen fast die Tränen.

Zehn Minuten später verließ ich den Sessel mit dem Gefühl, ein Werk zu kaufen, das für die Ewigkeit bestimmt war. Auch wenn es aus dem Jahr 1971 stammte und ein Millionen-Seller und damit Massengeschmack war. Ich zahlte, griff die knisternde gelbe Tüte und schwebte gen U-Bahn. So gut es ging, sang ich den Text des Liedes nach: «On the first part of the journey I was looking at all the life, la la la la la la la la la la la la la la la la la la la la la la la la.» Oder so. Ich habe beschlossen, meinem ersten Pferd hier keinen Namen zu geben. V.W.

Das erste Mal fliegen

1987 flog ich das erste Mal – in einem Passagierflugzeug von Berlin nach Köln. Den Flug hatte ich mit Studentenrabatt bereits Monate vorher in einem kleinen Reisebüro gebucht. Alle meine Freunde und Bekannten waren bereits geflogen, und auch ich war nicht mehr länger bereit, ohne diese Erfahrung zu leben. Als ich einmal wieder meinen Vater in Bonn besuchen wollte, nutzte ich die Gelegenheit: Ich verzichtete auf eine Autofahrt via Mitfahrzentrale und entschied mich für das verheißungsvolle Abenteuer Fliegen.

Vier Stunden vor Abflug wartete ich am Schalter der Fluggesellschaft auf den Check-in. Leider hatte er noch gar nicht geöffnet. Ich war sehr nervös. Gut geschlafen hatte ich sowieso nicht. Als alter Flugzeugmodellbauer wusste ich, was beim Fliegen so alles schiefgehen konnte. Was würde wohl passieren, wenn die Triebwerke ausfielen und der tonnenschwere Flieger mit seinen kleinen Stummelflügeln nicht mehr genug Auftrieb bekäme? Oder alle an Bord, auch die Piloten, ohnmächtig würden? Das Flugzeug in der Luft mit einem anderen zusammenstieße? Ein Entführer an Bord wäre oder auch nur eine Bombe? Mir wurde langsam klar, dass ich an diesem Tag vielleicht sterben würde.

Noch hätte ich Zeit gehabt, umzukehren und den fliegenden Sarg allein starten zu lassen. Aber was wäre gewesen, wenn die Maschine doch angekommen, ihr wie durch ein Wunder nichts passiert und ich als Einziger in Berlin geblieben wäre? Nach qualvollen zwei Stunden öffnete endlich der Eincheckschalter. Ich fragte nach einem Fensterplatz und bekam meine Bordkarte.

Ein Film fiebrigen kalten Schweißes bildete sich auf meiner Stirn, mein Herz polterte los. Bei der Sicherheitskontrolle vergaß ich, meinen Schlüssel aus der Hose zu nehmen, und löste ein schrilles Alarmsignal aus. Ich musste noch einmal durch die Schleuse. «Na, Ihr erster Flug?» Offensichtlich wollte mich der Sicherheitsbeamte von meiner Nervosität ablenken. Ich bemühte mich gequält um einen coolen Gesichtsausdruck und entgegnete: «Nein. Aber woher soll man das mit dem Schlüssel auch wissen?» Nach dieser Antwort musste mich der Mann für einen kompletten Idioten halten. Peinliches Schweigen.

Am Gate setzte ich mich auf eine Bank und versuchte vergeblich zu lesen. Ich konnte mich einfach nicht konzentrieren. Im Duty-free-Shop kaufte ich steuerfreie Zigaretten und sprühte mich mit diversen Parfüms ein. Dann setzte ich mich wieder und bekam Halsschmerzen. Ich war erleichtert. Krank konnte ich das Flugzeug natürlich nicht besteigen. Vor meinem geistigen Auge sah ich bereits die Schlagzeilen in den Zeitungen: «Glückspilz! Halsschmerzen retteten ihm das Leben. Flugzeug stürzt ab – keine Überlebenden!» Statistisch wahrscheinlicher, so viel war mir klar, wäre allerdings eine andere Schlagzeile gewesen: «Deutschlands ängstlichster Passagier: Jetzt simuliert er schon Halsschmerzen, um nicht fliegen zu müssen!»

Während ich noch imaginäre Schlagzeilen las, startete bereits das Boarding. Langsam wurde es ernst, noch konnte ich mein Schicksal frei wählen. Saß ich erst mal in der Maschine, war es kaum mehr möglich auszusteigen.

Ich ahnte zwar, dass der Absturz eines Flugzeugs bei einer Wahrscheinlichkeit von lediglich 0,000012 Prozent liegt (Hamburger Unfalluntersuchungsbüro jacdec), spürte aber, dass der Sensenmann mit an Board ging. Ich sah kein einziges Kind in der Maschine. Ein gnädiger Gott würde wohl nur ein Flugzeug mit Kindern an Bord verschonen. Mein Pulsschlag war bei hundertvierzig, ich bekam kaum Luft, und mir wurde übel.

Dabei passierte erst mal nicht viel. Ich verstaute nur das Gepäck und schnallte mich an. Ich saß auf Platz 14A. Beinah wäre ich daran vorbeigelaufen, hatte dann aber bemerkt, dass es keine Reihe 13 gab. Ich saß also in einer technisch anspruchsvollen Boeing und musste feststellen: Die sind genauso abergläubisch wie ich. Ich drehte den Lufthahn über mir auf und richtete ihn direkt auf mein Gesicht. Schon jetzt, noch am Boden, schien ein extremer Sauerstoffmangel an Bord zu herrschen. Außerdem stank irgendjemand penetrant nach billigem Parfüm. Möglicherweise ich selbst. Mir war jetzt elend schlecht. Ich versuchte mich auf schöne Dinge zu konzentrieren. Allzu viel wollte mir leider nicht einfallen.

«Liebe Gäste an Board unseres Fluges nach Köln / Bonn, wir wollen Sie jetzt mit ein paar Sicherheitsinstruktionen vertraut machen ...» Die Ansage der Stewardess riss mich aus meinen Gedanken. Bei einem Druckabfall würden Sauerstoffmasken aus der Borddecke fallen, hieß es, und die Schwimmweste solle man erst außerhalb des Flugzeugs aufblasen. In welchem Meer zwischen Berlin und dem Flughafen Köln / Bonn sollten wir denn notwassern?! Nun wurde mir erst recht schlecht. In der Sitztasche vor mir fand ich keine Kotztüte.

Dann gab es einen kleinen Ruck, und das Flugzeug bewegte sich langsam rückwärts. Die Turbinen wurden gestartet. Ich dachte, dass Menschen vor tausend Jahren beim Anblick eines Flugzeugs vor Schreck gestorben wären, und konnte das nachvollziehen. Der Rumpf vibrierte und brummte. Holprig setzte sich die Boeing 737 in Bewegung. Beim Flugzeugmodellbau ist es schon aufregend, ein neunhundert Gramm schweres Flugmodell in die Luft zu bekommen – mit mir rollten gerade ungefähr sechzig Tonnen zur Startbahn. Zum ersten Mal wirkten auch die andern Passagiere angespannt, legten ihre Zeitungen zur Seite oder stellten ihre Gespräche ein. Erfahrene Flieger hatten mich gewarnt: Gefährlich seien vor allem Start und Landung, wenn etwas schiefginge, dann da. Selbstverständlich wäre es reiner Wahnsinn, sechzig Tonnen mit zwei Triebwerken auf zweihundertsechzig Stundenkilometer zu beschleunigen, dann das Höhenruder einzustellen und zu glauben, die Schwerkraft sei damit überwunden.

Auch wenn das dem tatsächlichen Vorgang ganz gut entspricht. Die Triebwerke heulten auf, und die Maschine wurde schneller und schneller. Dabei eierte sie leicht hin und her. Ich musste an die Gebrüder Wright denken und das Unglück, das sie über die Welt gebracht hatten. Das Flugzeug neigte sich leicht nach hinten, ich wurde in den Sitz gedrückt, und ganz schnell wurde beim Blick aus dem Fenster alles immer kleiner. Bis es plötzlich einen gewaltigen Schlag gab. Ich stellte mich schon auf Feuer und Qualm in der Kabine ein – es war aber wohl nur das Fahrwerk gewesen, das eingeklappt worden war.

Ich flog. Unter mir sah ich die Wolken und um mich herum den blauen Himmel. Weil die anderen Passagiere Tomatensaft bestellten, bestellte ich ebenfalls Tomatensaft. Ich war nun doch fasziniert, wie ruhig das Flugzeug in der Luft lag. Gleichzeitig machte es mich etwas nervös – flogen wir noch, oder fielen wir schon? Einige Passagiere schliefen, ein paar unterhielten sich, die meisten lasen. Ich spürte einen leichten Druck auf den Ohren, mir war immer noch übel, ich fand die Luft zu trocken und hatte ein wenig Atemnot. Irgendjemand hatte mir erzählt, dass Fluggesellschaften den Sauerstoffgehalt in die Kabinen absichtlich niedrig halten würden, um die Fluggäste ruhigzustellen. Bei mir funktionierte das offenbar nicht.

Um mich abzulenken, nippte ich an meinem Tomatensaft und blätterte im Bordmagazin. In der Luft war ich ja angeblich relativ sicher, anders als beim Start und bei der Landung. Ich versuchte, mich zu entspannen. Mein Herz klopfte aber immer noch deutlich zu schnell. Wir hätten in einen Schwarm Wildenten geraten, mit einem anderen Flugzeug zusammenstoßen oder auch von einem Meteoriten getroffen werden können.

Es wurde Zeit, dass wir landeten. Ich fand, wir sollten unser Glück nicht überstrapazieren. Meinetwegen hätten wir auch schon in Hannover landen können – die Strecke nach Köln kam mir noch unendlich lang vor. Der Köln / Bonner Flughafen war sicher schwer anzufliegen. Waren da nicht hohe Berge, das Siebengebirge? Weil ich so verkrampft im Sitz saß, taten mir bald die Beine weh. Die Thrombosegefahr in Flugzeugen war ja hinlänglich bekannt. Sollte das mein Schicksal werden? Den Flug zu überleben, um dann an einem Blutgerinnsel zu sterben?

Beim Landeanflug war ich mir nicht mehr so sicher, ob mich wirklich die Thrombose töten würde. Die Maschine verlor an Höhe und begann zu wackeln. Die Situation musste ernst sein, denn sogar die Stewardessen setzten sich und schnallten sich an. Beim Sterben ist eben auch im Flugzeug jeder allein. Die Maschine donnerte der Landebahn entgegen, und in meinen Ohren knisterte es. Ich atmete stoßweise und klammerte mich panisch an die Sitzlehnen. Der gesamte Landevorgang dauerte gefühltermaßen schon jetzt länger als Start und Flug zusammen. Die Maschine schien sich gegen das Aufschlagen am Boden zu wehren.

Irgendwann war es dann doch so weit: Wir setzten auf. Alles war gut gegangen, und ich applaudierte dem Piloten. Als Einziger. Die Stewardess versuchte mich zu beruhigen, aber meine Euphorie hielt an. Ich hatte den Flug überlebt!

Als mich mein Bruder am Flughafen abholte und fragte: «Na, wie war dein erster Flug?», antwortete ich ihm lässig: «Ganz okay. Man muss ja nicht aus allem eine große Geschichte machen.» R.S.

Das erste Mal blau

Vielleicht war es eine große grüne Flasche mit der Aufschrift «Krötenbrunnen», die mir den Rest gab. Oder ein Müller-Thurgau. Oder ein Edelzwicker. Oder vielleicht auch eine dieser gründlich verkorkten Säuren aus dem Elsass. Verständlicherweise fällt mir die Erinnerung schwer. Es war jedenfalls keine Kohlensäure drin. Das weiß ich.

Faber Sekt für 4,90 DM galt zwar als das höchste der Gefühle, war aber nicht alltagstauglich. Mumm erschien uns unerschwinglich, von der Existenz eines Crémant hatten wir noch nicht einmal gehört. Tiefer als wir hausten auf der Trinkerskala nur noch die Kellergeister. Meistens tranken wir Bier, aber nur aus grünen Flaschen. Braune Pullen waren nicht en vogue. Engelhardt machte zwar angeblich die Stängel hart, doch nur Becks löschte den Kennerdurst. Schultheiß galt als Primatenplörre. Und Gesöff wie Weizen-Bananensaft, Rum-Cola in Dosen und pippifarbene Alkopops war noch nicht in unsere Welt vorgedrungen. Mit jeder neuen Runde Bier anzustoßen, war Pflicht. Prost. Klong.

Wir saßen auf Norberts Bodenmatratzen. Die Stimmung war prächtig. Damals brauchten wir noch nicht viel. Gerade hatte mir Norbert erklärt, warum David Bowie scheiße sei, und ich hatte gestanden, dass ich Barclay James Harvest mochte. Das gab einige Reibereien. Ich verschwieg, dass ich beim Konzert der Band vor dem Berliner Reichstag zum ersten Mal die beiden Brüste einer Frau gleichzeitig angefasst hatte, während die Musiker «Hymn» gratis zum Besten gaben. Ich war auf ewig dankbar.

Norbert lagerte seine Platten unter einem Holzpodest in ausfahrbaren großen Schubkästen. Es mussten mindestens fünfhundert LPs sein. Norbert war unser Held, Musik das bestimmende Thema. Georg und Hans-Peter brannten währenddessen kleine Löcher in die lindgrün gebatikten Matratzenbezüge, weil sie unbedingt auch noch die letzten Krümel Schwarzen Krauser verheizen und in das knittrige, halb durchsichtige Papier eindrehen mussten. Beim Anzünden der Zigaretten rieselten dann Glutkrümel auf den Stoff. Für Filterzigaretten reichte das Taschengeld nicht. Norbert, der für den Springer-Verlag frühmorgens Zeitungen ausfuhr und Bass in einer Band spielte, ignorierte die Sachbeschädigung großzügig.

Es war kurz vor zehn – eigentlich Zeit, an Aufbruch zu denken. Jeder ein letztes, einigten wir uns und entrissen dem Sixpack vier Flaschen. Norbert war zweiundzwanzig, der Älteste von uns. Wir anderen gingen noch zur Schule. Bester Laune erzählte er von einem Arbeitskollegen, der eine unheimlich effektive Art erfunden hatte, aufgeweckt zu werden: den Kaffee-Bong. Vor dem Schlafengehen kochte er sich eine Kanne starken Kaffee, kippte Milch und Zucker rein und stellte beim Schlafengehen die leicht geöffnete Thermoskanne neben sein Bett. Wenn der Wecker um drei Uhr in der Früh klingelte, griff sich der Kollege die Kanne und kippte die nunmehr lauwarme Melange in einem Schwung runter. Dann legte er sich wieder hin, döste noch einmal weg und wartete behaglich darauf, dass der Koffeinknüppel ihn mit einem Schlag aus dem Kokon seiner Müdigkeit herausprügelte. Wir lachten. Weltklasse. Eine Methode, um anstrengungslos die eigenen Grenzen zu überschreiten. Ich war begeistert.

Der Abend schien dem Ende zuzugehen. Ich dachte an das gelbe Reclamheft in meiner Tasche, das ich noch fertig lesen musste. Grimmelshausens Simplicissimus. Norbert gähnte. Auch die anderen hatten offenbar genug. Ich dagegen wollte noch nicht gehen, ich hatte immer noch – dieses Wort war neu in meinem Sprachschatz – Bierdurst. «Noch die zwei letzten Bier und dann geht's ab in die Heia, ok?», schlug ich vor.

Eilfertig flog ich in die Küche, den verbliebenen Pullen entgegen. Sie lagerten im Kühlschrank, überragten Mett und Joghurt. Und dann war da in der Tür noch eine große grüne Flasche Irgendwas, die angebrochen neben der Milch stand. Ich ließ sie erst mal dort stehen. Wir teilten uns das Bier, stritten mit Norbert weiter über seinen Musikgeschmack, aber er wollte so ganz und gar nicht einsehen, dass Kevin Coyne Alte-Männer-Musik macht. «So, ab dafür!» Norbert schickte uns nach Hause.

Während die drei anderen noch im Flur stritten, ob, wie Norbert meinte, nicht wenigstens das Stück «Teddybears and Millionaires» vor unseren Ohren Gnade verdient hätte, ging ich ein letztes Mal in die Küche und stellte die leeren Flaschen neben dem Kühlschrank auf den Boden. Aber da war doch was gewesen, dachte ich mir … Stimmt: die grüne Flasche. Beinah voll. Ein müder Mensch und eine offenbar explosive Methode. Grenzen durchbrechen. Ratterratter. Was Kaffee in hohen Dosen kann, wird Alkohol ja wohl auch schaffen. Das war die Gelegenheit, in Erfahrung zu bringen, wie die Welt nach einem guten halben Liter Wein aussieht. Mit drei bis vier Bier im Orbit war sie eigentlich immer recht amüsant und gemütlich gewesen, so von oben betrachtet. Ich leerte die Flasche in einem Zug und wartete ab, ob ein Donnerwetter in mir heraufziehen oder Geistesblitze zucken würden. Vielleicht erwartete mich ja auch eine richtige Offenbarung.

«Ich hab noch 'nen Schluck aus deiner Weinpulle genommen, Norbert! Ich hoffe, das ist ok!» Norbert war so müde, dass er wahrscheinlich auch seiner Skalpierung zugestimmt hätte, solange man ihn dabei nur schlafen ließ. Ohne Lallen verabschiedete ich die beiden anderen vor der Haustür, während sie ihre Räder aufschlossen. Eine warme, behagliche Woge war mittlerweile in mir aufgestiegen. Das wollte ich genießen.

Ich lief in Richtung U-Bahnhof Möckernbrücke. Der Wein erschwerte es den Wegplatten unter meinen Füßen, still zu liegen, und auf der Treppe zum Gleis wurde mein Blick schon wesentlich inwendiger, denn plötzlich tauchten da ganz neue Stufen auf. Die Außenwelt drang immer weniger zu mir durch. Ich versuchte, mich zusammenzureißen. Mir wurde elend.

Muttis gute alte Belehrung vom Indianer, der keinen Schmerz kennt, galt offenbar nicht in Bezug auf Feuerwasser. Das Zeug war damals eine miese Brühe aus reinem Alkohol, die mit Tabaksud eingefärbt und mit tüchtig Pfeffer und Schlangenköpfen aromatisiert wurde. Erhebliche Mengen von Zucker und Öl machten die Plörre überhaupt erst genießbar. Die Herren Siedler verabreichten sie den Indianern, um sich ihrer Sinne zu bemächtigen. Wer das Zeug trank, wollte gar kein Land mehr besitzen und am nächsten Tag sicher auch noch seinen Körper loswerden.

Auch mein Wein musste schlecht gewesen sein. Oder lag es an der Menge? Ich würgte. Zwei Handvoll Menschen standen auf dem Bahnsteig herum. Keiner interessierte sich für mich, so wie man es gern hat in peinlichen Momenten. Ein Manneken trat in den Glaskasten des Schaffnerverhaus und schraubte sich eine blaue Schiebermütze auf die Birne. Die Einfahrt der U-Bahn kündigte sich an. Ich war auf eine Bank geplumpst und spürte, wie allerlei Gekröse in mir in Wallung geriet und, frei nach Goethe, sich dies und das mit reichem vollem Schwalle zu ergießen trachtete.

Wenn man sechzehnjährig in neue Dimensionen der Übelkeit vordringt, die einen alles Gespeie aus Kindertagen vergessen lassen, stellt sich die nicht nur theoretische Frage, ob es jetzt wohl langsam mit einem zu Ende geht. So fühlte es sich an. Sterbenselend. Man sagt das, um anzudeuten, dass man an nichts mehr hängt, nicht mal am eigenen Leben. Wie die Indianer nach dem Feuerwasser. Es gibt also Zustände, in denen man wirklich nicht mehr weiterwill, keinen Durchhaltewillen mehr zeigt. Man lässt los, wie das heute so schön heißt.

Den Kopf auf einen Arm gestützt, kippte ich nach links und entließ den Krötenbrunnen ins Freie. Jetzt interessierten sich die Menschen doch für mich. Mein Benehmen rief Abscheu hervor. Das laute Würgen rief aber auch ihre Neugier auf den Plan, und es war für aus- wie einsteigende Passagiere wahrscheinlich schnell entschieden, dass hier kein Notarzt, sondern höchstens eine Tracht Prügel angemessen war – oder zumindest ein verächtlicher Blick. Das war also die Grenze, die man nicht überschreiten sollte, weil das Terrain dahinter vollgegöbelt und erbärmlich ist.

Ich raffte mich auf, um mich von der widerlichen Lache zu entfernen. Mit ein wenig Glück wäre bald jeder verschwunden, der den Zusammenhang zwischen dem Erbrochenen und mir herstellen konnte. Weitere Fahrgäste kamen die Treppe herunter, alle machten einen Bogen um meine Bank. Ich kramte nach einem Kaugummi. Stocknüchtern war ich nicht geworden, aber immerhin wieder klar genug, um zu verstehen, dass ich weder Lust auf die Konsequenzen meiner Verunstaltung des öffentlichen Raums noch überhaupt eine Vorstellung von diesen Konsequenzen hatte. Wer zahlt das eigentlich?*

Als die U-Bahn kam, stieg ich schnell ein, ohne die Stätte meiner Niedertracht noch einmal zu beäugen. Seitdem weiß ich immerhin, warum in Deutschland jährlich hundertzwanzig Millionen Trunkenbolde in ihren Autos durch die Gegend gondeln: Sie wollen in ihrem Zustand nicht öffentlich gesehen werden. Dann schon lieber während eines vertraulichen, persönlichen Gesprächs in ein Röhrchen pusten.

* Dreißig Jahre später habe ich bei der Pressestelle der BVG angefragt, was passiere, wenn man einen Fahrgast bei der Übersäuerung der Plattformen ertappt. Offenbar habe ich mir damals umsonst einen Kopf gemacht, denn eine freundliche Frau teilte mir mit, zunächst mache man sich Sorgen um den Gesundheitszustand des Fahrgastes und rufe gegebenenfalls einen Krankenwagen. Dann lasse man den Unrat stillschweigend bei der täglichen Grundreinigung beseitigen.

Den Versuch, mich jetzt noch auf den Deutsch-Leistungskurs vorzubereiten, musste ich bereits aufgeben, als ich den ersten Satz des Kapitels las, in dem ich feststeckte: «Da machte ich gleich den Anfang, meinen unglücklichen Zustand, den ich vor Augen sah, zu betrachten und zu gedenken, wie ich mich förderlichst ausdrehen möchte; wohin aber? Dazu war mein Verstand viel zu gering, einen Vorschlag zu tun, doch hat es mir so weit gelungen, daß ich gegen Abend in Wald bin entsprungen. Wo nun aber weiters hinaus?» Hä? Hilfe! Lineare Sätze wurden zu Spiralen, und mir wurde wieder schlecht.

Damals glaubte ich mir noch selber, als ich schwor, nie wieder einen Tropfen Alkohol zu trinken. Der Gedanke war tröstlich. Unschön fiel dagegen die Begegnung mit einem meiner Erziehungsberechtigten an der Wohnungstür aus.

«Du kommst spät!»

«Hm.»

«Hast du getrunken?»

«Nö.»

«Du lügst.»

Pause.

«Das hat Konsequenzen!»

«Hatte es schon!», dachte ich und schloss die Zimmertür hinter mir.

So kam es, dass ich den ersten Abend, an dem ich wirklich blau und nicht nur beschwipst war, in aller Ruhe in meinem Zimmer ausklingen lassen konnte und mich am nächsten Morgen vor die Wahl gestellt sah, nie wieder zu trinken oder sofort auszuziehen. Ich wählte den gesunden Mittelweg. Prost.

V.W.

Das erste Mal auf einer Demo

«Stell dir vor, es ist Krieg und keiner geht hin» – das war damals, zur Zeit der Friedensbewegung in den achtziger Jahren, der meistzitierte Spruch auf allen Demonstrationen. Er stamme von Erich Fried, behauptete ein Klassenkamerad, ein anderer meinte, Fried trage einen Künstlernamen, ein Dritter hielt das alles für Quatsch, es sei ein Tucholsky-Zitat. Tatsächlich stammt der Spruch von Carl Sandburg, den kannte aber keiner.

Die Friedensbewegung war eine coole Sache. Die Eltern waren von den Aktivisten eher genervt, und mein Vater ließ sich mit dem Spruch «Lieber rot als tot» prima provozieren. Dazu kam, dass die spannenden Mädchen meiner Klasse Buttons mit Friedenstauben trugen oder sich das Peace-Zeichen auf die Hände malten. Allerdings fehlte mir damals noch die Erfahrung des ultimativen Initiationsrituals: eine echte Demonstration auf der Straße, mit Polizei, Blaulicht, Martinshorn, Widerstand, vielleicht sogar mit anschließender Festnahme. Im Idealfall wurde man politischer Gefangener, und Amnesty International forderte dann von der Bundesregierung die Freilassung.

Sehnsüchtig wartete ich auf meinen achtzehnten Geburtstag. Bei den Friedensdemos 1981 und 1982 war ich angeblich noch zu jung, am 22. Oktober 1983 konnten meine Eltern mir die Teilnahme dann nicht mehr verbieten. Die Demo in Bonn war nicht nur meine erste, sondern die größte, die in Deutschland bis dahin stattgefunden hatte. Mindestens eine halbe Million Demonstranten waren auf den Straßen der westdeutschen Hauptstadt unterwegs. Die Bonner Innenstadt war voll von Menschen, genau wie die Hofgartenwiese, und überall wurden Spruchbänder hochgehalten mit Aufschriften wie «Frieden schaffen ohne Waffen», «Schwerter zu Pflugscharen» oder «Wir wollen Sonne statt Reagan». In ganz Deutschland gab es Demonstrationen, Menschenketten und Sitzblockaden. Sicher, dachte ich, wird heute Geschichte geschrieben – ich konnte ja nicht wissen, dass sich nichts ändern würde. Die Bundesregierung beziehungsweise ihr Innenminister Zimmermann hatte intern bereits die Parole ausgegeben: «Die demonstrieren, wir regieren!» Ich brach also mit mehreren Freunden auf, um die Geschicke der Bundesrepublik und der gesamten Welt neu zu ordnen.

Schon nächtelang vorher hatte ich unruhig geschlafen und wild geträumt. Ich sah mich eingekesselt von Polizisten, schweres Räumgerät im Einsatz, Wasserwerfer, die mich und meine Freunde von der Straße spülten, martialisch ausgerüstete Sondereinsatzkommandos, die mich wahlweise wegtrugen oder zusammenknüppelten. Entsprechend nervös war ich, als es endlich so weit war. Während wir mit der U-Bahn in die Bonner Innenstadt fuhren, dachte ich an Martin Luther King, Mahatma Gandhi und Jesus, und an deren schwerste Stunden. Auch wenn sich eine Fahrt in der U-Bahn wohl kaum mit der Kreuzigung vergleichen lässt.

In Bonn waren Tausende Gleichgesinnte unterwegs, aber schon nach kurzer Zeit merkten wir, dass viele in Gruppen organisiert waren und wir keinen richtigen Anschluss fanden. Stundenlang liefen wir ratlos durch die Innenstadt, bis wir die Bonner Hofgartenwiese erreichten, auf der friedensbewegte, jedoch nicht unbedingt bewegende Reden gehalten wurden. Was wir wollten, waren keine guten Worte, sondern Taten. Wir forderten die Konfrontation mit den Kriegstreibern – natürlich gewaltfrei.

In der U-Bahn hatte ich bei Gesprächen der Demo-Profis bereits ein paar wichtige Fachtermini aufgeschnappt. Sie sprachen von einer langweiligen «Latschdemo» und vom «Beruhigungs-Gesabbel» der Friedensredner. Mit diesem Vokabular gelang es mir, den Friedensaktionismus meiner Freunde neu zu befeuern. Wir entschlossen uns, mehr Bewegung in die Friedensbewegung zu bringen, und verließen den Hofgarten in Richtung amerikanische Botschaft. Dort wollten wir die Vertretung der US-Kriegsmaschine mit ihren aggressiven Pershing-Raketen unmittelbar mit unserer Friedensbotschaft konfrontieren. Ich hielt es für nicht unwahrscheinlich, dass wir nach einem nachhaltigen Auftritt über die Vermittlung des Botschafters direkt mit Ronald Reagan würden verhandeln können.

Offensichtlich waren wir aber nicht die Ersten, die auf diese Idee gekommen waren. Ein Trupp fröhlicher Kommunisten stand schon gegenüber der amerikanischen Vertretung und schwenkte Fahnen mit Friedenstauben und dem Logo der DKP. Zum ersten Mal traf ich auf die Menschen, die es nach Meinung meines Vaters auf unser Reihenhaus abgesehen hatten. Ich nahm mir vor, erst einmal nett zu den Kollegen zu sein, aber trotzdem wachsam zu bleiben.

Wir wurden sehr freundlich aufgenommen. Die Kommunisten hatten Tee dabei und schenkten uns ein Exemplar ihrer Zeitung «Unsere Zeit». Gemeinsam sangen wir Lieder von Hannes Wader, «Heute hier, morgen dort», oder skandierten «Hopp, Hopp, Hopp, Atomraketenstopp!». Inhaltlich waren wir uns nicht vollständig einig. Ich merkte an, dass der nächste Schritt, nachdem die Stationierung der amerikanischen Pershings verhindert wäre, der Abbau der russischen SS-20-Raketen sein müsste. Das sah man bei den fröhlichen Kollegen der DKP deutlich anders. Die SS-20 sei ja eine reine

Verteidigungswaffe, erklärte man mir. Eine Einladung in die DDR lehnte ich ab, nicht aus Desinteresse, sondern um keine Gegeneinladung in unser Häuschen aussprechen zu müssen. Da hätte sich mein Vater sicher bedankt.

Meine Freunde und ich waren zufrieden. Wir hatten Anschluss gefunden. Gegenüber hatte sich das Böse in der amerikanischen Botschaft verkrochen, und Autofahrer, die vorbeifuhren, hupten uns unterstützend zu. Nach ein paar Stunden mussten die Kommunisten gehen. Sie ließen uns eine Fahne mit Friedenstaube zurück. Zu einem geglückten Demo-Debüt fehlte mir nun eigentlich nur noch das Gespräch mit dem US-Präsidenten oder zumindest die Auseinandersetzung mit den Ordnungshütern vor der Botschaft. Ich nahm die Fahne und trat vom Bordstein auf die Straße. «Ziviler Ungehorsam» – das war mein Ziel. Auch meine Freunde gingen einen Schritt nach vorn.

Es dauerte keine fünf Minuten, bis ein Polizeiwagen direkt neben uns hielt und zwei Polizisten ausstiegen. Es hatte also geklappt, der Gegner zeigte eine Reaktion. Wenn ich jetzt alles richtig machte, konnte ich die Welt vielleicht vor einer atomaren Katastrophe retten. Die Polizisten stellten sich vor uns auf: «Würden Sie alle bitte wieder auf den Bordstein treten und dort auch bleiben? Die Straße ist nicht für Fußgänger da!» Für mich war klar: Der Gegner wollte uns provozieren. Warum sonst bezeichnete man uns wohl als «Fußgänger» und nicht als «Friedenskämpfer»? In genau diesem Moment sah ich die großen Anführer des gewaltlosen Widerstands, wie sie von oben auf uns herabblickten – und ich wusste, was zu tun war. «Keine Gewalt», sagte ich und trat wieder auf den Bordstein zurück. Meine drei Freunde folgten mir. Die Polizisten stiegen wieder in ihr Auto und fuhren weg.

Abends legte ich mich erschöpft ins Bett. In der Nacht träumte ich von einem Besuch der fröhlichen DKP-Demonstranten bei uns zu Hause. Sie beschlagnahmten unser Reihenhaus, um dort SS-20-Raketen zu stationieren. R.S.

Das erste Mal in festen Händen

Ich hänge den Haustürschlüssel an seinen Haken, ziehe die Schuhe aus, stelle sie in den Schrank und weiß, dass ich an diesem Abend keine Ruhe mehr finden werde. Da ist etwas unerhört Neues in mir. Ich sehe durch das Küchenfenster, blicke auf die spärlich befahrene Hauptverkehrsstraße und beobachte, wie der Bus hält. Menschen steigen aus, steigen ein, einer schnippt eine Zigarette weg. Die Bäume stehen in vollem Ornat am Straßenrand Spalier. Es ist Sommer, 1979, die Natur explodiert. Nicht zum ersten Mal in meinem Leben schlägt alles in voller Blüte aus, aber selten waren die Triebe so stark. Ich wiederhole im Geist den vergangenen Sonntagnachmittag, wandle durch diese drei Stunden wie durch einen Markt, auf der Suche nach der größten Sensation, der schönsten Ware. Nichts darf unbemerkt bleiben. Ich finde viele Schätze.

Wir drehen uns alle Hand in Hand im Kreis, Vera mir gegenüber, zwanzig Knirpse in einem eiernden Oval. Wir spielen ein Kinderspiel, die Kinder singen laut und natürlich alle falsch. Ich habe nur Augen für Vera und sie, zum ersten Mal nach zwei Jahren, auch für mich.

Jeden Freitag haben wir in der gleichen Schwimmhalle zusammen trainiert. Ich kenne die Konturen ihres Körpers, und ich weiß, wie sie atemlos aussieht. Ich stelle mich am

Beckenrand auf die Zehenspitzen, wenn wir zwischen den Trainingsphasen kurz pausieren. Ich will der Größte sein und ihre Aufmerksamkeit erregen. Ich zeige ihr mein Profil und starre sie doch meistens einfach nur an. Sie ist in einem anderen Schwimmverein, der leider nicht so cool ist wie meiner. Das verzeihe ich ihr gern. Wenn ich freitags komme, ist sie im Wasser, und sie geht, bevor wir die Hälfte unseres Pensums bewältigt haben. Sie sieht mich nie an. Tropfend und schwatzend verlässt sie die Halle. An guten Abenden kann ich sehen, dass ihr kalt ist, wenn sie aus dem Becken steigt.

Beim Ringelreigen an jenem trüben Sonntagnachmittag begreife ich endlich, warum sie mich nie angesehen hat. Sie hat dicke Brillengläser – das macht mich regelrecht euphorisch. Beim Kinderfest aller Charlottenburger Schwimmvereine treffen wir uns im Jugendheim. Sie versammelt die Kleinen um sich und sagt: «Kannst du mir helfen? Es sind zu viele Kinder. Wir brauchen einen, der aufpasst und mitspielt.» Also drehen wir uns mit den Kleinen im Kreis. Es fällt mir nicht mal auf, dass man das als Trockenübung für Familienplanung begreifen könnte. Wenn sie vor den Fenstern vorbeigeht, kann man durch ihren Rock die Konturen ihrer Beine sehen. Ich traue mich nicht, auf ihr Höschen zu schauen. Sie trägt keinen BH unter ihrem T-Shirt, und ich erstarre innerlich vor Aufregung, dass es so etwas Wundervolles wie Brüste gibt.

Vera und ich bleiben auf dem Kinderfest zusammen. Wir schenken Kakao aus, arrangieren Kekse auf Tellern, basteln mit den Kleinen Girlanden, und wenn wir mit den Knirpsen reden, spielen wir unsere Worte über Bande. Der andere soll hören, wer wir sind. Wir sind beide sechzehn, Äonen älter als die Kinder um uns herum.

Um fünf Uhr ist der Zwergenkrawall ordnungsgemäß zu Ende. Wir räumen auf, und ich begleite Vera zur U-Bahn, obwohl ich in die andere Richtung muss. «Warum gehst du schon?», frage ich. Es ist halb sechs. «Ich muss für meine Mutter und meine Schwester kochen.» Bei mir zu Hause wird es Salamibrote geben. «Was kochst du denn?» – «Lamm mit Bohnen.» Ich habe noch nie in meinem Leben Lamm gegessen. Ich würde am liebsten mit. Sie geht in Steglitz zur Schule, ein linkes Gymnasium. Noch ein Plus. Sie erzählt von ihren tollen Mitschülern. Ich bin auf jeden einzelnen eifersüchtig. Solche Prachtkerle gibt es an meiner Schule nicht.

Die U-Bahn kommt und nimmt mir Vera weg. Auf einem kleinen Zettel hat sie eine Nummer notiert, die ich längst auswendig kann, als ich zu Hause aus dem Küchenfenster starre. Es wird an diesem Abend keine Ruhe geben. Ich mag das Verzehren in mir gar nicht, und doch ist es schön. Ich summe. Ich summe sonst nie. «What goes up, must come down. What must rise, must fall. And what goes on in your life, is writing on the wall!» Ich wundere mich, dass Lieder, deren eingängige Melodie mir jetzt gefällt, auch Texte bergen, die wie ein Schlüssel zu tieferem Verständnis sind: Welterklärungen. Immer wieder höre ich Alan Parsons' Album «Pyramid». Als müsste ich nur hören, wie andere Menschen mit ihrer Liebe umgehen, und könnte es dann ohne ihren Schmerz besser machen. Ich bin kurz davor, ein Gedicht zu schreiben. Es will aus mir heraus.

Ich will sie. Ich grüble weiter. Andere können eigentlich alles besser als ich. Ich bin mal zu groß, mal viel zu klein. Sie will mich, sie will mich nicht. Sie wird mich küssen, sie hat einen anderen. Zu mir kann man nicht stehen, so wie ich bin. So durcheinander, so bedürftig, so jung, so dumm. Ich muss tun, als wäre ich ein anderer. Ein Besserer. Ich brenne. So einen Sommer hatte ich noch nicht. Ein schwaches Gift arbeitet sich zu meinem Herzen vor, und jeder Augenblick gleißt, als könnte er der letzte sein.

Als ich Vera nach zwei Wochen das erste Mal küsse, muss ich vor Erleichterung weinen. Als wir zwei Monate später miteinander schlafen, ist da keine Sorge mehr um meine Mängel, nur noch Erfüllung. Es fühlt sich so vertraut an, dass die beiden Königskinder sich jede Zeile sparen können, nachdem wir gehört haben, dass sie einander so lieb hatten. Ich spüre Veras Neugier, das Verlangen, ihr Drängen und vor allem ihre Wärme und Hingabe. Wir teilen einen Wunsch, den wir noch nicht aussprechen können: einmal zu genügen und einem Menschen alles zu sein.

Vera und ich treffen uns, so oft es geht. Wir müssen uns beide mühselig aufeinander zubewegen. Wie zwei Teilnehmer einer Dschungelexpedition schlagen wir uns durch das Dickicht unserer jeweils anderen Voraussetzungen. Nicht immer treffen sich unsere Wege in der Mitte. Beide versuchen wir, den ehernen Klammern unserer Kindheit zu entkommen: sie, indem sie sich klein und krank macht – ich, indem ich wie wild um mich schlage. Manchmal treffe ich sie dabei. Allerdings nie körperlich.

Ich will immer ausgehen, sie will am liebsten zu Hause bleiben. Die glücklichsten gemeinsamen Momente haben wir tatsächlich, wenn wir nur zu zweit sind und die Welt außen vor lassen können. Unsere Liebe ist sehr schreckhaft. Sind wir sanft und bedächtig, geht es uns beiden gut wie nie zuvor. In der stillen Zweisamkeit liegt aber auch ein Fluch. Manchmal fühlen wir uns wie zwei Vampire in der Reha. Unsere wildere Vergangenheit verlangt immer wieder nach etwas, das wir einander nicht geben wollen: ein Blutopfer. Wir sind auf Entzug und benehmen uns schlecht. Verschwinden die Entzugssymptome, ist es wieder sehr schön. Und einfach. Sie kocht, wir essen, ich wasche ab. Wir küssen uns. Wir liegen nebeneinander und lesen. Ich streiche ihr Zimmer, sie bemalt ihre Jalousien. Wir kichern über die Namen, die ich den beiden an die Wand gemalten Schafen gebe: Tonne und Dödel.

Erst mit der Zeit erkenne ich, dass mein Hunger nach Erfahrung größer ist als ihrer. Immerhin tanzt sie gern. Eine kleine Schüler-Discothek in Steglitz namens «Pop In» liefert den Soundtrack unseres ersten Jahres. Jeden Mittwochabend bis elf Uhr. Ich liebe Martha and the Muffins, und sie mag die Styx («Boat on the River»). Ich verachte Journey («Wheel in the Sky»), und sie hasst Hardrock. Sie raucht und trinkt nicht. Auch das kann mich manchmal aufbringen. Das Leben ist wie eine Kerze, sage ich zu ihr, wenn man hell brennen will, muss man auch tüchtig feuern. Ich rege mich auf, sie weint. Ich fühle mich schuldig und werde noch wütender.

Wir mogeln uns beide einigermaßen anständig durchs Abitur, und schließlich, nach anderthalb Jahren in einem Zustand, den wir nie feste Beziehung genannt haben, fahren wir zum ersten Mal gemeinsam in den Urlaub. Es reicht nur für das Frankenland. Wir schlafen in einem kleinen Zimmer ohne Dusche und Toilette, und eines Abends betrinken wir uns zum ersten Mal zusammen. Es wird eine unvergessliche Nacht.

In all unserer Empfindsamkeit sind wir wie zwei Billardkugeln, die immer wieder von neuem gegeneinanderknallen und doch im selben Loch versenkt werden sollen. Wir haben beide nicht gelernt, dass alles gut ist, wie es ist, und dass es, wenn es noch nicht gut ist, besser wird. Das wissen wir nicht, ahnen es nicht mal. Und so wird jede Irritation dem anderen angelastet. Verzweifelt versuchen wir, uns der Spieler am Rande des Tisches zu entledigen und selbstbestimmt zu handeln.

Als ich zum ersten Mal zu der irrigen Überzeugung komme, ich würde meine eigenen Gefühle mehr lieben als sie, trenne ich mich, in dem Glauben, damit der Gerechtigkeit Genüge getan zu haben. Nach drei Tagen winsle und bettle ich, sie möge mir verzeihen und wieder mit mir zusammen sein. Dasselbe Spiel macht sie noch genau drei Mal mit. Dann liegt ein anderer an meiner Stelle. Eineinhalb Jahre bemühe ich mich, sie zurückzugewinnen. In den schlimmsten Zeiten gehen wir sogar zu dritt aus. «If you love someone, set him free» – ich schätze, Sting hat das noch ohne Tavor oder Lithium geschafft.

Wir finden wieder zusammen, doch unsere Liebe ist wie eine Bombe in der Zeit, ihre Explosion reißt alles wieder auf, was wir längst begraben haben. Die Druckwellen unserer Begegnung verbreiten sich langsam in alle Richtungen und treiben uns auseinander. Sie geht in eine andere Stadt und studiert dort. Sie will Ärztin werden, ich Lehrer. Ich trampe die siebenhundert Kilometer zu ihr, so oft es geht. Wir fragen uns nicht, wie wir jeweils die Zeit ohne den anderen aushalten.

Unsere furchtbarsten Diskussionen führen wir jetzt über die Rolle des Mannes in der Welt. Einfache Sätze wie «Du bist verkopft!» oder «Männer beuten Frauen aus!» führen zu stundenlagen Elogen meinerseits. Sie benimmt sich wie Alice Schwarzers sittenstrenge Gouvernante, ich wünschte, ich könnte Burkhard Driest sein. Wenn alles gut ist, hören wir Keith Jarretts Köln-Konzerte. Wenn sie mich ärgern will, legt sie Michael Jackson auf. Der Raum ist voll mit symbolischen Drohungen und realen Verletzungen. Fernab voneinander ringen wir um ein angenehmes Leben. Es fällt uns beiden schwer.

Eines Nachts liege ich allein im Bett, reiße die Augen auf und weiß es: Sie wird mich verlassen. Ich stürze zum Telefon, bekomme aber nur ihren Anrufbeantworter. Sie lebt in einer WG, niemand hebt für sie ab. Wann immer ich sie in den nächsten Tagen erreiche – und das gelingt mir selten –, ist sie kurz angebunden, angeblich unter Prüfungsdruck, sie weicht mir aus und will erst mit mir reden, wenn sie wieder nach Berlin kommt. Das ist in vierzehn Tagen. Mir fällt nichts anderes ein, als mich meinem Leiden zu ergeben. Ich habe nichts, womit ich gegensteuern könnte. Immer wieder gehe ich all die guten Momente durch. Die schlechten aufzurechnen gelingt mir nicht. Ich entdecke in meiner selbstgeschlagenen Wunde den größten aller Verluste: das Kind, das wir nicht bekommen haben.

Schließlich kommt sie nach Berlin. Es geht schnell. Er ist Mediziner wie sie. Er lebt in der gleichen Stadt. Sie musste sich entscheiden. Wir weinen beide und sitzen noch eine Stunde zusammen. Wir reden über Belangloses und lachen manchmal. Dann muss sie gehen. Ich lege Schumanns «Kinderszenen» auf. Während ihre Melodien den Bruch meines Herzens besiegeln, stehe ich wieder am Fenster und blicke auf die Platanen der kleinen Wilmersdorfer Straße, in der mein Mietshaus steht. Es ist Mitte Februar. Ich habe kein Auto und keinen Beruf. Ich weiß nichts mehr. Ich bin dreiundzwanzig. Die Rinde hängt in brüchigen Stücken von den Stämmen der Bäume.

Abends bin ich noch zu einer Faschingsparty eingeladen. Das Kostüm wird eine Entgleisung. Ich ziehe einen Secondhand-Anzug an und eine Papiertüte über den Kopf, in die ich Löcher für die Augen geschnitten habe. Um den Hals trage ich ein Schild: «Otto Schwanz, Geisel der Bewegung 2. Juni». Schwanz war ein Westberliner Bordellbesitzer, der in den Achtzigern in einen Bauskandal verwickelt war. Ich weiß nicht, was über mich gekommen ist. Ich bin ein Opfer und weidwund. Meine Freunde auf der Party reden mir das Kostüm sofort aus und werfen Schild und Tüte weg. Ich tanze wie verrückt. Vor allem zu Hardrock. Das hat Vera immer gehasst. Ich bin frei. Meine Kindheit ist beendet. Ich schwöre mir, sie immer zu lieben. Zur Strafe. Als «In the Air Tonight» läuft, ahne ich, dass ich sie tatsächlich immer lieben werde – nicht zur Strafe, sondern aus dem Wunsch heraus, dass es ihr für alle Ewigkeit gut gehen möge.

So ist es bis heute geblieben. Wenn wir uns sehen wollen, fliegen wir aufeinander zu – in Flugzeugen. Wir organisieren eine Übernachtungsmöglichkeit für unsere Kinder und Partner in unseren Wohnungen. Und es ist sofort wieder wie damals. Wir leiden nicht. Wir lieben nur. Für immer.

Als Vera diesen Text liest, weint sie und sagt: «Es fehlt dieses unendlich Sanfte, das uns verbunden hat. Davon schreibst du nichts! Es klingt so hart!» Ich sage nichts. Das Sanfte war immer sie. Und es fehlt mir. Ja. In neun Tagen hat sie Geburtstag. V.W.

Der erste Sex

Mein Freund Söhnke wusste genau, ab wann man davon sprechen durfte. Küssen, auch mit Zunge, reichte nicht, Petting, selbst heftiges, genauso wenig. Sich so lange gegenseitig zu streicheln, bis es sehr, sehr schön wird, war auch nicht genug. «Du musst ihn schon reinstecken, sonst ist es kein

Sex!», belehrte er mich, noch lange bevor Bill Clinton der Welt erklärte, dass Oralverkehr kein Sex sei. Vielleicht war Söhnkes Unterscheidung tatsächlich sinnvoll, schließlich sind die Übergänge in diesem Bereich im wahrsten Sinne des Wortes fließend.

Mein erstes intensiveres Petting hatte ich mit sechzehn Jahren auf dem Karneval. Das Mädchen war ein Jahr älter, betrunken und hatte beachtliche Oberweite. An mehr erinnere ich mich nicht, weil ich selber auch ziemlich viel getrunken hatte. Sie flüsterte mir ins Ohr, ich könne alles mit ihr machen – nur mit mir schlafen werde sie nicht. Aus diesem Alles habe ich am Ende sehr wenig gemacht. Aber immerhin war sie das erste Mädchen, das sich überhaupt so unkompliziert von mir anfassen ließ. Bis dato waren die meisten meiner zwischengeschlechtlichen Körperkontakte eher angespannt verlaufen. Mehr als Küssen lief trotzdem nicht. Ich hätte mich auch gar nicht mehr getraut.

Nach meiner Karneval-Erfahrung dauerte es noch mal zwei Jahre, bis ich erwachsen wurde. Ich machte gerade mein Abitur und war verliebt in eine Mitschülerin, Ulrike. Nachdem sie mir ebenfalls ihr Interesse bekundet hatte, «gingen» wir miteinander. Es blieb vorerst bei Küssen und etwas «Fummeln», doch wir spürten beide, dass noch etwas fehlte. Mich setzte das unter Druck. Zum einen war mir klar, dass ich gefordert war, den entscheidenden Schritt zu machen, zum anderen stellte ich mir ängstlich folgende Fragen: 1. Wie verhüten wir? 2. Muss ich sie entjungfern, und was heißt das? 3. Wie bringe ich sie zum Orgasmus, und kann ich selber überhaupt kommen?

Ich hätte mit Ulrike darüber sprechen können, aber das wäre natürlich extrem uncool gewesen. Schuld an diesem Dilemma waren vor allem die Jugendzeitschriften, die eigentlich kein anderes Thema kannten als «Das erste Mal». Dort wurden Versagensängste geschürt: dass man vielleicht nicht reinkommt, dass man zu früh kommt oder gar nicht kommen kann. Den psychischen Druck verstärkten außerdem die Gebrauchsanweisungen. Was ich als Junge angeblich alles tun musste, um meiner Freundin ekstatische Freude zu bereiten: ihren G-Punkt finden, ihren Kitzler stimulieren, die richtige Reibung der Vagina beachten, den passenden Rhythmus finden, aber nicht zu grob werden.

Wenn Ulrike Jungfrau ist, überlegte ich, wird es ihr wohl etwas weh tun – und mir vielleicht auch. Aber woher sollte ich das genau wissen? Meinen Vater wollte ich jedenfalls nicht fragen. Wie dick ist dieses verdammte Jungfernhäutchen, und wie kann ich herausfinden, ob es noch da ist? Ich war doch kein Gynäkologe, der das mal so einfach feststellen kann! Was hieße das überhaupt, wenn das Jungfernhäutchen nicht mehr da wäre? Hätte sie dann schon Sex mit jemand anderem gehabt? Und wenn ja, mit wem? Vielleicht gar mit einem Mitschüler? Das wäre für mich zwar nicht weiter schlimm gewesen, aber doch überraschend. Brauchen wir Kondome? Muss ich die besorgen? Brauchen die Noppen? Oder sollen wir Patentex oval benutzen? Ist das überhaupt sicher?

Außerdem betonten die Jugendzeitschriften, wie wichtig es sei, eine romantische Stimmung zu schaffen, um den Vorgang zu einem unvergesslichen emotionalen Erlebnis zu machen. Dann zünde ich zu den ganzen Fragen eben noch ein paar Kerzen an, dachte ich mir, und hoffe, dass man im Halbdunkel nicht sieht, wie klein mein Penis ist. Angesichts dieser immensen Vorbereitungen sah ich meinen ersten Geschlechtsverkehr in weite Ferne gerückt.

Es passierte aber dann doch völlig unvorbereitet. Meine

Eltern waren übers Wochenende nicht da, und ich hatte sturmfreie Bude. Ich lud ein paar Freunde zum Grillen ein. Als die irgendwann alle gegangen waren, blieb nur noch Ulrike, und die meinte, dass sie bei mir übernachten könne, wenn ich das wolle. Das wertete ich als eindeutiges Signal. Ich nahm meinen ganzen Mut zusammen und ging beim Schmusen weiter als zuvor. Obwohl es im Haus meiner Eltern viele bequemere Orte gegeben hätte, beispielsweise mein Bett oder zumindest die Couch, entschieden sich unsere Körper für den Wohnzimmerteppich. Mein Verstand war weitestgehend ausgeschaltet. Ich war handelndes Subjekt, gleichzeitig aber auch Objekt – das gefiel mir. Ich vergaß den G-Punkt, die ideale Reibung und meine Angst davor, nicht kommen zu können. Natürlich lief währenddessen «Stairway to Heaven» von Led Zeppelin. Man meint ja bei solchen Dingen immer, der Einzige zu sein, der auf die Idee gekommen ist.

Zwischendurch hatte ich den Eindruck, uns beim Sex beobachten zu können. So vermischten sich Vorstellung und Wirklichkeit. Aus heutiger Sicht hatten wir wohl zärtlichen Gänseblümchensex, damals aber hatte ich ständig Angst, ihr weh zu tun. Ich verstand auch gar nicht, warum sie überhaupt dazu bereit war, mit mir zu schlafen, sie musste doch wissen, dass wir Jungs immer nur das Eine wollen. Aber ich spürte ihre Erregung, und das erregte mich. Sie kannte mein Problem. «Hör endlich auf nachzudenken», sagte sie und umarmte mich. Ich hörte nicht auf nachzudenken, dachte jetzt aber tatsächlich nur noch an das Eine. An das allerdings dachte ich immer mehr, ich dachte so sehr daran, bis ich wirklich an nichts anderes mehr denken konnte, und dann dachte ich so viel und so laut, bis ich endlich fertig gedacht hatte.

Allerdings hatte ich nicht an Kondome gedacht, geschweige denn an ihre Benutzung. Wir hatten Glück und wurden für diese Dummheit nicht bestraft.

Nach dem Sex lagen wir nackt auf dem Teppich und rauchten die «Zigarette danach». Ich wusste nicht, ob wir es gleich noch mal machen sollten. Vermutlich hätte ich nicht gekonnt. Physisch sicher schon – psychisch musste ich das alles erst verarbeiten. Nachdem wir fertig geraucht hatten, hielten wir uns gegenseitig fest, als wären wir die letzten lebenden Menschen auf dieser Erde. Wir fühlten uns unglaublich erwachsen und waren wie Schauspieler in unserem eigenen Film. Nur schlafen konnten wir nicht mehr. Wir waren viel zu aufgeregt über das, was wir gerade erlebt hatten, also gingen wir um drei Uhr morgens spazieren. Später fielen wir dann doch müde und entkräftet ins Bett.

«Und als ein Mann sah ich die Sonne aufgehn …» – so hätte es wohl Peter Maffay beschrieben. Ich aber wachte als der Mann auf, der nach der Grillparty vom Vorabend erst einmal die Küche putzen, den Garten aufräumen und die Kippen aus dem Wohnzimmer entfernen musste. Davon war in der Bravo nie die Rede gewesen, und auch in Filmen machten das die Protagonisten nie.

Ulrike hat mir aber dabei geholfen. R.S.

Das erste Mal richtig kloppen

Ich bin ja nicht blöd. War es auch nie. Der sicherste Anhaltspunkt: Ich kann bis heute die Namen derjenigen aufzählen, die in Kindergarten und Schule als potenzielle Schläger galten. Der Klügere kennt seine Gegner und behält sie im Auge.

In meinem Jahrgang zum Beispiel gab es fünf gefährliche Brutalos, die ihren unbescholtenen Mitmenschen Bauklötzchen oder Pausenbrote entrissen und schon den leisesten Widerspruch mit Backpfeifen ahndeten. Jedes dieser Prachtexemplare im brandgefährlichen Alter von vier bis sieben. Damals.

Nicht selten schufen dieselben Jungs in späteren Jahren Bedrohungsszenarien, die schnellstmöglich in die Eskalation münden sollten. Aus ihrer Sicht war die Lage dann nur noch durch den beherzten Einsatz körperlicher Gewalt zu deeskalieren. Ein Beispiel: «Du guckst so blöd!» Keine Frage, keine Feststellung, sondern schlicht und einfach der Hinweis, dass es gleich zur Sache ging. Eine mögliche Replik: «Nein!» Ein Riesenfehler. Hier muss die Antwort lauten: «Oh, ja, stimmt. Ich gucke wahnsinnig blöde. Mir gefällt das auch oft nicht an mir. Gerade heute Morgen ist mir wieder aufgefallen, wie bekloppt ich aus der Wäsche gucke. Besser ich haue mir mal sicherheitshalber selbst eine rein. Oder wärst du vielleicht so freundlich, mir zu helfen?» Die ausführliche Entgegnung strapaziert allerdings oft die Geduld des Aggressors. Lange Sätze können bei einfachen Gemütern wie Brandbeschleuninger wirken.

Im Falle der besagten Herren waren die Angriffstechniken noch überschaubar. Einer galt als der Arschtreter, der zweite war tatsächlich Ringer und der unangenehmste Fiesling. Die anderen zwei probierten verschiedene Fausttechniken aus. Als ehemaliger Kampfsportler muss ich allerdings sagen, dass diese Angriffe nicht sehr effektiv waren. Zum Teil mag das an der mangelnden Ausbildung gelegen haben. Solarplexus und Kehlkopf waren noch nicht Bestandteile des aktiven Wortschatzes, geschweige denn Fixpunkte auf der Landkarte der Schmerzen.

Echte Verletzungen waren beim Zusammenstoß eher die Folge unglücklicher Umstände als dem planvollen Vorgehen des Gegners geschuldet. Zum Beispiel geriet ich in der dritten Klasse mit dem Bruder eines Freundes aneinander, der einfach nicht einsehen wollte, dass er als Jüngerer und Zweitklässler nicht mit Fangen spielen durfte. Als ich ihn wegschubste, holte er mit der Faust aus. Seitdem fehlt mir an einem meiner unteren Schneidezähne eine kleine Ecke.

Und doch kam ich eigentlich lange Zeit ungeschoren davon. Mit meiner gut ausgebildeten Distanzwaffe Sprache und der Angst vor den Konsequenzen meiner Worte konnte ich bis in mein zwanzigstes Lebensjahr immer meine Haut retten. Abgesehen vielleicht von einem Vorfall in der fünften, als sich das dickste und hässlichste Mädchen unserer Klasse einfach so auf mich warf, nachdem ich sie beherzt darauf hingewiesen hatte, dass sie dick und hässlich war. Binnen einer Sekunde lag ich flach auf dem Rücken, und sie rollte mit ihren Knien auf meinen dünnen Ärmchen hin und her. Das tat weh. Ich brannte vor Scham, kampflos von einem Mädchen niedergerungen worden zu sein. (Erst letztes Jahr hat dieses Mädchen erneut versucht, mich fertigzumachen. Sie tauchte namentlich in der Klassenliste bei StayFriends auf und hinterließ mir die Nachricht, ob ich mich denn noch an sie erinnern könne. Kurz danach habe ich meine Gold-Mitgliedschaft gekündigt. Es könnte auch sein, dass ich vergessen habe, ihr zu antworten. Man weiß ja nie, wie brutal die Leute sind.)

Neun Jahre später, an einem Freitagabend, war es endlich so weit: Meine erste große Schlägerei stand bevor. Im Nachhinein muss ich sagen, dass ich die ersten einundzwanzig Jahre meines Lebens auf diesen Moment zugearbeitet hatte. Das Fass war voll genug mit bitterem Erfahrungssud, die Regalreihen mit Jahrgangsgalle so gut gefüllt, dass ein kopfloses Besäufnis keine Option mehr war. Der Walkman war zwar schon seit fünf Jahren erfunden, aber für mich noch unerschwinglich, er konnte daher seine segensreiche Abschottungsfunktion nicht erfüllen. Ich war offen für äußere Einflüsse, vor allem aber auch empfänglich für Regungen aus meinem Innern.

So kauerte ich überaus mies gelaunt an einer Wand des U-Bahnhofs Fehrbelliner Platz in Berlin. Den ganzen Tag hatte ich bei einem Umzug geholfen, bei dem es weder Essen noch Bier gegeben hatte. Ich war müde und genervt und hatte nicht genügend Geld, um mal eben auf die Schnelle irgendwo was zu essen. Bis nach Reinickendorf war es noch ein langer Weg.

21.20 Uhr. Die nahegelegene Discothek «Riverboat» lockte erste verkleidete Spaßvögel aus der ganzen Stadt an, die es von meiner überlegenen Warte aus allesamt wert waren, geringschätzig gemustert und belächelt zu werden. Ein haariges, mit Zuckerwasser aufgebrezeltes New-Wave-Würstchen wackelte in schottenkarierter Punkbuchse an mir vorbei. Diese Hosen werden heute noch verkauft: Sie heißen jetzt «Destroyed Denim». Unsinnige Reißverschlüsse überziehen den Stoff, und zwischen den Beinen baumeln Hosenträger, Ketten oder Hundeleinen.

Ich hasste diese Pseudopunks, die meiner Meinung nach nur deshalb «No Future»-Aufnäher auf ihren teuren Lederjacken trugen, weil sie zu blöd waren, sich an der Zukunft zu beteiligen. Noch mehr als die Pseudopunks hasste ich eigentlich nur die richtigen Punks, weil ich weder mal 'ne Mark hatte noch Hunde leiden konnte. Und schon gar nicht den Mut gehabt hätte, mich so wie sie ganz offensichtlich gegen alle anderen zu stellen. Meine Abneigung traf neben den vermeintlich rebellischen Modebewegungen aber auch alle anderen Leute, die meinten, sich als Mitglied einer Gruppe definieren zu müssen. Ich selbst hielt mich für viel zu besonders, um einer von ihnen anzugehören.

Meine herablassende Haltung war mir ins Gesicht geschrieben. Deshalb wundert es mich heute nicht, dass der Vogel mit den schwarzen Haarzacken gefährlich dicht an der Bahnsteigkante und mit maximalem Abstand an mir vorbeischlurfte. Unsere Blicke trafen sich. Er glotzte. Ich glotzte. Dann sagte er wörtlich: «Tschuldigung! Tschuldigung, dass ich lebe!» Im Weitergehen schaute er zu mir zurück, so lange es ohne Halswirbelsäulenbruch ging.

Ich weiß nicht, wie ich es damals fertigbrachte, mir hinterher selbst weiszumachen, dass ich daraufhin aufgestanden war, um die atmosphärischen Spannungen zwischen uns beiden aus der Welt zu schaffen. Als hätte ich ihm nur mitteilen wollen: «Du, Blutsbruder, Angehöriger einer verletzlichen Gattung. Verzeih meinen hasserfüllten Blick. Er galt eigentlich nicht dir. Ich kann mich gerade selbst nicht leiden! Lass uns, wenn schon nicht Freunde, so doch für einen Moment Verbündete sein in unserer Abneigung gegen alles um uns herum!» So etwa legte ich es mir zurecht, als ich später den Ablauf schönte.

Ich stand also auf und stiefelte dem Kollegen nach, den ich so gründlich und verächtlich inspiziert hatte. Kurz vor der Rolltreppe holte ich ihn ein. Er drehte sich um und bekam es augenblicklich mit der Angst zu tun. «Was willst du, Arschloch?» Meine zweite Chance. Folgende Ansprache hätte von wahrer Größe gezeugt: «Bruder, ich wollte mich nur für den Blick eben entschuldigen. Nimm es nicht persönlich. Deine Hose hast du sicher aus dem ‹Blue Moon›, der coolsten Punkboutique der Stadt. Deine Tracht ist mehr wert als meine ganzen Secondhand-Jacken zusammen. Für einen kurzen Moment war ich neidisch …» Aber nichts da. Ich antwortete nur: «Verpiss dich!»

Der Typ mit der Stachelfrisur unterließ es, mich auf den Widerspruch hinzuweisen, der sich aus meiner Verfolgung einerseits und meiner Ansage andererseits ergab. Warum jemandem hinterherlaufen, nur um ihm zu sagen, dass er sich verziehen soll? Dieser logische Kurzschluss war dann wohl auch zu viel des Guten. Das New-Wave-Würstchen ging zum Angriff über und trat nach mir. Statt dabei aber einen Schritt nach vorn zu machen, ging er erst einen Schritt zurück und stocherte dann mit seinem Beinchen sinnlos vor mir in der Luft herum. Sein Fuß streifte mich nicht einmal. Stattdessen erwischte ich ihn im Reflex an der Hosenkrempe, hielt die teure Buchse fest und zog daran. Sofort lag er am Boden. Jetzt machte sich meine Kampferfahrung aus der fünften Klasse bezahlt: Ich ließ mich auf seine Brust fallen und fixierte mit meinen Knien seine Oberarme. Dabei achtete ich sorgsam darauf, dass er mich nicht beißen konnte. Ich hatte schon gewonnen, bevor der Kampf richtig losgegangen war.

Dachte ich. Schließlich fügte ich mir die Niederlage selbst bei. Während ich dem jungen Mann unter mir mehrere Backpfeifen verpasste, hörte ich jemanden schreien: «Wirst du wohl aufhören? Hör bloß auf, sage ich dir! Wenn du nicht sofort aufhörst, rufe ich die Polizei! Hast du gehört? Ich rufe die Polizei, rufe ich! Wenn die kommen, dann nehmen die dich mit, und dann – dann nehmen die dich mit! Die Polizei. Die rufe ich jetzt gleich! Jaha! Da guckst du, was?» Es dauerte eine Weile, bis mir klarwurde, dass der Schwachmat, der im Idiotendeutsch nach dem starken Arm des Gesetzes schrie, der Gleiche war, der dem armen Würstchen eine nach der anderen ballerte.

Ich blickte auf und sah mich um. Drei brave Bürgersleute beobachteten seelenruhig, wie ich den unter mir liegenden Freizeitrebell malträtierte, während ich ihm auch noch androhte, die Polizei zu rufen. Aus ihrer Sicht stimmte hier alles: Der optische Störenfried wurde bestraft, und die Polizei war schon so gut wie da. Ein herrliches Schauspiel. Plötzlich ebbte mein Adrenalinschub ab. Der ganze Vorgang hatte vielleicht dreißig Sekunden gedauert.

«Ich steh jetzt auf. Und du wirst jetzt verschwinden. Ist das klar?» Zwar steckte noch ein Rest Stolz in seinem Körper, der ein begeistertes Nicken unterband, aber wir hatten uns verstanden. Ich stand auf. Er stand auf. Als wir zwei Meter Abstand voneinander hatten, begannen wir, unser Kraftfeld wieder aufzubauen. Er sagte «Wichser!», ich sagte «Arschloch». Wahrscheinlich hatten wir beide recht. Er zischte ab, die Rolltreppe hoch.

Keine fünf Minuten später bereute ich den Vorfall. Weniger aus Mitgefühl als aus Angst. Ich stieg gerade in die U-Bahn ein und ließ mich erschöpft und unglücklich auf den Sitz fallen, als ich den Hanswurst wiedersah. Diesmal allerdings nicht allein, sondern mit drei ähnlich gekleideten Gestalten im Schlepptau, die alle aus der Wäsche lugten, als hätten sie gerade wenig Lust, sich mal in Ruhe zu unterhalten. Sie liefen den Bahnsteig entlang und sahen in die Fenster der U-Bahn-Waggons. Was ein bisschen blöd von ihnen war, schließlich hätte mich nur einer der vier erkennen können. Ausgerechnet der schien aber ein wenig, sagen wir, angeschlagen und blieb am anderen Ende des Bahnsteigs stehen.

Ich sah zu Boden. Die Stimme aus dem Schaffner-Häuschen quäkte: «Richtung Rathaus Spandau – zurückbleiben, bitte!», und vorsichtshalber hielt ich die Luft an, bis sich die

Türen geschlossen hatten. Es tat mir leid. Ich tat mir leid. Nun würde ich freitagabends nie wieder am U-Bahnhof Fehrbelliner Platz aussteigen können, weil dort Hunderte von Discogängern darauf warteten, mich zu stellen. Ein hoher Preis für einen kleinen Sieg.

Nach vielen Jahren des Kabbelns, Kämpfens, Ringens und Um-sich-Schlagens – ganz gleich, ob im übertragenen oder wörtlichen Sinne – beginnt man zu ahnen, dass man eigentlich nur verlieren kann, solange man kämpft. Es dauert dann trotzdem noch eine halbe Ewigkeit, bis man die Konsequenzen daraus zieht. Wenn man rigoros auf Sieg oder Niederlage setzt, ist das Ergebnis immer das gleiche: Es kann kein bleibender Zustand hergestellt werden. Die Kämpfe hören nie auf. Was mir nach allen Auseinandersetzungen stets blieb, war die Angst vor der Rache. Vor weiteren Niederlagen. Vor Schmerzen. Vor mir selbst.

Man muss der Kämpfe schon ziemlich überdrüssig sein, um zu verstehen, wer der eigentliche Feind ist: Er wohnt im eigenen Haus. Tragen Sie Ihre Kämpfe also lieber mit sich selbst aus. Morihei Ueshiba, der Begründer des modernen Aikido, hat einmal gesagt: «Ein wahrer Krieger ist unbesiegbar, weil er den Kampf ablehnt.» Das Gute an dieser Einstellung ist: Man muss dem anderen nichts mehr beibringen, weder mit der Faust noch mit Totschlagargumenten. Schließlich hat man genug damit zu tun, ein wahrer Krieger zu werden. Und sich – wie ich Ihnen hier – immer wieder Predigten zu halten, wie ein Leben ohne Gewalt gelingen könnte. V.W.

Das erste Mal segeln

Ein Freund fragte mich, ob ich Lust hätte, ihn auf einen fünftägigen Segeltörn in Holland zu begleiten. Er und ein paar seiner Freunde und Freundinnen wollten ein großes Plattbodenschiff mieten und über das Ijsselmeer segeln. Ich war noch nie gesegelt, aber mit zwanzig Jahren lockte mich das Abenteuer – warum also nicht mittags kiffend auf dem Schiff liegen, mit anderen nackten jungen Menschen von Bord springen, im Meer schwimmen und abends mit Sex und Drogen die Nacht begrüßen? Natürlich sagte ich zu.

Ein paar Wochen später standen acht Menschen vor einem großen Holzschiff, das ein bisschen wie ein Wikingerboot aussah, und brachten den Proviant an Bord. Einige hatten schon Segelerfahrung, aber nur einer, Peter, war bisher mit einem solchen Schiff gesegelt. Ein Plattbodenschiff hat keinen Kiel, sondern Schwerter, die je nach Segelstellung abwechselnd steuerbords oder backbords ins Wasser gelassen werden müssen. Für erfahrene Segler eine spannende Herausforderung, für Laien wie mich ein Wunderwerk der Technik. Das Schiff lag nicht am Ijsselmeer, sondern landeinwärts, und so mussten wir erst über mehrere Kanäle zum Meer fahren. Während der Fahrt blieben die Segel gerafft, denn noch segelten wir nicht, sondern wurden von einem Dieselmotor angetrieben.

Wir ernannten Peter zum Kapitän, weil er sich am besten mit dem Schiff auskannte. Gleich zu Beginn erklärte er die Regeln. Paragraph eins: Der Kapitän hat immer recht. Paragraph zwei: Sollte er mal nicht recht haben, tritt automatisch Paragraph eins in Kraft. Ich konnte nicht richtig darüber lachen, weil ich den Witz schon zu häufig gehört hatte. Peter wollte damit wohl nur klarmachen, dass es demokratischere

Orte gibt als ein Segelboot. Schnell hatte er auch die richtige Geschichte parat: Angeblich war er mal mit mehreren anderen in Griechenland segeln gewesen. Damals hatte man keinen Bootsführer bestimmt. Bei einer Nachtwache konnte man sich nicht einigen, ob man rechts oder links an einem Felsen vorbeisegeln sollte – mit dem Ergebnis, dass man den Felsen rammte und das Schiff so schwer beschädigt wurde, dass es in Seenot geriet und die Besatzung sich in die Rettungsinseln begeben musste. Es wurden zwar alle gerettet, aber Diskussionen auf Schiffen konnte Peter seitdem nichts mehr abgewinnen. Einer müsse eben entscheiden, sagte er. Ich glaube, dass er diese Aufgabe auch gern übernahm. Mir sollte es recht sein, ich konnte sowieso nicht segeln und genoss lieber das entspannte Dahingleiten ohne die Last der Verantwortung.

Ich freute mich schon auf den ersten Abend. Als wir in unserem Zielhafen einliefen, dämmerte es bereits, und alle waren hungrig. Zuerst musste das Boot ordentlich vertäut werden, danach kochten wir in der Kombüse gemeinsam einen leckeren Eintopf – wir hatten Konserven vom deutschen Discounter mitgenommen. In feuchtfröhlicher Stimmung erläuterte Kapitän Peter dann die Benutzung der Bordtoilette. Bootstoiletten hätten, so der Kapitän, dünnere Rohre als normale WCs. Sie ließen sich auch leichter verstopfen. Peter bestimmte, dass derjenige, der eine Verstopfung verursachte, auch für die anschließende Rohrreinigung verantwortlich sei. Das schien zwar gerecht, fortan hatte ich aber nur noch wenig Lust, die Toilette zu benutzen. Ich wollte sie weder reinigen noch die Peinlichkeit ertragen, der zu sein, dessen Geschäft die Rohre verstopft hat. Was zur Konsequenz hatte, dass meine Toilette im Hafen lag, und das waren in diesem Fall fünf Minuten Fußweg.

Wir waren alle sehr betrunken, als wir uns in die Kojen legten. Vier Frauen waren mit an Bord. Rosi hieß die, die mir gefiel. Aber nach der Aufregung um die Toilette hatte ich erst mal wenig Lust, sie näher kennenzulernen. Überhaupt war die Nacht grauenhaft. Die Luft war stickig, und irgendwer schnarchte zum Gotterbarmen. Ständig weckten mich die anderen, weil ich angeblich so laut atmete, dabei konnte ich wegen des Lärms um mich herum selber kaum schlafen.

Bereits um 7.00 Uhr ließ uns der Kapitän aufstehen, um das Boot zu säubern. Während wir alle schrubbten, trank er bereits seinen Morgenkaffee und rauchte eine Zigarette. Das freute seine Mannschaft nicht unbedingt, aber wir hielten die Klappe und frühstückten anschließend. Nach dem Frühstück suchte ich mal wieder das Hafen-WC auf, danach legten wir ab.

Es war nun nicht mehr weit zum Ijsselmeer, am Horizont konnte ich es schon sehen. Es war wunderschön. Der Wind nahm zu, aber wir fuhren weiter den Kanal entlang und hatten noch kein Segel gesetzt. Eine Schleuse mussten wir noch passieren, dann konnte der Segeltörn beginnen. Als wir auf das Meer fuhren, begann Peter Kommandos zu geben. Am Abend hatte er uns erklärt, was zu tun sei, ich versuchte es nun umzusetzen. Die andern hatten schon deutlich mehr Erfahrung und verstanden es, mit Leinen, Knoten, Seitenschwertern und Segeln umzugehen. Wir setzten Fock und Großsegel. Peter ließ das Boot abfallen, und langsam nahmen wir Fahrt auf.

In meiner Phantasie erschienen mir auf einmal der rote Korsar, Kapitän Hornblower und Christoph Columbus. Angetrieben von der Kraft des Windes, saßen wir um Peter herum, der Pinne und Großschot kontrollierte und mich mit seinem bärtigen Gesicht an den Seewolf erinnerte. Das

Schiff machte ordentlich Fahrt, währenddessen schlug es immer wieder hart aufs Wasser. Manchmal wurden wir nass gespritzt. Irgendwann brüllte Peter: «Klar zur Wende!» – und dann stellte er das Boot in den Wind. Das Segel, der mächtige Baum und die Fock wechselten die Seite. Das eine Schwert wurde hochgezogen, das andere eingetaucht, das Boot krängte auf die andere Seite und nahm wieder Fahrt auf. Dieses Manöver übten wir immer wieder, bis es zu Peters Zufriedenheit reibungslos funktionierte. Danach gab es einen Manöverschluck aus der Cognacflasche.

Ich war begeistert und konnte mir vorstellen, von nun an mein ganzes Leben auf einem Segelboot zu verbringen. Eigentlich störte mich nur eins: Langsam wurde mir unglaublich schlecht. Und ich war nicht der Einzige. Steve wurde immer blasser und machte bei den Manövern kaum noch mit. Bald kotzte er sich den Magen aus dem Leib. «Fische füttern», wie Peter lapidar kommentierte. Ich fand das wenig lustig, schließlich war mir auch nicht gut. Ständig erschütterten die kleinen Schläge der Wellen das Boot, für mich ein Gefühl, als säße ich in einer gerade entgleisenden Achterbahn.

Steve schleppte sich in die Kajüte, während wir auf Peters Befehl weiter Manöver fuhren, unter anderem auch die «Halse». Alle sollten die Manöver fahren können, meinte Peter, das sei in Notfällen lebensnotwendig. Steve hatte er wohl schon aufgegeben. Allerdings wunderte das auch niemanden mehr. Von ihm blieb nur ein dumpfes Röcheln aus der Kajüte, das sich nach jedem Manöver zu einem Jammern steigerte. Mir selbst ging es bei den unheimlichen Geräuschen unter Deck nicht wirklich besser, aber noch konnte ich alles ihn mir behalten. Insbesondere vor Rosi wollte ich mich nicht blamieren.

Nach zwei, drei harten Stunden wurde es langsam besser. Mein Körper schien sich an das Geschaukel gewöhnt zu haben. Von Steve hörte man keine Geräusche mehr. «Der schafft es nicht», murmelte Peter. Wir entschieden, einen Hafen anzulaufen. Wie Peter sich auf hoher See orientieren konnte, verstand ich nicht, aber er steuerte uns zielsicher zurück. In der Kajüte fanden wir einen entkräfteten Steve, dem gerade noch die letzten Eintopfreste aus der Nase liefen.

Im Hafen angekommen, kümmerte sich Steves Freundin um ihn. Anschließend gingen wir in der Hafenkneipe essen. Es gab fettige Würste, fettige Pommes, fettiges Ketchup und fettiges Bier. Ich war so hungrig, dass ich erhebliche Mengen aß und trank. Der Besuch der Hafentoilette war daraufhin sehr merkwürdig: Als ich dort saß, bewegte sich alles um mich herum. Spätabends sprachen wir über Steve und wie es weitergehen sollte. Rosi beachtete mich kaum, ich war aber auch sehr müde. Dann gingen wir schlafen, und wieder wurde unglaublich geschnarcht, und wieder weckten mich alle ständig.

Der Kapitän ließ Gnade vor Recht ergehen und weckte uns erst um 8.00 Uhr. Peter rauchte, trank Kaffee und tat sonst nichts. Steve half schuldbewusst beim Saubermachen, er hatte sogar wieder Appetit und frühstückte mit uns. Danach legten wir ab.

Mir wurde diesmal nicht schlecht, dabei hatte der Wind noch zugelegt, das Boot knarrte und ächzte, während es auf dem Wasser trieb. Die Sonne brannte auf uns herunter. Steve hätte vielleicht nichts essen sollen, denn sein Frühstück kam schnell und heftig wieder raus. Er ging in die Kajüte, aus der wir anschließend das schon bekannte schreckliche Dauergewürge hören konnten. Kapitän Peter hatte Erbarmen, er drehte ab und steuerte wieder den Hafen an.

Steve gab auf. Mit seiner Freundin verließ er das Boot, und die beiden verabschiedeten sich, um mit dem Zug nach Hause zu fahren. Jetzt waren wir nur noch sechs. Wieder legten wir ab, und mir ging es immer besser, ich positionierte mich ganz vorn auf dem Boot, wo es ständig auf und ab ging. Die Gischt spritzte mir ins Gesicht, und ich genoss den Segeltörn. Rosi sonnte sich im Bikini, musste sich dabei aber gut festhalten. Etwas später cremte sie mir den Rücken ein, damit ich keinen Sonnenbrand bekam, ich tat danach das Gleiche bei ihr.

Als wir abends in einen Hafen einliefen, stand ich nur mit Badehose bekleidet am Bug des Schiffs, um mit der Befestigungsleine in der Hand ans Ufer zu springen. Um Rosi zu beeindrucken, sprang ich riskant früh. Ich rutschte ab, wickelte mir das Tau unglücklich um den Körper und kam nicht bis zum Ufer – stattdessen fiel ich ins Wasser, konnte mich wegen des Taus kaum mehr bewegen und geriet so zwischen Ufermauer und Bootsrumpf. Peter brüllte: «Scheiße, wir zerquetschen ihn!» Dann versuchte er mit Pinne und Rückwärtsgang zu verhindern, dass ich zerrieben wurde. Ich entging diesem Schicksal nur knapp: Man zog mich mit ein paar Schürfwunden und Prellungen aus dem Wasser. Am Abend gab es Erbsensuppe und viele Prosts auf Steve und auf mich, den Mann zwischen Boot und Mauer. Rosi cremte meine Wunden ein, dann gingen wir in die Kojen, jeder für sich.

Nachts wachten wir alle plötzlich auf. Peter war dabei, die Toilettenrohre zu reinigen, und machte dabei unheimlichen Lärm – die Rohre waren verstopft, und er hatte klare Kapitänsregeln aufgestellt. Die Arbeit musste ihn sehr gestresst haben, denn am nächsten Morgen weckte uns niemand. Wir verzichteten darauf, das Boot sauber zu machen, und frühstückten gleich. Peter kam später dazu, sagte aber nichts. Er trank seinen Kaffee und kiffte. Es war unser letzter Tag auf dem Ijsselmeer. Am darauffolgenden Abend mussten wir das Boot wieder zurückgeben. Vorher wollten wir noch mal richtig segeln.

Bei einer «Halse» passierte es dann. Der Baum schwenkte auf die ihm gegenüberliegende Seite und traf Ursula am Kopf. Peter, der mit ihr zusammen war, musste sich um sie kümmern. Beide verschwanden in der Kajüte. Nun bekam ich das Kommando. Ich wendete und fuhr «Halsen», kreuzte und fuhr mit dem Wind. Ich konnte segeln und wusste immer noch nicht, warum sich das Boot überhaupt bewegte. Später fuhr ich sogar in den Hafen ein. Wir gingen wieder in die Hafenkneipe. Der Boden schwankte. Rosi und ich lächelten uns an, aber mehr passierte zwischen uns nicht.

Die letzte Nacht an Bord war wie alle zuvor grauenhaft. Es war stickig, und wieder schnarchte irgendjemand. Die ganze Nacht hatte ich das Gefühl, als hielte man mir die Nase zu. Am nächsten Morgen schrubbte Kapitän Peter allein das Boot. Wir kifften und tranken Kaffee. Dann fuhren wir durch die Kanäle zurück. Ich hatte Sonnenbrand an allen Stellen meines Körpers. Nur nicht auf dem Rücken, den hatte Rosi perfekt behandelt. Mit dem Auto fuhren wir nach Deutschland, wo sich unsere Wege trennten. Rosi musste nach Italien, sie studierte dort. Kapitän Peter kassierte abschließend noch von uns allen die Bootscharter.

Drei Monate später fuhr ich nach Italien und besuchte Rosi. Wir hatten beide schreckliche Rückenschmerzen und behandelten uns gegenseitig. Steve soll später nie wieder ein Segelboot betreten haben. Ich dagegen habe viele Jahre danach den Segelschein gemacht – und dabei festgestellt, dass es den Manöverschluck gar nicht gibt! R.S.

Erwachsen – Vom Aufbrechen und Ankommen

Die erste eigene Wohnung

Lew Tolstois Eltern starben, als er neun Jahre alt war. Seine Tante übernahm die Vormundschaft. Es ist fraglich, ob er je das Gefühl hatte, zu Hause auszuziehen – er verlor seine ursprüngliche Geborgenheit auf betrübliche Art schon als Kind. Mit sechzehn studierte er an der fast tausend Kilometer von seinem Geburtsort Tula entfernten Universität von Kasan. Das war im Jahr 1844, ganze dreiunddreißig Jahre, bevor sein Werk «Anna Karenina» mit einer der berühmtesten Romaneröffnungen überhaupt aufwartete: «Alle glücklichen Familien gleichen einander, jede unglückliche Familie ist auf ihre eigene Weise unglücklich.» Ein absolut zutreffender Satz: Glück hat viele Bedingungen – dem Unglück genügt es, wenn nur eine dieser Bedingungen nicht erfüllt wird. Ist das der Fall, bleibt nur, sich damit zu arrangieren.

Mein Wunsch, die elterliche Heimstatt zu verlassen, gärte über Jahre. Es sollte meinem Plan gemäß kein sanfter Übergang werden, sondern eine schlagartige Flucht. Für diesen Ausbruch wählte ich meinen achtzehnten Geburtstag. Vorher hätten mir meine Eltern nicht erlaubt auszuziehen. Ein Paradox, das ich damals nicht sah: Hätte man mich schon früher in Ruhe ziehen lassen können, wäre meiner Lust an der Flucht die rasende Kraft genommen worden. So wuchs sie Tag für Tag. All mein zu erreichendes Glück verlegte ich im Geist in meine zukünftige Wohnung – alles andere erlebte ich tagtäglich.

Damals hörte ich viel The Fixx: «Stand or fall». Ich glaubte mich in einem Kampf zu befinden, in dem ich unterzugehen drohte. Ich kritzelte kleine Zettel voll, auf denen ich meine Agenda festhielt: Finanzen klären. Minimum an Möbeln bestimmen. Was brauche ich? Woher soll ich Teller und Geschirr nehmen? Wie viele Handtücher? Wo muss man sich überall an- und abmelden? Wird Wasser immer frei Haus geliefert? Wird überhaupt an einen Schüler vermietet? Welche Elektrogeräte brauche ich? Wie kann ich überhaupt eine Wohnung finden? Ich sah schwarz.

Der Westberliner Wohnungsmarkt war hoffnungslos ausgedorrt. Jeden Samstag standen die Menschen am Bahnhof Zoo Schlange und warteten auf den Immobilienteil der Morgenpost. Die gut Organisierten agierten zu zweit: der eine vor dem Stand mit den Zeitungen, die gegen 17 Uhr eintrafen, der Zweite mit reichlich Groschen in der Tasche vor der Telefonzelle. Nummer eins stürmte herbei, im Anlauf noch die interessanten Anzeigen markierend, dann sprangen beide in das gelbe Häuschen und qualmten die Bude voll, als würden sich die Wahlscheiben an den Münzautomaten schneller drehen, wenn man sie befeuerte.

Ich brauchte einen Plan B und erzählte jedem von meiner Not. Der Vater von einem meiner Schwimmschüler hatte schließlich Erbarmen und dachte im richtigen Moment an mich. Er war Polizist, ein Berufsstand, der in meiner gymnasialen Halbwelt wenig Ansehen genoss. «Ich bin nichts, ich kann nichts. Gib mir eine Uniform!» – ich durfte also niemandem erzählen, wer mir die Wohnung besorgt hatte. Als Kontaktbereichsbeamter, kurz: KOB – damals ein Kürzel, das gleich nach Kapo kam –, zog er täglich seine Runden in Reinickendorf. Ein Bezirk, der Charlottenburgern damals nichts Gutes verhieß. Übrigens noch heute nicht. «Ich habe da eine leere Wohnung gesehen. Hier ist die Adresse!»

Stöhnend versuchte ich, auf dem Faltplan herauszufinden, welchen Bus man nehmen musste, nachdem man die Endstation der U-Bahn verlassen hatte. Ich fuhr eine knappe Stunde von Tür zu Tür und sah schließlich eine Front mit zwei riesigen und zwei winzigen Fenstern zur Straße raus. Dazu kamen noch einmal vier zum Hinterhof. Ich lief durch die Toreinfahrt und fragte mich, wie hoch die Zimmer wohl waren. Und die Miete. Und wie man da wohl heizte. Schon genervt! Zu viele Fragen, zu wenig Vertrauen. Ich klingelte bei den Nachbarn und fragte nach der Adresse des Vermieters.

Am nächsten Tag traf ich ihn: einen alten, schwer keuchenden Mann, der mir einen Vertrag hinhielt. «Hier. Die Wohnung kostet hundertfünfundsiebzig Mark. Sie hat keine Dusche. Und da wird auch keine eingebaut – dass das mal klar ist. Wir sind hier nicht an der Copacabana. Hier kann man sich waschen. Und wenn's mal kalt wird, holen Sie Kohlen aus dem Keller. Sie kriegen die Wohnung, wenn Ihre Eltern haften.» Das klang in meinen Ohren sehr gut. Den Vergleich mit der Copacabana verstand ich allerdings nicht. Vielleicht dachte er, dass Brasilianer ihr Bad im Meer nähmen und ich gefälligst in den nahe gelegenen Schäfer See steigen sollte. So verließ ich die Wohnung meines zukünftigen Vermieters in der festen Absicht, eine Dusche und eine Heizung einzubauen. Einer meiner Elternteile bürgte brav für die Miete, der andere versicherte mir, nach meinem Abitur umgehend die Unterhaltungszahlungen einzustellen.

Mitte November 1982. Ich war seit vierzehn Tagen volljährig und rechnete: Miete hundertfünfundsiebzig Mark, einmal jährlich zwei Tonnen Kohle, geteilt durch zwölf Monate gleich ungefähr fünfzig Mark, Strom und so dreißig

Mark, Lebensmittel hundertfünfzig Mark, Telefon fünfunddreißig Mark, Monatskarte, dies noch, das noch und fünfzig Mark Taschengeld – ich kam auf einen monatlichen Bedarf von sechshundert Mark. Damit blieb mir vorerst eine Unterdeckung von monatlich rund fünfhundertfünfzig Mark. Was ich mir heute hoch anrechne: Ich fragte nie, *ob* es geht, sondern immer nur, wenn auch ängstlich, *wie*. Und so ging es: Unterhalt plus Kindergeld, einmal wöchentlich gegen Bezahlung Blutplasma spenden und abends für fünf Mark die Stunde Schwimmtraining geben.

Erst als der Vertrag unterschrieben war, sah ich genauer hin. Die Bude war stark renovierungsbedürftig und eigentlich viel zu groß für mich allein: sechsundsiebzig Quadratmeter. Zwei Zimmer lagen über der Garageneinfahrt und hatten eine Deckenhöhe von nur 1,80 Meter. Im Klo stand ich immer gebückt. Später, als mir praktisch veranlagte Ärzte nach einem Bänderriss das linke Bein eingipsten, konnte ich nicht einmal mehr bei geschlossener Tür auf dem Pott hocken. Ich musste mit offener Tür beschämt leiden.

Ein Junkie hatte vor mir in der Wohnung gehaust, und es war ihm gelungen, der Bude durch ein freundliches Schwarz das Flair einer Opiumhöhle zu verpassen. Offenbar hatte er sich von Lichtschaltern und Fußleisten ernährt. Auf der Schlafzimmertür klebte eine mit Flüssigglas fixierte Fototapete. Das Zeug ließ sich nicht abkratzen, also ließ ich das Motiv an seinem Fleck. Es zeigte eine halbnackte Schwarze, die sich im Baströckchen aufreizend vom Betrachter abwendete. Später starrte ich in der Glut des angeschürten Allesbrenners auf ihre dunklen Brustwarzen, während sich der restliche Sauerstoff im kleinen Zimmer verflüchtigte. Im Winter hatte ich morgens einen Riesenschädel, und wenn ich zu schnell von meiner Matratze hochschoss, holte ich mir eine Beule an der niedrigen Decke. Doch das war alles erst nach dem Einzug. Und der zog sich hin.

Ich legte alle Kraft in die eigenhändige Renovierung des Wohnzimmers. Sie allein nahm fast einen Monat in Anspruch, weil ich zwischendurch Geld verdienen oder für die Schule lernen musste. Aber ich wollte mich schließlich in meinem neuen Zuhause wohl fühlen.

Nichts ist leichter als Tapezieren – wenn man es denn kann. Und weiß, dass Kleister nicht gut klebt, wenn es draußen gefriert und drinnen schlecht geheizt ist. Dass man vollgekleisterte Tapetenbahnen nicht stundenlang offen herumliegen lassen kann. Auch nicht in der Kälte. Dass Löcher in den Wänden ausgespachtelt, Nägel und Schrauben entfernt werden müssen. Dass Auf-Stoß-Kleben oben nicht notwendigerweise dazu führt, dass die Kanten der Tapetenbahnen sich auch unten berühren. Dass bei altem Putz bisweilen sogar eine Grundierung der sandigen Wände notwendig ist. Dass man nicht zu viel abschneiden darf, weil man sonst nicht über die Scheuerleiste kommt. Dass man in einer Ecke und nicht irgendwo mitten an der Wand anfängt, die Bahnen zu kleben. Dass es Raufasertapeten mit guter und mieser Qualität gibt. Dass man allein einen schweren Stand hat, oben auf der wackeligen Holzleiter bei 3,80 Metern Deckenhöhe, und man nicht weinen muss, wenn man nur noch zwei kleine Ecken in den Händen hält, nachdem man versucht hat, die schief zusammengelegte und verklebte Tapete zu entfalten.

Nach dem Renovieren fuhr ich manchmal schier verzweifelt nach Hause. Es gab noch so viel zu tun. Die Küche musste gestrichen, in der Speisekammer ein Regal gebaut und der Keller von Unrat befreit werden. Ich war überfordert, wusste nicht, wohin mit dem Müll und woher ich das, was ich brauchte, nehmen sollte. Zum ersten Mal war ich froh, abends in die Wohnung der Eltern heimkehren zu dürfen. Alles war dort so schön sauber und aufgeräumt. Ich bildete mir sogar ein, so etwas wie Besorgnis in den Augen meiner Erzeuger zu sehen. Doch das war meine Strafe. Ich bat sie nie um Hilfe. Ich erzählte nie, was mich bedrückte. Was mir fehlte.

Einer der zahllosen Vorteile der Überflussgesellschaft besteht darin, dass irgendeiner immer noch irgendwo irgendwas hat. Einen Kühlschrank, einen Küchentisch, vier Klappstühle, zwei Matratzen mit selbstgebatikten Bezügen, eine als Sitzgelegenheit, eine als Schlafstätte. Das alles stand irgendwo herum, musste aufgespürt und erbeten werden und landete schließlich bei mir.

Nach insgesamt drei Monaten und vier total versiebten Klausuren hatte ich es geschafft: An einem eiskalten Februartag zog ich ein. Leider fror ich zunächst mal vor mich hin, weil das Beheizen von Kachelöfen bisher nicht Teil meiner schulischen Ausbildung gewesen war. Ich wollte nicht lange untätig rumzulungern und beschloss, sogleich die schwarze Treppe zu streichen, die zu den beiden über der Garageneinfahrt gelegenen Zimmerchen führte. In einem der zwei Zimmer wollte ich schlafen, Zimmer zwei würde ich später an einen Freund vermieten. Dazwischen das Klo. Unten Wohnzimmer und Küche. Ich hatte ein für seine Schönheit selten gewürdigtes Froschgrün besorgt und begann mit dem Anstrich, schön dick, damit ich auch ja nicht noch einmal nachpinseln musste.

Nach nicht einmal zwei Stunden war ich fertig – es sah sensationell aus. Im Radio lief Visages «Fade to Grey». Ich fühlte mich prächtig und rauchte eine Selbstgedrehte nach der anderen. Freiheit. Am nächsten Tag hatte ich erst zur zweiten Stunde Unterricht, das würde mir Zeit geben, vorher zu heizen. Hoffnung keimte auf. Gleich wollte ich einkaufen gehen: Toastbrot, Milch und Kalbsleberwurst – wie es sich für ein gutes, gesundes Abendbrot gehört. Ich hatte Hunger. Und dann plötzlich nicht mehr ganz so gute Laune, als mir einfiel, wo mein Portemonnaie und der Wohnungsschlüssel lagen.

In dieser Nacht schlief ich also hungrig im Wohnzimmer. Am nächsten Morgen lief ich barfuß auf dem noch leicht klebrigen Lack nach oben ins Schlafzimmer und griff mir meine Umhängetasche, in der sich Geld und Schlüssel befanden. Als ich mit grünen Fußsohlen im Matheunterricht saß, kam mir der Gedanke, dass ein Zweitschlüssel sehr nützlich sein könnte. Mittlerweile ist diese Art der Prophylaxe sogar zu einem internationalen Standard geworden. Entdeckt habe ich diese Vorkehrung nach der ersten Nacht in meiner eigenen Wohnung. V.W.

Das erste Mal vor Gericht

Ich bin mit der TV-Anwaltsserie «Petrocelli» aufgewachsen – das war der Rechtsanwalt mit italienischem Migrationshintergrund, der ewig an seinem Haus baute, während er in Kalifornien jeden Prozess gewann. Mit Gerichtssälen meinte ich mich relativ gut auszukennen. Nur haben deutsche Gerichte mit dem amerikanischen Justizapparat herzlich wenig zu tun. Daher war ich denkbar schlecht auf meinen ersten Tag vor Gericht – und auf den ersten Prozess meines Lebens – vorbereitet. Und mein Prozessgegner war kein kleiner.

Ich selbst hatte den juristischen Weg gewählt und mal

eben «Die Bundesrepublik Deutschland, vertreten durch das Bundesministerium für Verteidigung, vertreten durch das Kreiswehrersatzamt Euskirchen» verklagt. Anlass war, dass ich mein Grundrecht auf Verweigerung des Kriegsdienstes gefährdet sah, da der deutsche Staat mir nach Anhörungen beziehungsweise zwei Verhandlungen unter Vorsitz von Bundeswehrmitarbeitern bescheinigte, meine Gewissensgründe nicht überzeugend genug geschildert zu haben. So drohte mir die Einberufung durch die Bundeswehr, der ich durch die Klage auf Anerkennung meiner Gewissensentscheidung zuvorzukommen gedachte. In dieser Situation war ich sehr emotional – ich hatte schon mit dem Gedanken gespielt, im Fall einer Niederlage vor dem Kölner Verwaltungsgericht nach Westberlin zu fliehen, um der Bundeswehr doch noch zu entkommen.

Auf dem Weg zum Gericht stellte mir mein Anwalt ein paar Fragen zum Warmwerden: «Stell dir vor, du bist im Wald mit deiner Freundin. Drei feindliche Soldaten kommen und wollen sie vergewaltigen. Was machst du?» Ich kannte diese Fragen mittlerweile auswendig. «Ich versuche sie zu schützen, ohne Gewalt auszuüben.» Mein Anwalt war damit anscheinend nicht zufrieden. «Ich glaub, der fällt mir heute durch!», meinte er lapidar zu seinem Referendar, der mit uns im Auto saß. Dann wandte er sich wieder zu mir und führte seine Befragung fort: «Stell dir vor, auf der Autobahn brennen zwei Autos. In einem sitzt eine Frau mit Kind, im anderen sitzen drei Bundeswehrsoldaten. Du hast nur einen Feuerlöscher dabei. Welches Auto löschst du?» Das war eine klassische Triage-Frage. Man durfte auf gar keinen Fall den Fehler machen, ein Leben gegen das andere aufzurechnen. Zum Beispiel zu sagen, dass man Mutter und Kind rettet, das ja noch so jung sei und das Leben noch vor sich habe. Nein, man musste deutlich machen, dass alle Leben gleich viel wert sind, und eine pragmatische Antwort wählen: dass man das Auto löschen würde, welches schneller zu erreichen ist. Aber noch bevor ich zu meiner Antwort kam, sprach mein Anwalt schon wieder mit seinem Referendar: «Hoffnungsloser Fall! Dem müssen wir unbedingt eine Adresse in Berlin besorgen!» Eins war mir klar: Das Auto meines Anwalts hätte ich schon mal nicht gelöscht. Es war demütigend und deprimierend, so vom eigenen Vertreter eingeschätzt zu werden, und es löste eine heftige Angst in mir aus.

Meine Eltern standen der Kriegsdienstverweigerung skeptisch gegenüber. Dass ich vor Gericht zog und die Aussichtslosigkeit dieses Vorhabens nicht einsah, konnten sie erst recht nicht verstehen. Meine Oma drohte mir angesichts meiner Sturheit sogar mit Enterbung. Auch meine Freunde fürchteten eine Niederlage vor Gericht, konnten mich jedoch ebenfalls nicht davon abbringen.

Der Gerichtssaal war groß. Den Vorsitz führte ein Richter, der allerdings einige Schöffen (ehrenamtliche Richter) an seiner Seite hatte (das kannte ich von Petrocelli so nicht, da gab es immer Geschworene). Ich war so aufgeregt, dass ich kurz und stoßweise atmete. Plötzlich sprach mich der Richter direkt an – er fragte mich nach meinem Geburtstag. Das war zu viel. Ich konnte ihm nicht antworten, weil ich sofort in Tränen ausbrach. Es war beinah ein Heulkrampf. Sturzbäche von Tränen flossen über mein Gesicht, und der Richter und vor allem die Schöffinnen sahen mich mitleidig an. Das machte alles nur noch schlimmer. Mir wurde klar, dass sie mich bemitleideten, weil sie mich zur Bundeswehr schicken mussten.

Da ich nach meinem Nervenzusammenbruch unfähig war, auf die Frage nach meinem Wohnsitz zu antworten, schlug der Richter vor, dass ich nur mit dem Kopf nicken sollte, während er die Angaben zur Person aus den Akten vorlas. Ich nickte und heulte, wie ich es nur von kleinen Kindern kannte. Aber genauso fühlte ich mich: klein und hässlich, wie ein Wurm, ein arroganter Wurm, der sich mit einem ganzen Staat angelegt hatte und nun die Folterinstrumente gezeigt bekam.

Der Richter hielt kurz inne und sah mich an. «Ich schlage vor, wir verzichten auf eine Anhörung zur Sache. Der Kläger scheint psychisch nicht in der Lage zu sein, sachdienlich zu antworten. Wir entscheiden daher nach Aktenlage.» Das war zwar mein Todesurteil, aber ich nahm es froh an. Immerhin wollte man mich nicht weiter mit Fragen quälen, sondern das Urteil schnell und ohne überflüssiges Leid verkünden.

Doch ich hatte die Rechnung ohne Petrocelli, meinen Anwalt, gemacht. Der legte Einspruch ein und bestand auf einer Anhörung. Das Gericht zog sich daraufhin zur Beratung zurück. In der Zwischenzeit ging ich auf meinen Anwalt los. Mit verheultem Gesicht brüllte ich ihn auf dem Gerichtsflur an: «Was soll dieser Einspruch? Ich will nichts mehr sagen, ich kann nicht mehr. Warum machen Sie das? Sie sehen doch, wie es mir geht!» Ruhig entgegnete er mir: «Ich musste den Einspruch einlegen, sonst kann ich die Gebühren nicht abrechnen.» Ich war entsetzt. Kurz vor der Verurteilung entpuppte sich Petrocelli als Gebühren- und Spesenritter – dabei hatte mir die «Gesellschaft zur Kriegsdienstverweigerung» diesen Mann als engagierten Rechtsanwalt empfohlen.

Als die Verhandlung fortgesetzt wurde, beruhigte ich mich wieder. Mein Prozessgegner, der Staat, war sich offenbar seiner Sache so sicher, dass weder der Bundesverteidigungsminister gekommen war noch ein Vertreter des Kreiswehrersatzamts Euskirchen. Wir waren also mit den Richtern allein im Saal. Das Gericht hatte zu meiner Freude den Einspruch meines Rechtsanwalts abgelehnt. Kurz vor der Urteilsverkündung wurde die Verhandlung noch einmal unterbrochen. Mein Anwalt sagte nichts, und ich hatte auch nicht vor, mit ihm zu sprechen. Schweigend saßen wir vor der Saaltür und warteten. Er rechnete wahrscheinlich schon sein Anwaltshonorar durch, ich dagegen sah mich wahlweise bei den Flusspionieren, Tüten klebend im Knast oder in einer Westberliner Mietskaserne. Nie zuvor hatte ich mich so miserabel, so allein und niedergeschlagen gefühlt.

Nach kurzer Zeit wurden wir aufgefordert, wieder den Saal zu betreten. Im Stehen und mit Barett verkündete der Richter das Urteil: «Im Namen des Volkes ...»

Ich konnte es kaum fassen – ich hatte gewonnen. Das Gericht sah in meinen beiden vorliegenden schriftlichen Verweigerungen nachvollziehbare und plausible Begründungen für meine Gewissensentscheidung. Ich war kein Wurm, ich war ein Riese und hatte diesem Staat gehörig einen Strich durch die Rechnung gemacht.

Nein, keine Sorge, ich blieb auf dem Boden. Mein Anwalt, ein engagierter Kämpfer für das Recht auf Kriegsdienstverweigerung, half mir, das Urteil zu verstehen: «Deine schriftlichen Begründungen waren schon immer gut, auch mündlich warst du immer überzeugend, aber du warst nie emotional. Dir wurden schreckliche Fragen über Vergewaltigungen und andere Grausamkeiten gestellt, und du hast immer korrekt und sachlich darauf geantwortet, aber eben nicht authentisch. Deine Stimme zitterte nicht, du musstest nicht nach Worten ringen, deine Antworten klangen wie die eines Roboters. Da haben wir dich heute Morgen im Auto einfach etwas verunsichert. Diesmal warst du richtig überzeugend! Und wie das bei den Schöffinnen ankam!»

Dieser Anwalt war ein echter Profi. Zusammen hatten wir etwas geschafft, was selbst Petrocelli nie gelungen war. Wir hatten einen Prozess gegen einen ganzen Staat gewonnen. Und das gleich bei meinem ersten Mal vor Gericht. R.S.

Das erste Mal Fasching feiern

Ich bin zu einer Zeit groß geworden, in der die Welt nicht fragte, wer man sein wollte, sondern harsch Mitteilung machte, wer man zu sein hatte. Mir kam der Part des Fliegenpilzes zu: weiße Strumpfhose, roter Rollkragenpullover und eine gleichfarbige Filzkappe mit aufgenähten weißen Punkten. Besonders unangenehm war mir die Kopfbedeckung. Im ohnehin schon überheizten Kindergarten nahm sie die gasbetriebenen Heizpilze vorweg, die heute vor allem vor Gaststätten zum Einsatz kommen. Ich glühte bereits 1967, die Heizpilze erst, nachdem das Rauchverbot in Kneipen erlassen worden war. Hauptsache, Mutti war glücklich.

Als Mitbegründer eines Elterninitiativkindergartens kann ich auch vier Jahrzehnte später noch bestätigen, dass das elterliche Verlangen, die eigenen Kinder zu verunstalten, sehr stark ist. Ihre Garstigkeit rechtfertigen die Alten oft mit dem Ausspruch «Ist doch süß». Ich habe stattliche Wesen gesehen, die zu pausbäckigen Zwergen mit Wanst mutierten; Höhlenbewohner, die in Flokatifellen und Stiefeln bei dreiundzwanzig Grad Raumtemperatur auf dem Spielteppich verdorrten; und kleine Kätzchen, die mit nutellaverklebtem Bart kläglich maunzten, weil ihr Drahtschwanz stach.

Besonders bescheuerte Blagen tragen fertige Kostüme nach Art der Comic- und Filmhelden. Robin Hood geht vielleicht noch durch, aber all diese kleinen Spider- und Batmans möchte man am liebsten mit einem linken Haken aus den Gummistiefeln heben. Auch all die kleinen Cowboys, Indianer, Ritter und Piraten hätten diesbezüglich etwas mehr Aufmerksamkeit verdient. Die ewige Beschallung mit «Piff!», «Piu Piu!», «Peng!», «Bamm Bamm!» und «Du bist tohooot!» lässt uns oft unser eigenes erstes Kostüm vergessen und aus der Haut fahren. Besonders dann, wenn ein Zögling mit der mickrigen Plastikkopie eines Lichtschwertes vor uns steht und nicht mal das tieffrequente Brummen dieser einzigartigen Waffe wirklichkeitsnah imitieren kann. Und so was will ein Jedi sein?

Plastik-Brustpanzerplatten à la Schwarzenegger hat es zu unserer Zeit noch nicht gegeben. Wir hatten Holzschwerter und allerhöchstens mal Vampirzähne, die scharf ins eigene Zahnfleisch schnitten. Mehr nicht. Muttis Kreativität war gefragt, und die hatte klare Grenzen (siehe Fliegenpilz). Ein mit groben Stichen zusammengeflicktes Westchen und Opas Hut, der zehn Nummern zu groß war: So sahen die Bezwinger Nordamerikas aus. Wer jetzt noch eine Knarre mit Zündplättchen hatte, war der King.

Apropos King: Ich kenne einen, der die Unverschämtheit besaß, sich beim Schulfasching als König aufzuspielen, und in diesem Aufzug die große Pause auf dem Schulhof überleben musste. Dieser eine war ich. Das Königskostüm war Muttis toller Einfall, als es wieder einmal darum ging, mich bloßzustellen. Ich trug eine zackige, mit gelber Wasserfarbe auf Gold getrimmte Krone, Bettwäsche als Umhang und wie immer und zu jeder Jahreszeit einen Rollkragenpullover. Das war's dann allerdings auch schon. Kein Zepter und kein Reichsapfel verliehen dem kleinen König seine Würde. Stattdessen löste der lange Königsmantel bei den Mitschülern der höheren Klassen das schier unstillbare Verlangen aus, daran zu ziehen und ihn damit zu würgen. Das wiederum führte zu einer Reihe von königlichen Erlässen, die Auspeitschungen und Todesstrafen für solch eine Verunglimpfung des Königtums vorsahen. Leider fand sich kein wackerer Herold, um meine Urteile zu verkünden, geschweige denn jemand, um sie zu vollstrecken.

Ich schwor mir, nie wieder freiwillig ein Faschingskostüm zu tragen. Ein Beschluss, den ich gegen die Gepflogenheiten meiner Umgebung durchsetzen musste. Ich bin im Ruhrgebiet groß geworden, und die Tatsache, dass ich dem gehirnerweichenden Einfluss von Jecken und Funkenmariechen entkommen konnte, bezeugt glaubhaft meine Abneigung. Der Gestus der Verachtung stand mir gut, und es fiel mir leicht, die Worte Fasching und Faschismus in einem Satz unterzubringen. Im Grunde fand ich die ganze Verkleiderei albern und infantil.

Bis ich zu einer Kostümparty eingeladen wurde, wie es sie in meiner halblinken Welt bislang noch nicht gegeben hatte. Ein stadtbekannter Professor lud in sein Haus. Verkleidung war Pflicht. In meiner Vorstellung war das so kurz nach dem Abitur die erste akademische Weihe. Daher, so mein Plan, wollte ich einen Oberknüller von Kostüm vorführen, ein Monument, das alle menschlichen Verwandlungskünste in den Schatten stellen sollte. Mit bloßer Geisteskraft und null Geldeinsatz wollte ich etwas Erhabenes schaffen.

Die Bedeutung meines Vorhabens nahm noch zu, als meine Freundin mir von ihrem geplanten Auftritt erzählte: Sie wollte sich als Zigeunerin verkleiden (damals durfte man das noch so sagen). «Wie soll das denn gehen?», fragte ich verschreckt und dachte an knorrige Hände und haarige Warzen. «Na ja, ich ziehe fünf Röcke übereinander an, dazu die griechische Bluse meiner Mutter, und trage ein Kopftuch! Wie findest du das?» – «Toll», sagte ich, und meine Freundin war so begeistert, dass sie den ironischen Tonfall überhörte. Ich stellte mir vor, dass sie wie ein Waschweib mit dickem Hintern aussehen würde, tröstete mich aber mit der Anfangsszene aus dem Film «Die Blechtrommel»: Dort versteckt sich ein Bauer vor Rekrutierungstruppen unter den zahlreichen Röcken einer Feldarbeiterin und liebkost lüstern Beine und Unterleib, während der obere Rest der Frau die Ahnungslose gibt. Wie auch immer, ich musste jedenfalls für uns beide gut aussehen.

Lange fiel mir nichts ein. Ich schloss von vornherein alle Tierkostüme aus und sah irgendwann nur noch zwei Möglichkeiten – Mumie oder Astronaut. Testläufe mit Toilettenpapier und Mullbinden lieferten ein klares Resultat: Mein Platz war im Weltall und nicht in den Pyramiden. Ich wollte Dave gleichen, dem Astronauten in «2001: Odyssee im Weltraum», den sogar der Supercomputer HAL 9000 wegen seines Aussehens beneiden musste: leuchtend orangefarbener Raumanzug, eine beachtliche Apparatur vor der Brust, Sauerstoffzufuhr und Tank, Atemschläuche, Kontrollinstrumente auf dem Unterarm. Den silberfarbenen Helm würde ich unter dem Arm tragen wie die Apollo-Astronauten auf der Abschussrampe.

Als ich schließlich im Februar 1984 aus dem ersten Stock der Akademikervilla herabstieg, wo ich zuvor meine Montur angelegt hatte, meinte ich, ein Raunen, wenn nicht gar Begeisterungsrufe zu vernehmen. Wie sich im Laufe des Abends zeigen sollte, war dieser Beifall vollkommen berechtigt – denn das Kostüm empfand auf raffinierteste Weise alle Probleme nach, die Armstrong und seine Freunde auf dem Mond auch hatten: mangelnde Luftzufuhr und Einsamkeit.

Als Raumanzug diente die signalorangefarbene Allwettermontur eines zwei Meter großen Motorradfahrers, die ich mir von einem Bekannten geborgt hatte. Moonboots und Skihandschuhe machten auch was her. Auf dem Rücken trug ich einen mit Alufolie beklebten leeren Waschmittelkarton: den Lufttank. Eine mit Knöpfchen und Schaltbildern bemalte Pralinenschachtel fixierte ich mit Klebeband am Unterarm. Sie fungierte als Bedienungskonsole für den Hightech-Anzug. Kernstück aber war die Brustapparatur, die aus dem Motor eines Klopfsaugers bestand (bei diesen damals noch verbreiteten Geräten hing der Staubbeutel am Stiel, beides ließ sich leicht entfernen). Dazu kam natürlich der Helm.

So weit, so gut. Wäre das bereits alles gewesen, hätten mich Böswillige auch für einen schlecht gekleideten Motorradfuzzi halten können. Die Apparatur, die ich vor die Brust geschnallt hatte, erschloss sich in ihrer Funktionsweise selbst dem aufmerksamen Beobachter nicht auf Anhieb. An die Stelle, wo der Motor den angesaugten Staub in den Beutel blies, hatte ich ein heute aus gutem Grund selten gewordenes Musikinstrument gesteckt: ein geriffeltes, circa einen Meter langes grünes Plastikrohr, das leicht dehnbar war und einen heulenden, Didgeridoo-ähnlichen Sound von sich gab, wenn Luft hindurchgeblasen wurde. Das Rohr führte vom Staubsaugermotor geradewegs in den Kragen meines Astronautenkostüms. Eine sehr ungewöhnliche Konstruktion, auf die meine Kollegen bei der Nasa nie gekommen wären. So musste ich jedenfalls nicht ganz auf Luftzufuhr verzichten. Eine lange Unterhose und ein Feinrippunterhemd vervollständigten die luft- und wasserdichte Verkleidung und nahmen den Schweiß auf. Ich hatte an alles gedacht. Nur nicht an eine Konsole zur Regulierung der Betriebstemperatur.

Die Bude war brechend voll, und es wurde geraucht. Ich verging in meinem Kostüm wie ein brennender Zuckerhut in der Feuerzangenbowle. Meine Brustapparatur musste dringend aktiviert werden. Während ich Konversation machte und mich lässig über die Herausforderungen des Apolloprogramms ausließ, suchte ich mit den Augen die Räume nach freien Steckdosen ab. Schon nach wenigen Minuten irrte ich triefend nass durch das Haus.

Schließlich fand ich eine freie Dose in der Küche. Ich schloss den Motor an und drückte den Einschaltknopf auf meiner Brust. Sofort füllte sich der Anzug mit einem angenehm kühlen Luftstrom, der sich bis zu meinen Füßen ausbreitete. Ich stieß ein lautes «Aaaahhhh!» aus. Mein Kostüm vergrößerte sich auf den doppelten Umfang, und die Beleuchtung am Motor (eigentlich zur Fusselkontrolle beim Staubsaugen gedacht) schien auf meinen mächtigen Wanst.

Man bewunderte mich. Aber man mied mich auch. Wohin ich bei meinen Raumexpeditionen auch vordrang, die Menschen lächelten und stoben auseinander. Ich konnte ihnen nur fünf Meter weit folgen, länger war das Kabel nicht. Sobald der Staubsaugermotor lief, schwoll ich an wie das Michelin-Männchen nach achttausend Hornissenstichen. Optisch war ich eine Sensation, akustisch aber leider eine Katastrophe: Das Luftrohr gab einen Ton von geschätzten hundertzehn Dezibel von sich, der dem dreigestrichenen C gefährlich nahekam. Das entspricht lautstärketechnisch einer Autohupe im Dauerbetrieb. Das singende Rohr war offensichtlich nicht dafür gemacht, von einem dermaßen starken Luftstrom durchblasen zu werden. Der Lärm war unerträglich, in meiner Umgebung mussten sich die Gäste anschreien. Ich war fett, an die Wand gefesselt und heulte wie ein Atomkraftwerk kurz vor der Explosion.

Schließlich zog ich mich aus Rücksicht auf die anderen in unterschiedliche Zimmer und schlussendlich dann in den mit Möbeln vollgestopften Wintergarten zurück. Nicht mal das Zigeunermädchen hielt mehr zu mir. Zehn Minuten stand ich allein herum, rauchte und trank, umgeben von gestapelten Stühlen, verkanteten Sesseln und Zimmerpflanzen. Selbst ich fand den Lärm unter meinem Helm unerträglich. Ich trank immer schneller. Zwei Tage technischer Entwicklung und meine erste Landung auf dem Planeten der Narren waren also ein Schuss in den Ofen. Und zwar volle Kanone.

Als ich endlich betrunken und schamlos genug war, zog ich den Anzug aus. Die Party war noch in vollem Gange. Ich lief barfuß in langer Unterhose und Unterhemd umher. Die Menschen sahen mich etwas befremdet an, rannten aber wenigstens nicht mehr weg. Einer wollte schließlich sogar von mir wissen, wen ich mit meinem Kostüm darstellen wolle. «Astronaut nach der Arbeit», wäre wohl die richtige Antwort gewesen. Stattdessen schob ich ihn beiseite und verschaffte mir damit Zugang zum Kühlschrank. «Lasst mich mal durch hier ...», lallte ich. «Ich bin der große Balletttänzer Rudolf Nurejew ... Ich muss zur Kostümprobe!» V.W.

Das erste eigene Auto

Das Auto war in Deutschland lange vor dem Smartphone ein Symbol für Freiheit und Mobilität, und es garantierte diese Bewegungsfreiheit auch. Kein Wunder, dass Jugendliche, kaum im Besitz des Führerscheins, ein eigenes Auto besitzen wollen. Ich selbst hatte mit achtzehn Jahren die ganzen Sommerferien lang Regale in einem Supermarkt aufgefüllt, um mir mein erstes Auto finanzieren zu können. Meine Mittel waren trotzdem sehr begrenzt. An ein neues Auto war gar nicht zu denken, es mussten ja auch noch Steuer, Versicherung und Sprit bezahlt werden. Mein Vater war immerhin bereit, den Wagen als Zweitwagen zu versichern, was die Haftpflichtprämie begrenzte.

In Köln wurden damals einmal im Jahr die ausrangierten Dienstwagen der Deutschen Bundespost versteigert. Die Post hatte über hundert Autos im Angebot, unter anderem den VW Bulli, den VW Käfer, aber auch den VW Fridolin, einen Spezialtransporter, der extra für die Post entwickelt worden war und eine seitliche Schiebetür hatte. Alle Autos waren quietschgelb, die Posthörner auf den Türen wurden notdürftig übermalt. Man durfte die Wagen leider nicht zur Probe fahren, dafür gab es für jedes Versteigerungsobjekt einen technischen Zustandsbericht. Einige waren gar nicht fahrbereit, andere waren Unfallautos, wieder anderen fehlten sämtliche Sitze bis auf den Fahrersitz.

Hunderte von Menschen waren vor Ort, auch viele professionelle Händler, die hofften, ein Schnäppchen machen zu können. Das Ganze war natürlich wie ein Lotteriespiel, ohne Probefahrt oder auch nur den Motor gestartet zu haben kaufte man die sprichwörtliche Katze im Sack. Da die Post keine Gewährleistung bot, bestand ein großes Ausfallrisiko für den Käufer. Auf der anderen Seite waren die Autos natürlich auch nicht so teuer. Die Mindestgebote begannen schon bei zweihundert Mark, und erfahrungsgemäß ging ein Großteil der Autos zum Mindestgebot oder knapp darüber weg.

Ich war in aller Herrgottsfrühe mit dem Zug nach Köln gefahren, um mir für die Besichtigung des großen Fuhrparks genügend Zeit zu lassen. Von neun bis zwölf Uhr konnte man die Autos besichtigen, sich reinsetzen, die Motorhaube öffnen und die technischen Angaben studieren. Ab zwölf Uhr wurden die Versteigerungsobjekte aufgerufen. Wer den Zuschlag bekam, musste sofort bar bezahlen. Ich hatte keine Ahnung von Autos, zumindest was die technische Seite betraf. Mein einziger Freund mit Kfz-Kenntnissen hatte am Tag der Versteigerung leider keine Zeit, mich zu begleiten. Gott sei Dank hatte er mich notdürftig gebrieft: Bei Motoren, aus denen Öl tropfte, solle ich skeptisch sein, aber auch Autos, die wie neu aussähen, könnten erhebliche Probleme mit sich bringen.

Mit fünfhundert Mark in der Tasche sah meine Strategie zunächst vor, dass ich die Autos prüfte, die wenig Interessenten anlockten. Der erste Käfer, der von den anderen links liegen gelassen wurde, hatte ein Mindestgebot von dreihundert Mark, war zwölf Jahre alt, hatte hundertvierzigtausend Kilometer runter, keinen TÜV mehr und Probleme mit der Elektrik. Beim Blick unter die Motorhaube, die sich, wie ich überrascht feststellte, am Heck befand, entdeckte ich dunkle Ölflecken. Der Wagen kam für mich also nicht in Frage.

Schnell wurde mir klar, dass alle Autos, die wenig Interessenten fanden, einen langen Mängelbericht aufwiesen: Motorschäden, Unfallfahrzeuge oder auch defekte Bremsanlagen. Nach zwei Stunden intensiver Suche und Vergleiche hatte ich gerade mal vier VW Käfer gefunden, die eventuell für mich geeignet waren. Der günstigste lag bei einem Mindestgebot von zweihundertfünfzig Mark, der teuerste sollte mindestens vierhundert kosten – wobei der Vierhundert-Mark-Käfer ebenfalls eine kaputte Elektrik hatte, dafür aber bei einem Alter von acht Jahren erst vierunddreißigtausend Kilometer gelaufen war.

Die Zeit bis zum Versteigerungsbeginn verbrachte ich, indem ich mir Autos ansah, die sowieso nicht für mich in Frage kamen, wie elektrische Gabelstapler oder den VW Fridolin mit Schiebetür, das Pakettransport-Wunder.

Pünktlich um zwölf Uhr begann dann die Versteigerung. Auch hier folgte ich einer Strategie: Ich wollte auf keinen Fall bereits am Anfang mitbieten, sondern erst in der Schlussphase einsteigen. So wollte ich verhindern, dass die Preise zu schnell anstiegen und mich dann finanziell überforderten. Spannend wurde es, als das Versteigungsobjekt Nummer zwölf an der Reihe war: Der erste für mich interessante Käfer hatte ein Mindestgebot von zweihundertfünfzig Mark. Bis tausend Mark wurde in Fünfzig-Mark-Schritten erhöht, dann jeweils um hundert Mark. Schon nach wenigen Sekunden wurde meine Fünfhundert-Mark-Schmerzgrenze überschritten. Schließlich erhielt der künftige Besitzer den Zuschlag bei achthundertfünfzig Mark. Auch meine beiden nächsten Favoriten wurden deutlich über fünfhundert Mark versteigert. Offensichtlich hatten sich doch mehr Leute für die Ladenhüter interessiert, als ich mitbekommen hatte.

Ernüchtert wartete ich auf den letzten Käfer, den ich mir ausgesucht hatte. Ich befürchtete, auch diesmal nicht mithalten zu können, und entschloss ich mich daher zu einem Strategiewechsel: Ich wollte gleich zu Beginn die Mindestsumme bieten. So hätte ich wenigstens mal mitgeboten. Der Auktionator las stoisch die technischen Daten vor, blickte in die Runde und fragte routiniert: «Aufgerufen wird ein Mindestgebot von vierhundert Mark, wer bietet mehr?» Sofort hob ich meine Hand. Darauf hatte der Auktionator nur gewartet, nun konnte er seines Amtes walten: «Es gibt ein Gebot, vierhundert Mark sind geboten, wer bietet mehr? Wer bietet vierhundertfünfzig Mark? Gibt es jemanden, der mehr als vierhundert Mark bietet? Geboten werden von diesem jungen Mann vierhundert Mark zum Ersten. Bietet jemand mehr? Vierhundert Mark zum Zweiten. Wer bietet mehr? Und vierhundert Mark zum Dritten. Den Zuschlag erhält der junge Mann dort unten. Bitte kommen Sie nach hinten und zahlen Sie.»

Ich konnte es kaum fassen, ich hatte tatsächlich ein Auto ersteigert, und das zum Mindestgebot. Aber warum waren die anderen Käfer alle für mehr Geld rausgegangen? Warum wollte niemand den Käfer, den ich gerade erworben hatte? Hatte ich etwas übersehen? Der Wagen war vierunddreißigtausend Kilometer gelaufen und hatte Probleme mit der Elektrik, aber was stimmte sonst nicht mit ihm? Ich ging an der Bühne vorbei, dort hatte man ein kleines Zelt aufgebaut. Nachdem ich mehrere Papiere unterschrieben hatte, bekam ich die Schlüssel, den Fahrzeugbrief, eine TÜV-Bescheinigung, den Technikbericht der Deutschen Bundespost und den Hinweis, der Wagen müsse innerhalb einer Woche abgeholt werden, da sonst Standkosten entstünden.

Glücklich, aber auch etwas skeptisch näherte ich mich meinem neuen Auto. Es sah sensationell schön aus. Gut, ich war Laie, aber zumindest entdeckte ich keine Beulen oder Roststellen. Der Käfer hatte nur einen Sitz, den Fahrersitz, hinten befand sich anstelle der Rücksitzbank nur eine Ablage. Klar, die Zusteller mussten ja ihre Postsäcke damit transportieren. Irgendetwas an dem Wagen kam mir dennoch komisch vor, etwas war anders als bei gewöhnlichen Autos. Kurz entschlossen setzte ich mich in den Wagen. Im Fahrschulauto war der Schalthebel rechts von mir gewesen, hier war er seltsamerweise links. Der Käfer, den ich für vierhundert Mark ersteigert hatte, war ein Wagen mit Rechtssteuerung.

Die Bundespost hatte diese ursprünglich eingeführt, damit der Zusteller beim Entleeren der Briefkästen direkt am Briefkasten aussteigen konnte und nicht umständlich um das Auto herumlaufen musste. Diese Neuerung hatte sich allerdings nicht bewährt, viele Postler konnten sich beim Fahren nicht an das Steuer auf der rechten Seite gewöhnen. Deshalb hatte der Wagen auch nur vierunddreißigtausend Kilometer auf dem Zähler, und offenbar hatte aus demselben Grund keiner mitgesteigert. Niemand wollte im kontinentaleuropäischen Rechtsverkehr so ein Auto fahren.

Trotzig steckte ich den Schlüssel ins Zündschloss und versuchte, den Motor zu starten. Es passierte nichts. Langsam verzweifelte ich. Hatte ich dafür die ganzen Sommerferien gearbeitet? Für ein Auto, das nicht fuhr und das Lenkrad auf der falschen Seite hatte? Und nur einen Sitz? Dass es keine Sitze für Mitfahrer hatte, war wohl nur konsequent für ein Auto, das sowieso nicht funktionierte. Frustriert ging ich zum Bahnhof, setzte mich in den Zug und fuhr nach Hause.

Während der Fahrt überlegte ich, was zu tun war. Ich musste zur Zulassungsstelle und den Wagen auf mich umschreiben lassen, damit ich mein Kennzeichen bekam. Außerdem brauchte ich eine Versicherungsdeckungskarte. Wenn das alles erledigt wäre, müsste mir nur noch irgendjemand sagen, wie ich den Wagen gestartet bekomme, dann könnte ich wieder mit der Bahn nach Köln fahren, die Kennzeichen anschrauben und mit dem Britenkäfer nach Hause rollen. Mein Kfz-Schrauber-Freund empfahl mir, ein Batterieladegerät mitzunehmen, um die Autobatterie des Käfers damit aufzuladen. Wenn ich Glück hätte, könne der Wagen dann fahren, wenn nicht, müsse ich ihn in eine Werkstatt schleppen lassen.

Ich lieh mir also ein Ladegerät, meldete den Käfer auf mich

an und bekam Kennzeichen und Fahrzeugschein. Dann fuhr ich wieder nach Köln. Fünf Tage waren seit der Versteigerung vergangen. Die meisten Autos waren schon abgeholt, nur einige wenige standen noch auf dem Hof der Oberpostdirektion. Als ich den Hof betrat, sah der Pförtner das Ladegerät und fragte mich misstrauisch, was ich denn damit vorhätte. Ich erklärte ihm, dass ich mein ersteigertes Auto abholen wolle und die Batterie erst einmal aufladen müsse. «Na, du bist ja ein komischer Vogel! Weißt du, wie lange das dauert? Ne, ne, ne, das machen wir anders! Wo steht denn deine Kiste?» Ich zeigte auf mein Auto. Während er zum Telefon griff, sagte er: «Geh mal zu deiner Karre, da kommt gleich jemand!» Ich lief zu meinem Auto und begann die Kennzeichen anzuschrauben. Da stand plötzlich ein Typ im Blaumann vor mir, neben ihm ein Batterieungetüm auf Rädern. «Hier kommt deine Starthilfe!» Kurze Zeit später war die riesige Starterbatterie mit meinem Auto verkabelt. Der Blaumann gab mir ein Zeichen – und ohne zu zögern sprang mein Auto an. «Und ab die Post!», verabschiedete sich der Beamte, als ich zu meiner ersten Fahrt in mein neues Auto stieg.

Aus dem Motorraum vernahm ich das typische Rasseln der vierunddreißig Käfer-PS. Ich schloss die Tür, trat die Kupplung, legte den ersten Gang ein, gab etwas Gas und ließ langsam die Kupplung kommen. Das Auto bewegte sich. Ganz langsam rollte es los. Wie viel Sprit mochte noch im Tank sein? Offensichtlich hatte sich die Bundespost eine Tankanzeige gespart. Im Fußraum befand sich ein Hebel, den man umlegen sollte, wenn der Tank leer war. Dann blieben noch fünf Liter Reserve. Ich gab Gas und schaltete in den zweiten Gang. Das war mit links gar nicht so einfach, schon gar nicht, wenn man eigentlich bremsen wollte, weil sich die geschlossene Schranke der Hofausfahrt unangenehm schnell näherte. Es gelang mir schließlich doch, ich winkte dem Pförtner zu und fuhr auf die Straße.

Die Fahrt war aufregend, vor allem, weil ich intuitiv extrem weit rechts fuhr. Durch die Rechtssteuerung saß ich beinah am Straßenrand, was mich eher ans Fahrradfahren erinnerte. Normalerweise hätte man für die Strecke nach Hause etwa dreißig Minuten gebraucht, so brauchte ich dagegen fast anderthalb Stunden, denn ich fuhr auch nicht viel schneller als ein Fahrrad. Das Auto war schon etwas unheimlich, so ganz ohne weitere Sitze und mit dem Lenkrad auf der falschen Seite. Sorgen bereitete mir aber vor allem das Tanken. Ich wollte nicht zu früh anhalten, weil ich Angst hatte, dass die Batterie noch nicht genügend geladen war und der Wagen danach nicht mehr anspringen würde.

Ich kam, ohne tanken zu müssen, wohlbehalten zu Hause an. Meine Freunde konnten es kaum fassen, dass man für vierhundert Mark ein ganzes Auto bekommt. Die Rechtssteuerung fanden sie cool. Bei anschließenden Spritztouren nahm ich natürlich auch Beifahrer mit. Die mussten immer am Boden sitzen, was ab und zu Ärger mit der Polizei gab, die nicht genau wussten, was sie dazu sagen sollten, und bei Fahrzeugkontrollen immer an der falschen Seite standen. Die Farbe, mit der die Postabzeichen an den Türen zugeschmiert worden waren, löste sich im Laufe der Zeit ab, was zur Folge hatte, dass den Käfer wieder zwei große Postlogos zierten. Das konnte sehr hilfreich sein. Ich bekam so gut wie nie Knöllchen, weil die Kollegen von der Polizei dem vermeintlichen Kollegen von der Post wohl nichts Böses wollten. Einmal stellte ich den Wagen sogar auf dem Parkplatz des Bundespostministeriums ab, weil der Pförtner mich passieren ließ.

Wie sich zeigen sollte, war mein erstes eigenes Auto auch mein erstes echt gutes Geschäft. Nach einem Jahr verkaufte ich das Auto wieder – für sechshundert Mark. R.S.

Das erste Mal allein verreist

Viele Träume waren im Laufe meiner – gemessen an meinen stets überhöhten Ansprüchen – entbehrungsreichen Jugend unerfüllt geblieben. Auf Wasserski, Yachtausflüge und Helikoptertouren hatte ich schweren Herzens ebenso verzichten müssen wie auf ein Interrail-Ticket. Letzteres war für mich in jungen Jahren unerschwinglich und aus Sicht meiner Erziehungsberechtigten ein Freifahrtschein, um als Raub-, Vergewaltigungs- oder Mordopfer zu enden. Ich nahm mir vor, sie möglichst bald eines Besseren zu belehren.

Mit Anfang zwanzig hatte ich schließlich stolze sechshundertzwanzig Mark auf meinem Postsparbuch deponiert: die vom Munde abgesparten Früchte einer leberwurstzentrierten Mangelernährung, ferner der Überschuss der nicht gerade üppigen Entlohnung für meine Kuvertierungskünste. Ein Münzversand hatte seine Kunden mit meiner Hilfe über neueste Angebote informiert. Ich musste jedes Prospektblatt einzeln falten und dann drei Flyer in einen Brief stecken. Falten, stecken, befeuchten, kleben. Mehr als einer der Sammler wird sich beim Öffnen des Umschlags vielleicht gefragt haben, ob es nur Wasser und Spucke waren, die den Briefinhalt versiegelten. Die Antwort lautet: Nein, waren es nicht. Die öde Arbeit und die Unterbezahlung ließen mich aus Trotz tüchtig in die Briefe rotzen.

Zudem hatte das stundenlange Zukleben der Briefe mein

Fernweh noch verstärkt. Ich wählte ein Reiseziel, das angeblich von allem Guten nur das Beste bot: Kultur, Geschichte und Lebensart. Was Goethe genossen hatte, konnte mir nicht schaden. Von den Italienerinnen wusste ich damals noch nichts. Florenz sollte es sein, von da aus wollte ich nach Sardinien reisen. Zug, per Anhalter, Fähre, Bus – Hauptsache, in Bewegung bleiben.

Ende Juli 1983 brach ich schließlich auf – beziehungsweise beinah zusammen. Mein Innengestell-Stahlrohr-Rucksack, der allein schon fünf Kilo wog, machte die Reise von Beginn an zu einer Belastungsprobe. Auf ein Zelt verzichtete ich. Stattdessen packte ich eine regendichte Schutzhülle für meinen Schlafsack ein und eine gefühlt drei Gigameter dicke Weichbodenmatte. Da das alles zusammen schon zehn Kilo wog, ich aber unbedingt noch Thomas Bernhards «Kalkwerk» und den «Ulysses» als Entspannungslektüre mitnehmen wollte, blieb nur noch Platz für zwei Unterhosen, einen Campingkocher und zwei Gaskartuschen.

Ich fuhr über München mit dem Zug nach Florenz. Dort angekommen, genoss ich erst mal einen Cappuccino auf einer Piazza, deren Namen ich natürlich vergessen habe. Dort war es sehr schön. Es gab einen Brunnen, an dem ich mich niederließ, um Tagebuch zu schreiben. Ich hatte viel mit mir zu besprechen und wollte sichergehen, dass die Erträge meiner Denk- und Gefühlsleistung für die Nachwelt gesichert würden. Zu Deutsch: Ich fühlte mich schon jetzt einsam und verlassen.

Eine grazile Blondine setzte sich neben mich, sprach mich auf Deutsch an und stellte sich als Pharmaziestudentin aus Bremen vor. Erst als sie mich schon wieder verlassen hatte, fiel mir auf, wie schön sie eigentlich gewesen war und dass mein selbstbezogener Monolog ihr wohl signalisiert haben musste, dass ich nicht auf Empfangen, sondern einzig und allein auf Leiden an mir selbst geschaltet war. Den Rest des Nachmittags brachte ich deshalb damit zu, sie überall und am Ende vergeblich zu suchen. Die Uffizien hakte ich ab, nachdem ich einmal achtlos hindurchgehastet war. Das kulturelle Pflichtprogramm hatte ich damit absolviert und den Beweis erbracht, zum Bildungsbürger geeignet zu sein. Wir Jungs aus der Arbeiterklasse wissen eben, wie man sich hochboxt.

Am Abend meines ersten Tages wurde ich bald müde. Der Campingplatz, den ich mir ausgesucht hatte, lag zwei Stunden zu Fuß außerhalb der Stadt. Dort würden die Carabinieri mich nachts nicht wach prügeln. Ich kannte mich nämlich aus: Von meinem Reiseführer wusste ich, dass das Schlafen in Häuserecken und an Brunnen unerwünscht war.

Als ich nach langem Fußmarsch endlich auf dem Zeltplatz ankam, fiel es mir schwer, einen Fleck auf der Wiese zu finden, der auch nur annähernd aussah wie mein zukünftiges Bett. Denkt man an meine rudimentäre Ausstattung, ist das auch wenig verwunderlich. Von einem Riesenkondom umspannt auf dem Rasen zu liegen und dabei links und rechts die Schattenspiele in den Zelten zu betrachten, ist interessant – aber wenig behaglich. Leider leuchteten meine Bücher nicht im Dunkeln, und so lag ich elend lange einfach nur wach, gründlich genervt von der Tatsache, dass auf diesem Planeten scheinbar alle außer mir sensationell viel Spaß hatten. Ich nehme an, dass ich irgendwann doch eingeschlafen bin.

Für den zweiten Tag meines Urlaubs hatte ich mir drei Dinge vorgenommen. Erstens warm essen, zweitens meiner Freundin einen langen Brief schreiben, der alles Erlebte ins rechte Licht rücken sollte, drittens Bargeld besorgen.

Punkt drei schien mir noch am einfachsten. «Ganz Europa mit dem Postsparbuch», warb die Postbank damals. Man konnte mit dem kleinen blauen Buch also angeblich in allen Ländern problemlos Geld abheben. Für mich hätte es jedoch eines anderen Slogans bedurft: «Ganz Europa mit dem Postsparbuch. Und bitte vergessen Sie die Sicherungskarte nicht in der Kommode.» Den streichholzschachtelgroßen Pappzettel hatte ich nämlich sicherheitshalber zu Hause gelassen. Nach fünfundzwanzig Minuten hitziger Diskussion auf dem Hauptpostamt in Florenz verstand ich schließlich, dass die unerwartet peniblen Italiener mir ohne Vorlage der Sicherungskarte keine Lira auszahlen würden. Ohne Lire kein Essen. Ohne Essen keine Lust auf Briefe schreiben. Und ohne Brief keine Freundin. Ohne Freundin kein gutes Leben.

Besorgt lief ich durch Florenz, nur noch Geld für eine Flasche Wasser in der Tasche. Münzen und Reisepass trug ich in einem Lederbeutel an meinem Gürtel. Nachdem ich eine Weile wie betäubt und ohne Hoffnung, eine einfache Lösung zu finden, in der Stadt herumgeirrt war, kamen mir zwei Roma-Frauen mit Kleinkindern auf den Armen entgegen und pflanzten sich vor mir auf. Die eine der beiden hielt ihre geöffnete Hand unter meine Nase. Ich verstand: Sie wollte Geld. Dagegen verstand ich nicht, warum sie ihr eigenes Kind kräftig in die Taille kniff. Das Kind schrie. Das andere auch bald. Ich hörte nur noch Geschrei und sah abwechselnd in das verzogene Gesicht der Frau, zum nackten dunkelhäutigen Kind, dem die Tränen über das schmutzige Gesicht liefen, und auf die faltige, ausgestreckte Hand.

Die zweite Dame machte sich derweil an meinem Unterleib zu schaffen. Meine Habseligkeiten hingen genau vor dem Reißverschluss. Da ist Mann sensibel: Sie hatte gerade ihre Patschepfote in mein wildledernes Täschchen geschoben, als ich den leichten Druck spürte. Im Reflex schlug ich ihr kräftig auf die Hand. Beide Frauen begannen umgehend, Zeter und Mordio zu schreien. Heulende Kinder, greinende Weiber. Ich hörte Worte, die ich nur als Verwünschung deuten konnte, während ich versuchte, die Diebin am Handgelenk festzuhalten. Erst schrie sie noch lauter, dann spuckte sie mir ins Gesicht. Der Schnodder aus den Münzbriefen kam quasi per Luftpost zu mir zurück. Als ich die Spucke wegwischen wollte, machten sich die Frauen flugs aus dem Staub.

Ein Studentenpärchen hatte die Damen bei der Arbeit beobachtet und kam auf mich zu. Fassungslos erzählte ich ihnen, was sie gerade selbst gesehen hatten. Und wie absurd es sei, dass die Frauen sich ein Opfer gesucht hätten, das gerade mal noch hundertfünfzig Lire in der Tasche hatte. Dagmar und Norbert hatten Mitgefühl. Sie stammten aus Neuss, lernten gerade Italienisch und hatten eine kleine Ferienwohnung im Stadtzentrum. Die nächsten drei Tage schlief ich bei ihnen im Flur, nachdem sie mir ein paar Münzen gegeben hatten, um in Berlin telefonisch Geld zu ordern, dessen Auszahlung von dort telegraphisch angewiesen werden sollte. Ein Vorgang, der ganze drei Tage dauerte. Am Abend des zweiten Tages hörte ich allmählich auf, mir Sorgen zu machen, ob die beiden meine Geschichte wirklich glaubten. Richtig entspannt wurde unser Kontakt trotzdem nicht, weil ich mich doof und bedürftig fühlte. Als ich am fünften Tag endlich wieder Bargeld hatte, lud ich Dagmar und Norbert noch zum Essen ein und verließ dann die Stadt.

Schon der erste Fahrer, der mich am Straßenrand auflas, fuhr zufällig in meine Richtung: Nach Civitavecchia, eine der Hafenstädte, von denen aus die Fähren nach Sardinien ablegen. Leider hatte der Fatzke von Fahrer schon nach einer halben Stunde Probleme, sich einerseits auf die Kombination seiner fünf Brocken Englisch zu konzentrieren und andererseits – das wog schwerer – den Schaltknüppel von meinem Knie zu unterscheiden. Ich brüllte ihn auf Latein an, in jener Sprache, die meines Wissens nach dem Italienischen am nächsten kam: «Non sum Homo!» Das verstand er, obwohl ich wörtlich übersetzt gesagt hatte: «Ich bin kein Mensch.» Er grinste debil und bremste abrupt. Nun schien die Reise doch nach Oslo zu gehen.

Sechs Stunden Fußmarsch und einen halben Liter Rotwein später saß ich in einem kleinen Dorfcafé, in dem mich die einzige Englischlehrerin des Ortes ansprach. Nachdem sie gehört hatte, wie erpicht ihre Landsleute auf mein Geld und mein Glied waren, lud sie mich zu sich nach Hause ein. Wir fuhren zu ihr, und sie päppelte mich mit frittierten Maronenstiften auf, während ihr Mann mir Wein nachschenkte und die Kinder mich als Signore Volko lobpreisten. Der Name gefiel mir. Signore Volko. Don Volko hätte ich noch besser gefunden. Bella Italia. Binnen kürzester Zeit hatte ich zwei lebensbedrohliche Gefahren überstanden. Ich kam mir vor wie einer, der ausgezogen war, das Fürchten zu lernen, und nun für seine Tapferkeit belohnt wurde.

Auf der Fähre döste ich in einer Vier-Mann-Kabine beinah zufrieden ein und konnte immerhin so lange richtig schlafen, bis ich mich übergeben musste, weil das Schiff auf dem Mittelmehr stärker schwankte als erwartet. Damit sparte ich mir das Geld fürs Frühstück, das ich am Abend in ein Hotelzimmer in Olbia investierte, in dem die Klimaanlage geschickt an den Küchenabzug des Restaurants darunter gekoppelt war. Ich schwor mir, mich fortan nur noch an der frischen Luft aufzuhalten. Raub und versuchte Vergewaltigung hatte ich schließlich schon überstanden, an meine Ermordung glaubte ich nicht. Zumindest nicht bis zu meiner vorletzten Nacht auf Sardinien.

Ich verbrachte zehn fröhliche Tage mit einer Gruppe Medizinstudenten, die im Gegensatz zu mir nicht nur einen Gaskocher, sondern auch Töpfe mitgebracht hatten, was das Kochen ungemein erleichterte. Ich schlief zwischen den Zelten der angehenden Ärzte am Strand und hoffte, dass sich das eine der Medizinerpaare noch während der Reise trennen würde, damit ich endlich mit der schönen Regina schlafen könnte, die tagsüber im Bikini an mir vorbeihüpfte. Meiner Freundin schrieb ich, dass es mir leichtfalle, Menschen kennenzulernen, insbesondere angehende Akademiker. Außerdem teilte ich ihr mit, dass ich sie sehr liebe und ihr treu sei. Was ja irgendwie der Wahrheit entsprach.

Wir lungerten am Strand von Arbatax herum. Die Tage vergingen mit Beachvolleyball, Müßiggang und albernen Spielchen. Ich achtete darauf, immer erst ins Meer zu gehen, wenn Regina wieder herauskam. Erstens wollte ich auf keinen Fall, dass ihr Freund uns zusammen im Wasser sah, zweitens waren ihre Brustwarzen immer so schön aufgerichtet, wenn ich mich innerlich aufgepumpt hatte und ins Meer schritt. Tolle Tage, quälende Nächte. In einer der letzten komplettierte ich schließlich den düsteren Reigen meiner Reiseabenteuer und musste um mein Leben bangen.

Ich hatte meinen Kopf auf eine Konstruktion aus Handtüchern und Rucksack gebettet, die mir als Kopfkissen diente, und war gerade mühselig eingeschlafen, als mich ein Hecheln weckte. Ich spürte einen warmen Atem nicht weit von meinem Kopf entfernt. Sicher ein Wahnsinniger, schoss es mir durch den Kopf, der die Stellen meines Körpers anvisierte, in die er gleich seine Machete versenken würde. Oder zu dem Schlag ausholte, mit dem er mir den Kopf abtrennen wollte.

Jetzt sollte es mich also doch treffen. Wie viele Messerstiche kann man überleben?

Die Augen noch geschlossen, wog ich gelähmt vor Angst ab, ob es besser wäre, mich weiter schlafend zu stellen oder zu versuchen, mich aus meinem Larvenkostüm zu befreien. Aufzuspringen und wegzurennen war keine Option. Ich hätte ohnehin keine Chance gehabt, wenn der Killer im Besitz einer Schusswaffe gewesen wäre. Das Hecheln wurde etwas langsamer. Während ich filmreife Fluchten plante, die meist in einem Blutbad endeten, begann der perverse Mörder, mein Gesicht abzulecken. Schon wieder wurde ich vollgespeichelt. Der Atem roch streng nach vergammeltem Fleisch. Zum ersten Mal öffnete ich die Augen: ein Werwolf.

Na ja, eher ein Schäferhund. Er wedelte mit dem Schwanz. Sicher wollte er ein bisschen mit mir spielen. Auch ich wollte ja spielen. Nur lagen meine beiden Bällchen im Zelt nebenan. Es ging ihm also wie mir: Er war allein. Der Hund legte sich neben mich, ich kraulte ihm die Ohren. Er schmatzte behaglich, und so schliefen wir beide ein. Als ich am nächsten Morgen erwachte, war er verschwunden.

Dreißig Jahre ist das jetzt her. So lange lebt kein Hund. Das bedaure ich. Gern hätte ich ihn nach seinem Namen gefragt. Denn vom Gestank abgesehen war er sicher ein guter Kerl. Auch die Menschen, denen ich auf meiner Reise begegnete, sind mir alle noch präsent: die Pharmaziestudentin, die fiesen Zigeunerinnen, der Fummler, die gütige Englischlehrerin, Regina. Und wenn sie, anders als der Hund, nicht gestorben sind, dann leben sie noch heute. V.W.

Die erste Kündigung

Das Nervigste am Erwachsenwerden ist die ständige Frage der schon Erwachsenen, was man später einmal werden will. Bei mir wechselte das alle paar Wochen. Einmal wollte ich Fotograf werden, dann lieber Regisseur, dann doch Journalist, dann wieder Banker – festlegen wollte ich mich nicht. Irgendwann aber ist die Schule vorbei, und man muss doch ein paar Entscheidungen treffen, die lebenslange Auswirkungen haben können. Ich plante zu studieren, nur über das Fach war ich mir noch nicht im Klaren. Einige meiner Mitschüler machten Praktika, um herauszufinden, wo ihre Interessen und Begabungen lagen. Die Idee gefiel mir, und ich schickte Praktikumsbewerbungen an die Redaktionen mehrerer Zeitungen und Zeitschriften. Offenbar befand ich mich gerade in meiner Journalistenphase.

Die meisten meiner Bewerbungen wurden nicht beantwortet, aber ich landete einen Volltreffer: Die «tageszeitung», mein heimlicher Favorit, schrieb, sie könne mir ein sechswöchiges Praktikum in der Parlamentsredaktion anbieten. Geld würde es natürlich nicht geben, das war mir klar, die konnten ja nicht mal ihre Redakteure ordentlich bezahlen (damals gab es noch den «taz-Einheitslohn» von achthundert Mark im Monat). Aber mir gefiel die Mischung aus links, revolutionär, kritisch, ökologisch, anarchisch, chaotisch und chronisch pleite.

Die Parlamentsredaktion saß in einem Altbau im Bonner Regierungsviertel. Die Räume waren vollgestopft mit Büchern, die nicht nur in den deckenhohen Regalen standen, sondern auch die Redaktionsschreibtische unter sich begruben. Zwei Journalistinnen und ein Journalist arbeiteten hier: Ursel, Christa und Oliver. Leider hatte man sie nicht informiert, dass ich für sechs Wochen zu ihnen kommen würde. Die Information aus der Berliner Zentrale war offensichtlich auf dem Weg nach Bonn irgendwo hängen geblieben.

Die Überraschung war entsprechend groß, als ich an einem Montagmorgen in die Redaktion platzte. Ich war leicht aufgeregt und auch ein bisschen stolz, immerhin kam ich direkt vom Abitur in die Parlamentsredaktion einer überregionalen Tageszeitung. Das klang doch beeindruckend. Der Empfang dort war es nicht. Ursel öffnete mir die Tür und schlug die Hände vors Gesicht, als ich ihr mitteilte, warum ich hier war. «Das gibt es doch nicht!», rief sie unwirsch aus. Dann kam Christa dazu. «Wir haben hier so viel zu tun! Wer soll sich denn um dich kümmern? Was haben die sich in Berlin denn dabei gedacht? Mit uns spricht ja niemand! Na ja, komm erst mal rein.» Oliver sah ich in einem Extrazimmer sitzen. Ihm wurde ich gar nicht erst vorgestellt. Er habe gerade total viel zu tun, hieß es, er arbeite gerade an einem Buch für den Konkret-Verlag.

Ich trank mit den beiden Frauen einen Kaffee. Langsam dämmerte es mir, dass mein Praktikum an einem seidenen Faden hing. Wenn ich jetzt den Eindruck erweckte, Mehrarbeit zu verursachen, würde das Praktikum wohl nicht mal beginnen. «Ich kann mich auch sehr gut selbst beschäftigen», merkte ich an. «Na ja, das Ganze soll ja auch für dich Sinn machen», gab Ursel zu bedenken, «und daher müssen wir uns natürlich auch mit dir beschäftigen. Lass uns das doch bitte heute ohne dich besprechen. Morgen sagen wir dir Bescheid.»

Mein erster Tag in der Parlamentsredaktion der taz hatte also gerade mal eine halbe Stunde gedauert. Deprimiert ging ich nach Hause und wollte niemanden sehen. Es war mir peinlich, immerhin hatte ich allen Freunden stolz von meinem tollen Praktikum berichtet. Schwer nervös erschien ich am nächsten Morgen wieder im Büro. Ursel und Christa empfingen mich freundlich und hatten eine gute Nachricht: Sie wollten es mit mir probieren. Oliver habe sich zwar gegen mich ausgesprochen, aber die beiden Frauen hätten sich schließlich durchsetzen können. Der Journalist war auch diesmal kaum zu sehen. Offenbar saß er wieder hinten im Büro und schrieb an seinem revolutionären Pamphlet für den Konkret-Verlag.

Für den Vormittag war eine Bundespressekonferenz anberaumt, und Christa bot an, mich dorthin mitnehmen. Es ginge um den «Schnellen Brüter» in Kalkar, eine umstrittene Atomanlage und ein Thema, in das sie sich vorher noch einlesen wolle. Ich kochte in der Zwischenzeit Kaffee und las die taz. Um meine Anwesenheit zu signalisieren, brachte ich auch Oliver eine Tasse. Er bedankte sich nicht, sondern grummelte nur vor sich hin. Ursel verabschiedete sich zu irgendeinem Interviewtermin, und ich fing an, die Bücher in den Regalen zu durchstöbern. Als Christa schließlich mit ihren Vorbereitungen fertig war, brachen wir zur Bundespressekonferenz auf.

Ich war noch nie auf einer Pressekonferenz gewesen. Das Fernsehen hatte seine Kameras und die Hörfunkleute ihre Mikrophone aufgestellt, die Fotografen hatten sich in Position gebracht, und die Print-Journalisten warteten mit Stiften und Blöcken darauf, dass es endlich losging. Thema der Pressekonferenz war die Frage, ob vom «Schnellen Brüter» in der niederrheinischen Stadt Kalkar eine größere Gefahr ausgehe als von konventionellen Atomreaktoren. Christa stellte dazu sogar eine Frage, wobei einzelne Kameras auf sie gerichtet wurden.

Nach der Pressekonferenz gingen wir in einem Imbiss mittagessen und anschließend sofort wieder ins Redaktionsbüro. Christa musste jetzt schnell den Artikel schreiben, auch Ursel war wieder zurück und saß an ihrem Interview. Oliver arbeitete in seinem Extrazimmer weiter an seinem Buch. Wie mir Christa erzählt hatte, sollte es wohl irgendwie um die RAF gehen. Bevor sie mit ihrem Artikel anfing, meinte sie, ich solle mich doch ebenfalls mal an einem Artikel zur Bundespressekonferenz versuchen.

Ich hatte es also geschafft. Vor meinem geistigen Auge sah ich einen kometenhaften Aufstieg: eben noch Abiturient, jetzt schon Kolumnist einer überregionalen Zeitung. Ich setzte mich an die Schreibmaschine und tippte mit beiden Zeigefingern einen knallharten Kommentar über die Atompolitik der Bundesregierung. Schon meine Überschrift begeisterte mich: «Den Teufel mit dem Beelzebub austreiben. Wie der Schnelle Brüter die Atomenergie noch gefährlicher macht.»

Christa musste ihren Artikel nicht auf der Schreibmaschine tippen, sondern konnte ihn in einen Vorläufer des Computers eingeben, der mit der taz-Redaktion in Berlin verbunden war. Als sie damit fertig war, zeigte ich ihr mein Machwerk. «Das ist ja ein Kommentar und kein Artikel!», meinte sie. «Kennst du den Unterschied?» – «Ich will ja was verändern», antwortete ich, «und nicht einfach nur wiedergeben, was die von der Regierung sagen.» Christa lächelte. «Ich glaube, wir müssen dir noch ein paar Grundregeln des Journalismus beibringen!» Am späten Nachmittag gab es noch eine Telefonkonferenz mit den Kollegen in Berlin, und dann war mein erster Arbeitstag zu Ende.

Christa, Ursel und ich gingen nach Hause, nur Oliver blieb und arbeitete weiter. Wahrscheinlich hatte er geheime Quellen direkt bei der RAF, die er jetzt ungestört anzapfen wollte.

Oder er schrieb gar kein Buch, sondern arbeitete an der Revolution und fertigte Listen an, auf denen die Namen mutmaßlicher Konterrevolutionäre standen. Meine Freunde, denen ich am Abend von meinem ersten Redaktionstag erzählte, waren ganz schön beeindruckt, besonders von meinen Erlebnissen auf der Bundespressekonferenz. Sie versprachen mir, die taz zu kaufen, wenn ich meinen ersten Artikel dort untergebracht hätte.

Als ich am nächsten Morgen ins Redaktionsbüro kam, waren alle anderen schon da. Diesmal kümmerte sich Ursel um mich. Zumindest ging sie nach zwei Interviewterminen mit mir in einer Kantine mittagessen. Danach transkribierte sie in der Redaktion die Interviews, und ich blätterte derweil in ein paar Büchern. Aus den Augenwinkeln sah ich Oliver, der aus seinem Büro kam und durch die Redaktionsräume schlurfte. Er schaute mich an, sagte aber nichts, kochte sich einen Kaffee und verzog sich wieder. Ich hatte kein gutes Gefühl. Sollte es in Deutschland zu einer Revolution kommen, bei der er eine wichtige Rolle spielen würde, sah ich einer düsteren Zukunft entgegen. Später saßen die drei zusammen bei Oliver im Büro und stritten hinter geschlossenen Türen. Leider konnte ich kaum etwas hören. Am späten Nachmittag, als nichts mehr zu tun war, fragte ich, ob ich gehen dürfe, was man mir in aller Freundlichkeit gestattete.

Der nächste Tag sollte mein letzter sein. Aber das ahnte ich noch nicht. Im Gegenteil, ich hatte mir vorgenommen, die Zeit in der Redaktion besser zu nutzen, und wollte selbst Vorschläge machen, wie ich mich sinnvoll beschäftigen könnte. Ich würde recherchieren, Interviews führen und schreiben, diesmal keinen Kommentar, sondern einen fachlich untadeligen journalistischen Artikel. Als mir Ursel am nächsten Tag mit ernstem Gesicht die Tür öffnete, merkte ich jedoch schnell, dass meine Tage in der Redaktion wohl gezählt waren: «Hallo, Robert. Oliver will dich sprechen. Du kannst gleich zu ihm durchgehen. Danach wollen Christa und ich auch noch mit dir reden.»

Ich lief durch den großen Raum zu Olivers Büro. Der tippte gerade auf einem kleinen vorsintflutlichen Textgerät herum und hielt inne, als er mich sah. «Setz dich», forderte er mich auf. «Ich war von Anfang an dagegen, dass du hier ein Praktikum machst. Die taz ist ein linkes Projekt! Wir steuern aktuell eine vorrevolutionäre Situation an und können uns in diesem bedeutsamen historischen Moment des ideologischen Kampfes um ein neues Gesellschaftssystem nicht auch noch mit der Ausbildung junger Journalisten belasten. Die beiden Genossinnen haben mich gebeten, es mit dir zu versuchen. Ich habe es mir zwei Tage lang angesehen, muss aber jetzt sagen: Es macht keinen Sinn! Du hast als Individuum natürlich irgendwie Pech gehabt, aber die Revolution erfordert nun mal auch im Vorfeld Opfer. Deshalb kannst du jetzt wieder nach Hause gehen. Wenn du für das noch herrschende bourgeoise System eine Praktikumsbescheinigung brauchst, stellen wir dir eine aus. Aber lass uns jetzt bitte wieder unsere revolutionäre Arbeit machen. Ich kann es auch kurz sagen: Du bist gefeuert!»

Ich hasste ihn und musste gegen die Tränen kämpfen. Also drehte ich mich schnell um, verließ das Büro und ging zu Ursel und Christa, die schon auf mich warteten. Sie sahen mir gleich an, wie es mir ging. «Es tut uns leid!», meinte Christa. «Wir würden es gern weiter mit dir versuchen, aber Oliver will nicht. Und wir haben hier wirklich viel zu tun. Dazu kam noch der Streit, das war uns zu viel!» Ursel sagte währenddessen nichts, aber ich sah ihr Mitleid.

Ich ging ohne ein Wort des Abschieds. Man hatte mir nach

drei Tagen Praktikum gekündigt, eine Bescheinigung wollte ich mir nicht ausstellen lassen. Als ich auf der Straße ankam, liefen mir die Tränen über das Gesicht. Ich fühlte eine Mischung aus Scham, Erniedrigung, Frust und Schuldgefühlen. Warum wollten die mich nicht? Was sollte ich meinen Freunden erzählen, die in mir einen neuen Stern am Journalistenhimmel vermuteten? Diese trösteten mich in den Tagen danach allerdings ganz gut. Eine Freundin kündigte sogar ihr taz-Abo. Die Geschichte tat noch lange weh, aber mir ist seitdem noch ein paar Mal gekündigt worden. Dabei habe ich eine revolutionäre Entdeckung gemacht: Meistens sind es die kleinbürgerlichen Arschgeigen, die einen rauswerfen. Hast du das verstanden, Oliver? R.S.

Die erste Pilgerreise

Einst konnte man Wallfahrtsorte an einer Hand abzählen. Santiago de Compostela zum Beispiel zog und zieht die Hape Kerkelings dieser Welt an. Der Gewaltmarsch über die Pyrenäen fällt offenbar leichter, wenn man ein Burn-out hat oder aber, weitaus besser, unter der Gewissheit leidet, ein nichtswürdiges Sünderlein zu sein. In Mekka bewerfen derweil Muslime einen schwarzen Quader, den sie für das Böse halten, mit einem Kiesel. Bei der symbolischen Vertreibung des Teufels herrscht großer Andrang, und der finstere Seelenfänger in der Mitte scheint fette Beute zu machen. Varanasi am Ganges, ehemals Benares, ist die heiligste Stätte der Hindus. Wer hier badet oder nach dem Tod verbrannt wird, hat gute Chancen, aus dem Daseinskreislauf auszusteigen und die Erlösung zu finden. Beäugt und beschnüffelt man die sämige Suppe, versteht man den Wunsch, sich für immer aus dieser Welt zu verabschieden: So ziemlich alles, was Menschen von sich geben und an sich haben, schwimmt in dieser Brühe. Zu nennen wäre außerdem noch Bodhgaya, Buddhas Erleuchtungsstätte. Für die Anhänger der einzigen gottlosen Religion ist das ein Ort, der ihnen zeigt, dass die Erfahrung höchsten, zeitlosen Glücks jedem Menschen möglich ist.

Allerdings findet man dieses Glück nicht in Gedanken und Gefühlen, die – wie Sie aus eigener Erfahrung wissen werden – nie von Dauer sind. Sie kommen und gehen, genauso wie die an- und abreisenden Cluburlauber, denen TUI in seinen Robinson-Clubs «Zeit für Gefühle» verspricht. Man vergnügt sich allerdings auch dort nach Art der Wallfahrer: Nur gibt's statt geweihtem Wasser Hochgeistiges, statt Steinwürfen Tennis und statt rituellen Bädern den Saunaaufguss. Buddhistisch geht es dabei selten zu. Nicht wenige Besucher dieser Entspannungshöllen staunen, welch bösartige Gefühle und Gedanken beim Kampf um das Buffet und die Reservierung der Liegen aufkommen.

Höchstes Ziel aber bleibt Wohlbehagen und Entspannung. Daher betonen die Animateure dieser Clubs auch nach jeder noch so unbedeutenden körperlichen Aktivität, dass man sich sein Essen jetzt aber tüchtig verdient habe. Doch wem will man derlei vorwerfen? Glück suchen wir alle immer und überall. Die Phantasielosen meinen, es anderen wegnehmen zu müssen, weil sie nicht wissen, wie sie es selber erreichen sollen. Seelenheil scheint ein knappes Gut zu sein, das man in der Ferne suchen oder sogar jagen muss. Noch hören wir selten, dass Menschen zum Supermarkt um die Ecke oder zu ihrem Wohnzimmertisch pilgern (wohl aber zu den Malls, den großen Einkaufstempeln).

Meist soll es also in die Ferne gehen. Gedrängel am Grabbeltisch für günstige Ziele. Mindere Ersatzbefriedigungen werden verramscht. Einzigartige Reiseorte versprechen, exklusive Fundorte der Glückseligkeit zu sein. Dabei gibt es ein Riesenproblem, das bereits Sokrates kannte: «Was wunderst du dich, dass deine Reisen dir nichts nützen, da du dich selbst mit herumschleppst?» Sein Hinweis traf bislang auf taube Ohren. Die Menschen hält es einfach nicht zu Hause. Auch wenn man am Ende immer wieder da landet, wo man aufgebrochen ist. «Der kürzeste Weg zu sich selbst», glaubte schon der Schriftsteller Hermann Graf Keyserling zu wissen, «führt um die Welt herum.» So gesehen ist mittlerweile die ganze Welt voller Wallfahrtsorte. Jeder Urlauber ist ein Pilger, das ganze Leben eine einzige spirituelle Reise. Diese Auffassung adelt jeden Ausflug: Was früher Wegfahren war, heißt jetzt Bei-sich-Ankommen.

Meine erste Pilgerfahrt führte mich, inspiriert von Neil Armstrong, nach Lanzarote. Am 4. Juli 1969 hatte ich seine Mondlandung live und in Schwarzweiß in der Flimmerkiste mitverfolgt. Der Mond wurde für mich zu einem Sinnbild für die letzte Zuflucht. Auf Lanzarote sah es aus wie auf dem Mond. Also nichts wie hin.

Schon während der ersten Semester am philosophischen Institut stellte ich fest, dass mich Carlos Castaneda mehr interessierte als Aristoteles. Seinem Lehrmeister Don Juan Matus zufolge existierten weitaus mehr Realitäten als die, die wir tagtäglich vor der Nase haben. Ich hatte zwar nicht vor, Meskalin oder andere bewusstseinserweiternde Drogen zu nehmen, aber Entgrenzung und Ekstase standen auf meiner geheimen Agenda weit oben. Nur wie ließen sich diese erreichen, wenn man sie nicht künstlich herbeiführen wollte?

Darüber wollte ich auf Lanzarote nachdenken. In der Einsamkeit am Strand, hoffte ich, würde ich Hinweise finden.

Die Reise war in transzendenter Hinsicht ein ziemlicher Flop. Weder gewann ich Einsicht in höhere Welten, noch hatte ich eine Erscheinung, die mir zeigte, dass alles eins und miteinander verbunden war. Am damals noch weitgehend unbebauten Playa Blanca fand ich weder Glückseligkeit noch wertvolle Steine, die meine Chakren öffneten, weder Komfort noch Ruhe. Ich traf nicht mal einen Haufen netter Leute, sondern lediglich Horst. Und der hieß auch tatsächlich so.

Horst war Schornsteinfeger und kam aus Ostfriesland. Vom ersten Moment an klebte er an mir. So sah ich das zumindest. Eines Tages stiefelte er in meine Schlafkuhle in den Dünen, und zunächst war ich noch froh, Gesellschaft zu haben. Er blieb dann allerdings zehn Tage, für den Rest meines Aufenthalts.

Horst schlief wie ich am Strand und trank wie ich aus meiner Weinflasche. Jeden Abend. «Morgen kauf ich dann mal was!», tröstete er mich, der ich mit skeptischem Blick und klammem Geldbeutel auf seinen Bierbauch starrte, der sich der Abendsonne entgegenwölbte. Der Morgen kam, der Morgen danach auch und schließlich noch viele weitere Tage. Ich fragte mich, warum ich Horst gewähren ließ. Seinen ostfriesischen Dialekt fand ich lustig, aber das war's dann auch. Ich musste mir eingestehen: So richtig gern war ich nicht allein. Vor allen Dingen nicht nachts. Und schon gar nicht nachts unter freiem Himmel. Ich nahm deshalb offenbar auch mit Gesellschaft vorlieb, auf die ich herabblickte.

Trotzdem überlegte ich tagelang, wie ich Horst abschütteln könnte. Doch auch Robinson Crusoe hat sich seinen Freitag nicht ausgesucht. Also versuchte ich, ihn zu belehren. Meine Mission war: Ich mache aus Horst, dem Schmarotzer, den großzügigen Horst mit den Spendierhosen. Nun darf ich unumwunden zugeben, dass diese Mission aufgrund seines fehlenden Interesses an aktiver Mitarbeit scheiterte. Hotte besaß sogar die Traute, sich kurz vor der Abreise mit einer Packung Tütensuppe erkenntlich zu zeigen. Eine Maggi-Kartoffelsuppe im Gegenzug für eine Woche angeschickerter Abende. Als ich ihn darauf hinwies, dass wir keinen Gaskocher besaßen, um Wasser zu erhitzen, lachte er nur und musste auf den, wie er sagte, «Schock» erst mal einen Schluck von meinem Wein nehmen.

Lektion eins: Schornsteinfeger bringen nicht immer Glück. Lektion zwei: Abneigung ist manchmal ein zuverlässiger Klebstoff. Wir konnten uns nicht leiden und doch nicht voneinander lassen.

Allerdings glaube ich, dass Horst trotzdem einen durchgängig schönen und billigen Urlaub hatte. Ich hingegen war angespannt und mies gelaunt. Zehn Tage lang waren wir ab Einbruch der Dunkelheit quasi unzertrennlich, und nur tagsüber konnte ich manchmal mit dem kleinen Fiat Panda ausbüchsen, weil Horst lieber am Meer bleiben wollte. Er setzte sich einfach nur mit dem Hintern ins Wasser und badete, während sein Blick auf den Horizont ging. Wahrscheinlich hoffte er wie ich auf Erlösung durch Ablösung. Aber kein anderer Mensch gesellte sich zu uns. Es war Nebensaison, der Strand war oft leer.

Warum mein Lanzarote-Urlaub eine Pilgertour gewesen sein soll? Nun: Wenn Sie erst einmal von der Arbeitshypothese ausgehen, dass alle äußeren Erscheinungen Ihre inneren Zustände widerspiegeln und für sich selbst genommen keinerlei Existenz haben, wird es spannend. Es gäbe damit nämlich nur noch einen Menschen, den Sie an der Nase herumführen können: Sie selbst. Alles geschähe in Ihrem Geist, die anderen Menschen wären ein Spiegel Ihrer selbst. Man nähme die Welt durch das eigene Erleben vorgeformt wahr, nie aber die Welt an sich.

Folglich bin ich in Horst wahrscheinlich einem älteren, freundlichen Herrn mit ausgeglichenem Gemüt begegnet, der sofort bemerkte, wie ängstlich und zornig ich war. Vielleicht fand er mich unterhaltsam? Vielleicht wollte er mich beschützen? Vermutlich hat er sein Essen mit mir geteilt und war so großzügig, dass er sich gar nicht vorstellen konnte, dass ich ihm den billigen Wein nicht gönnte, den ich von meinen Tagestouren auf der Insel mitbrachte. Sicher war er es, der die Pullen abends ins Meer stellte und hütete, damit sie abkühlten. Und wahrscheinlich war er ebenso urtümlich wie sanft. Nur war mir das seinerzeit wohl entgangen.

Hotte, alte Hütte, es tut mir leid, dass ich mich an dich so erinnere, wie ich es gerade erzählt habe. Du warst einer meiner großen spirituellen Lehrmeister. Bist extra nach Lanzarote geflogen, um mir zu helfen, meinen Groll loszuwerden. Danke.

In meinem Leben brauchte es allerdings noch 4378 weitere Horste auf der ganzen Welt, bis ich so weit war, diese Hilfe anerkennen zu können. V.W.

Das erste Mal live im Radio

Danke, liebe Gebührenzahler! Vier Cola und drei Flaschen Johannisbeernektar gingen letztlich auf Ihre Rechnung. Und das, noch bevor das rote Licht leuchtete und die Show eigentlich losging. Der Moderator war vermutlich ziemlich genervt von mir, weil ich immer wieder zu dem Tisch mit den Getränken marschierte. Er hatte uns nur angedeutet, wie er sich den Ablauf der folgenden Stunde vorstellte: Nachdem er von seinem Ende des Tisches eine kurze Einleitung gesprochen hätte, würde er uns drei bis vier Fragen stellen. Den Rest sollten dann wir, die Diskutanten, erledigen. Jedenfalls vermittelte mir seine lässige Ruhe diesen Eindruck.

Der Moderator zog an seiner Pfeife. Dann sagte die Stimme aus der Regie ohne Vorwarnung «Achtung», der Sekundenzeiger sprang auf 20.05 Uhr, und unser Gastgeber las, das qualmende Gerät in der Linken, seinen vorformulierten Text. Die sechs geladenen Gäste, darunter ein Schüler (ich), sollten darüber befinden, ob Religionsunterricht heute noch zeitgemäß sei.

Mein Religionslehrer hatte mich gefragt, ob ich an der Diskussionsrunde im Haus des Rundfunks teilnehmen wolle. Wir waren damals nur acht Protestanten im Kurs, meine anderen Klassenkameraden weilten in der Obhut eines Herrn mit schwarzem Hemd und weißem Kragen zwei Etagen höher. Ich war der, sagen wir, Gesprächigste. Und so brachte ich auch in der Sendung bald ungefragt meine Meinung ein: Es sei gut, am Religionsunterricht teilzunehmen, denn irgendjemand müsse sich die ganzen Filme der Bundeszentrale für politische Bildung ja ansehen – andernfalls wären die ganzen Dokus und Spielfilme über das Dritte Reich und die Judenverfolgung umsonst gedreht worden. Wenn man diese Sachen ansehe, verstehe man schnell, warum wir Deutschen kollektiv schuldig seien. Es ginge dann nur noch darum, wie man mit dieser Schuld umgehe. Und schließlich böte sich im Religionsunterricht die Gelegenheit, wenigstens mal darüber zu sprechen.

Kein Kopfnicken, kein Applaus. Ich ergriff die Gelegenheit und stand auf. Das sorgte für Verwirrung. Ich musste mich dringend erleichtern, was ich geschickt andeutete, indem ich auf die leeren Flaschen vor mir zeigte. Als ich wiederkam, stritten sich der evangelische und der katholische Geistliche über die Ausrichtung der Ökumene. Ich trank noch eine Cola und sagte für den Rest der Sendung nichts mehr. Stattdessen genoss ich die Studioatmosphäre: die stickige, seltsam metallische Luft, den gedämpften Schall, die perforierten nussbraunen Holzpaneele. Endlich kam ich hinter die Geheimnisse, die ich seit Kindesbeinen hatte ergründen wollen: Hier lebten sie also, die unsichtbaren Wesen, die alles wussten und kannten, die spielten, sangen und sprachen. Es gab kostenlose Getränke, man konnte erzählen, was man wollte, man war wichtig, und alles war möglich. Mein Paradies.

Acht Jahre später begab ich mich zu dem eine Etage höher gelegenen Studiokomplex, in dem sich das einzige Selbstfahrerstudio des Senders Freies Berlin befand. Von hier aus wurde die Nachmittagssendung für Schüler gefahren, zunächst einstündig unter dem Sendetitel «tamtam aktuell», dann ab 1988 zweistündig unter dem Namen «Bumerang». Mir kam die Ehre und Aufgabe zu, die letzte einstündige Sendung zu moderieren.

Ich hatte diesen Tag im gleichen Maße herbeigesehnt wie auch herbeigezittert. Seit Tagen kämpfte ich mit einer nervösen Anspannung in Magen und Hirn, die sich anfühlte wie ein Oktopus auf der Flucht: extrem starker Rückstoß, dann eine diffuse dunkle Wolke.

Meine erste eigene Sendung. Sechzig Minuten volle Feuerkraft. In der linken Hand trug ich einen verschließbaren Aktenkoffer mit – man sage und schreibe – sieben Singles und fünf LPs. Darauf der dreifache Durchschlag des Sendemanuskripts. Einer für die Redaktion, einer für den Sendungsingenieur, einer für mich. Ich lief bedächtigen Schrittes wie ein Astronaut über die Turmbrücke zur Kapsel. Vermutlich blies ich mein damals noch fülligeres Haar beherzt aus dem Gesicht. Oder versuchte, mich anderweitig mit Übersprungshandlungen ruhig zu halten.

Damals glaubte, beziehungsweise hoffte ich noch, ich müsste nur zwei, drei Mal vor dem Mikro live sprechen, und dann wäre alles gut. Heute weiß ich: Einfach ist es nie, vor einer tausendköpfigen unsichtbaren Gruppe oder auch Hundertschaften sichtbarer Menschen zu sprechen. Der Vorteil bei körperlich anwesenden Zuhörern: Man kann sich leichter auf das Publikum einstellen und sich dann beim Reden entspannen. Wenn die Witze nicht ankommen, lässt man sie einfach sein, sofern man sensibel und flexibel genug dafür ist. Im Radio erhält man die Quittung nie sofort, sondern später. Und auch hier bleiben die körperlichen Reaktionen auf die Stresssituation nicht aus. Adrenalin ist genauso im Spiel, nur achtet man nicht mehr so sehr darauf und lässt die Schweißflecken in den Achselhöhlen unkommentiert.

Die Redakteurin hinter der Scheibe war bester Laune. Sie war es gewesen, die sich dafür eingesetzt hatte, den stürmischen, etwas vorlauten jungen Herrn, der erst seit einem Jahr Reporter war, sich aber leidenschaftlich für Musik interessierte, mal probeweise vor das Mikro zu lassen. Zuvor war er bereits aus einer anderen Redaktion im Hause rausgeflogen, weil er sich mit den Redakteuren angelegt hatte. Glücklicherweise gab es beim Kinderfunk weniger Alpha-Männchen, die um den Pulitzerpreis kämpften. Hier herrschten Redakteurinnen. Und die waren auf Kooperation, nicht auf Konfrontation aus. Das beruhigte mich.

Ich sollte also endlich meine Musik spielen. Endlich selbst im Radio reden. Endlich mein Sendungsbewusstsein unter Beweis stellen. Wochenlang war ich Texte und Töne im Kopf durchgegangen und hatte immer wieder neue Herausforderungen imaginiert, die ich teils vortrefflich meisterte, an denen ich zum Teil aber auch kläglich scheiterte. Geräteversagen, ein Anrufer, der mich beschimpfen würde, schwere Versprecher und Hänger beim Verlesen des Manuskripts oder am allerschlimmsten: sachliche Fehler, die ich selbst nicht bemerkte. Wie heißt der Bundesinnenminister? Welche Filme hat Bernardo Bertolucci außer «Der letzte Kaiser», der gerade im Kino lief, noch gedreht? Was ist der Unterschied zwischen Abgeordnetenhaus und Senat? Woher kommt die Band Johnny Hates Jazz? Wie kann man wichtige von unwichtigen Informationen unterscheiden? Was passiert, wenn offensichtlich wird, wie wenig ich wirklich weiß? «Dann stellst eben du die Fragen!», schlugen meine Freunde vor. Klang gut.

Der Nachrichtensprecher beendete seinen Auftritt mit den Worten «Abschließend die Zeit: Es ist 14.05 Uhr!». Mein Stichwort. Ich drückte den Knopf mit der Aufschrift «Jingle 1», und über die Studioboxen erklang die fünfzehnsekündige Erkennungsmelodie. Die Regler für das Mikro wurden hochgezogen, die Studioboxen automatisch auf stumm geschaltet, damit es keine Rückkopplung gab. Das Programm war jetzt nur noch auf den Kopfhörern zu verfolgen. Dann war es auch schon an der Zeit zu sprechen: «Guten Tag. Ich heiße Volker Wieprecht!»

Da war viel Wahres dran, aber wenig Schönes bei. Meine Zunge klebte am Gaumen. Das Zittern in der Stimme ignorieren! Platte abfahren … Platte abfahren … Warum zum Teufel kam da nichts? Da musste doch was kommen! Und es kam auch was: ein Streichersatz. Deshalb schlug der Pegel nicht voll aus. Drei mickrige Balken auf der Dezibelanzeige. Das Ding würde gleich richtig losgehen. Beruhige dich. Redakteurin, Tontechniker und Toningenieur guckten mich an. Was wird das hier?, mochten sie sich gefragt haben. Das sollten die Pet Shop Boys werden. Und waren es auch schon. «Left To My Own Devices». Jetzt kam der große Einsatz. Ich war gerettet.

Es wurde höchste Zeit für die erste von insgesamt zwanzig Zigaretten in dieser Stunde, von denen achtzehn verglimmen sollten, weil ständig irgendeine Platte vorbereitet und Texte gelesen werden mussten. Dauerlastbetrieb unter Echtzeitbedingungen. Achtung, Blick auf die Platte! Die war gleich zu Ende. Der Arm mit der Nadel rückte auf das sich drehende Loch in der Mitte der Platte zu. 14.09 Uhr. Hatte ich richtig kalkuliert? Würde meine Musik für die ganze Sendung ausreichen? Für solche Berechnungen war jetzt keine Zeit mehr. Ich musste die Inhalte der Sendung präsentieren: Erst wollte ich ein neues Buch vorstellen, dann eine Reportage einspielen, zum Schluss noch Tipps für den heutigen Tag geben und gleich mit einem Ratespiel beginnen. Dazwischen jeweils ganz viel tolle Musik. Was ich mir wohl dabei dachte: Die Musik habe ich ausgesucht, und hoffentlich merkt hier keiner, dass ich gerade zum ersten Mal den Mund aufmache.

Redakteurin, Toningenieur und Techniker unterhielten sich währenddessen hinter der Scheibe. Ein gutes Zeichen: Das musste bedeuten, dass sie sich keine Sorgen mehr um mich machten. Der Techniker legte ein Band auf, der Toningenieur saß an seiner Großküchenzeile mit den vielen Knöpfchen, und die Redakteurin nahm Höreranrufe entgegen. Wenn ich irgendwas eingespielt haben wollte, musste ich Handzeichen geben. Hand hoch: Achtung! Zeigefinger in Richtung der ausführenden Person nach unten: Lass knacken, Alter! Fahr das Band ab! Zieh die Leitung hoch! Schaff mir den Hörer ran.

Das Band über das Kinderbuch war fast zu Ende. Jetzt lief die Befehlskette andersrum. Der Toningenieur sprach auf dem Kopfhörer: «Achtung, noch zehn Sekunden!» Dann der Fingerzeig: Ich fahre die Platte ab. Es lief bombig. Wir hatten schon gut zwanzig Minuten gesendet, vier Titel gespielt, einen Hörer verarztet, ein Band eingewunken. Irre. Dann ging die Tür auf. Ich hatte fast den Eindruck, dass die Wand explodierte.

Das Selbstfahrerstudio ist ein großer, weiß gehaltener Raum. Die Studiotür ist eine doppelte Schleuse: Außen befindet sich eine hydraulische Tür, innen muss man noch einmal wie im U-Boot einen unterarmlangen Hebel hochziehen, erst dann löst sich die schwere Türe von der Gummi-Isolierung im Rahmen. Die Bude ist schalldicht, und man sitzt darin meistens allein.

Die Stimme des Mannes, der gerade die Tür aufgerissen hatte und plötzlich vor mir stand, war unerwartet laut. Es war der Chef des Schaltraums, der hünenhafte Vorsteher jenes Heiligtums, in dem alle Drähte und Leitungen zusammenlaufen, alles gemessen und kontrolliert wird. «Mensch, guck mal auf den Pegel!», brüllte er mich an. «Bist du blind?»

Ich sah mir die Pegel an, wusste aber nicht, was er meinte. «Nee, nicht blind, aber taub. Gut, dass Sie so schreien!» Unbeeindruckt brüllte er weiter: «Fahr runter auf minus fünf Dezibel! Nie über null, wenn du Musik spielst! Nur gesprochenes Wort bei plus drei bis fünf Dezibel. Merk dir das gefälligst! Sonst wird hier nix aus dir!» Ja, Arschloch, dachte ich. «Danke für den Hinweis», sagte ich. Er beruhigte sich und zog wieder ab. Sicher hatte er noch anderswo rumzubrüllen.

«Was war denn?», fragte die Redakteurin durch die Scheibe. «Ich hatte zu viel Dampf im Kessel!», antwortete ich. «Der Pegel. Hab die Sache aber wieder im Griff.» Allerdings war ich schwer getroffen. Und so stotterte ich mich bis zum Ende durch.

Die letzte Hürde in der Sendung ist das sogenannte Backtiming. Der Ingenieur sagt an, wann er die Werbung abfahren muss, damit die Nachrichten sekundengenau zur vollen Stunde beginnen können. «Der Werbeblock ist zwei Minuten zwölf lang. Du hast also siebenundfünfzig Minuten achtundvierzig!» Das bedeutete, dass ich die letzte Platte gegen vierundfünfzig Minuten abfahren musste, damit der Song einigermaßen durchlief. Das bloße Anspielen eines Stücks wäre ein Verbrechen gewesen. Dank meiner Fertigkeiten in den vier Grundrechenarten mit Schwerpunkt Subtraktion von Hexadezimalzahlen meisterte ich diese Herausforderung problemlos. «Gut gemacht», lobte mich meine liebe Redakteurin am Ende im Regieraum. «Jetzt nur noch fünfzig Mal genau so, und dann wird aus dir was!»

Ich packte die Platten in den viel zu großen Koffer und wollte mich brav in der Regie bedanken. Ich schüttelte jedem die Hand und hoffte auch hier auf ein Lob. Aber von den sonst so gesprächigen Kollegen hörte ich kein Sterbenswörtchen. Ihre volle Aufmerksamkeit galt bereits dem Moderator des nun folgenden Tagesechos. Der erklärte der Regie gerade quäkend über die Kommandotaste, wann er die Leitung nach Bonn haben wollte. Da werde schließlich Politik gemacht. Und kein Kinderpillepalle. Schließlich meinte er: «Ähm, Kollege? Haben wir den Aschenbecher ausgeleert?» – «Oh... hat der Kollege wohl vergessen», antwortete der Ingenieur, «holt der Kollege jetzt nach.» So viel Zeit hatte er dann also doch noch. Eines Tages, dachte sich derweil der Kollege, eines Tages höre ich mit dem Rauchen auf. Aber erst, wenn die Doofen auf diesem Planeten ausgestorben sind.

Dreizehn Jahre später wurde dieser Moment meines Lebens in einem außerordentlich erfolgreichen Film verarbeitet. Der Film heißt «Shrek». In einer Szene versucht der Esel, durch ein Drehkreuz in eine Art Vergnügungspark zu gelangen. Es gelingt ihm zwar, nur wird er dabei tüchtig von der sich viel zu schnell drehenden Einlassmechanik in die Mangel genommen und cartoongerecht demoliert. Schließlich landet er auf seinem Hintern und verzieht sein Maul zu einer mitleiderregenden Schnute. Kleinlaut jammert er: «Kann mich jetzt mal jemand in den Arm nehmen?» Doch die anderen sind schon weitergezogen. V.W.

Das erste Mal in Lebensgefahr

Ende Februar 1989 erhöhte die venezolanische Regierung die Preise für Lebensmittel und den öffentlichen Nahverkehr drastisch. In den zahllosen Slums der Hauptstadt Caracas gärte es, Plünderungen und Aufstände waren die Folge. Das

Militär schoss scharf zurück, viele Menschen starben. Kein guter Zeitpunkt für einen Besuch im Land am Amazonas – aber ich hatte mein Ticket bereits einige Zeit zuvor für Anfang März gebucht.

Am Abend vor dem Abflug rief mich Elvira, meine Freundin, über eine knisternde Leitung aus Venezuela an: «Du wirst doch wohl kommen?» Natürlich wollte ich das. Was allerdings in Deutschland nur eine kleine Zeitungsmeldung wert war, konnte dort eine Frage von Leben und Tod sein – so viel verstand ich. Das Internet war noch nicht erfunden, beim Auswärtigen Amt waren die Leitungen dauernd besetzt. Aber versprochen ist versprochen. Schließlich lebte Elvira ja auch dort. Sie betete mir eindringlich vor, wie ich mich zu verhalten hätte: 1. Flughafengebäude nicht verlassen. 2. Niemandem den Pass aushändigen. 3. Immer lieber sitzen als stehen. Man weiß ja nie, wie die Kugeln fliegen. «Esto es una broma?» – Nein, sagte sie, das sei kein Witz.

Meine Vorfreude auf die Reise hielt sich von daher in Grenzen. Dafür war im Anschlussflieger ab New York richtig viel Platz. Ich hatte eine ganze mittlere Sitzreihe für mich, und als von den etwa dreißig Passagieren auch noch zwei Drittel bei einer Zwischenlandung auf den Bahamas die Maschine verließen, hatte ich genug Zeit, den Stewardessen ein paar gute Ratschläge zu geben, wie man sich unter bürgerkriegsähnlichen Bedingungen in fremden Ländern verhalten sollte. Ganz wichtig sei zum Beispiel, das Flughafengebäude nicht zu verlassen und stets zu sitzen. Man brachte mir ein Glas Champagner, weil man offenbar auch in der Business Class nur selten Gelegenheit hat, ein Survival-Training für lau zu absolvieren.

Von oben sah beim Anflug alles ganz harmlos aus. Ein

bisschen eng gestellt, die Häuschen, aber sonst friedlich. Auch im Flughafen war es ruhig, ich musste noch keinen Querschlägern ausweichen. Elviras Küsschen zur Begrüßung war trocken und flüchtig. «Beeil dich!», drängte sie. Ich versuchte eine kleine Anzüglichkeit: «Ich kann nur langsam!» Keine Reaktion. Sie schob mich auf die Rückbank eines Taxis, und wir fuhren zu ihrem Haus im Regierungsbezirk.

Abends patroullierten Panzer vor dem Küchenfenster, und es herrschte Ausgangssperre. Manchmal fielen draußen Schüsse. Wir verließen nie das Haus. Selbst Elviras neurotischer Afghane musste seine Notdurft auf der Terrasse verrichten und hockte sich verschämt neben seine Häufchen. Den dünnen, knöchrigen Schwanz hatte er stets eingezogen. Nasti, so hieß er, bellte nicht einmal und aß kaum mehr. Er wirkte, als sei er noch trauriger als ohnehin schon, weil es Hunden unmöglich ist, Selbstmord zu begehen. Unsere Einkäufe besorgte das Hausmädchen. Sie brachte Früchte und Fischkonserven mit, leider aber kein Bier. Nach fünf Tagen kam auch sie nicht mehr.

Elvira wollte raus aus Caracas. Ein für alle Mal. Sie habe die Nase voll von ihrem Job als Lebensmittelchemikerin. Ursprünglich kam sie aus Andorra. Wegen der paar tropischen Heilpflanzen, die man hier sammeln könne, lohne es sich nicht zu bleiben. «Wir fahren in den Dschungel an die brasilianische Grenze. Dort habe ich Freunde!» Ein ausgezeichneter Plan, wie ich fand: nichts wie raus aus dem Moloch. Zuvor allerdings, meinte Elvira, müsse sie noch ihr Gold außer Landes schaffen. Ich hatte mich nicht verhört: ihr Gold! Dafür brauche sie einen Transporteur.

Es war mein erster Aufenthalt im nicht europäischen Ausland, daher wollte ich mich nicht weiter mit überflüssigem

Wissen belasten. Etwa mit den Antworten auf die Fragen, woher das Gold kam und ob es legal war, eine ganze Sporttasche voller Goldbarren über die Grenze zu schaffen. Ich beschloss lediglich, Elvira nicht zu heiraten, und auch meine Zweifel an ihrer gutbürgerlichen Reputation wuchsen erheblich.

Am Abend des nächsten Tages bekamen wir Besuch. Ein unscheinbarer Herr in Lederjacke legte seine Aktentasche auf den Wohnzimmertisch, kramte in seinem Koffer nach Zigaretten und verschwand mit Elvira in der Küche. Sie sagte, er sei ein Pilot aus Kolumbien und habe viel Erfahrung im Im- und Export gesammelt. Als er den Koffer anhob, sah ich den Knauf einer Pistole. Während die beiden in der Küche leise sprachen, las ich in Max Frischs Tagebüchern ungefähr vierhundertmal denselben Satz, ohne ihn zu verstehen. Nach vielleicht einer Viertelstunde kam der Mann aus der Küche, nahm seinen Koffer und zog ab. Die Tür fiel leise ins Schloss. Elvira stand in der Tür und sagte: «Jetzt müssen wir wirklich weg!» Ich fragte sie, warum. «Weil er wiederkommen wird, um sich das Gold zu holen. Und wir sollten dann besser nicht hier sein. Ich habe einen Fehler gemacht!»

Selten habe ich einem Menschen so recht gegeben wie ihr. Ich packte umgehend meine Koffer und wollte zum Flughafen, sobald die Ausgangssperre aufgehoben war. Kerzengerade saß ich auf der Bettkante und starrte auf das Abflugdatum meines Tickets. Noch drei Wochen. Nicht umbuchbar. Kein Geld, um in einem Hotel in aller Ruhe siebenmal die Tagebücher von Max Frisch zu lesen. Und nein, ich wollte Elvira jetzt nicht küssen. Sie gab mir ein paar Kräuterpillen, die in der Tat den Gedanken an die Rückkehr des dubiosen Piloten verdrängten, und überredete mich, am nächsten Morgen mit ihr einen Wagen zu mieten, um dann im Urwald Richtung Ciudad Bolívar zu fahren und dort Urlaub zu machen. Jedenfalls verstand ich es so.

Sie war zwanzig Zentimeter kleiner als ich und fünfundzwanzig Kilo leichter, eine Elfe mit dem Nervenkostüm eines Riesen. Und ich ein Klotz mit vollen Windeln. Ich konnte sie doch nicht allein lassen! Also willigte ich ein. Hauptsächlich deswegen, weil ich wusste, dass ich das Rückflugticket nicht würde umtauschen können. Ich weiß noch, dass ich vor dem Einschlafen dachte: «Das nächste Mal guckst du mit dem Gehirn und nicht mit dem Lurch.» Zumindest verging dem Kollegen da unten noch am gleichen Abend tüchtig Hören und Sehen.

Als ich am nächsten Morgen um halb acht aufstand, saßen bereits zwei gründlich unsympathische junge Männer in der Küche. Elvira stellte sie als Raúl und Pedro vor. Ich dachte: «Natürlich. Raúl und Pedro. So heißen sicher alle Killer hier!» Nur schwerlich verstand ich, dass die Wagenausleihe nicht bei einer schicken Filiale irgendeines Car Rental stattfinden würde. «In Venezuela kauft oder klaut man Autos. Man mietet sie nicht.» Elvira wartete mit Plan C auf: Wir würden zu einem Freund von ihr fahren, der sei beim Militär und könne uns einen Jeep zur Verfügung stellen.

«Un café con leche, Gunten?» Sie nannte mich immer bei meinem zweiten Vornamen, den sie im Pass entdeckt hatte. Günter ohne Umlaut und mit «n». Gunten war ganz unten. Selten zuvor hatte Gunten die Wahl gehabt, mit monströsen Bodyguards durch Bürgerkriegsgegenden zu gondeln oder sein entsetztes Gesicht im Spiegel einer Pilotenbrille anzustarren, während der Schalldämpfer einer Pistole auf ihn zeigen würde. Denn das war meine Wahl: entweder allein zu Hause bleiben – oder sofort mitzukommen. Kein Café. Vamos.

Pedro und Raúl trugen die Sporttasche mit den Goldbarren zum Kofferraum, ich kletterte auf die Rückbank des alten Kadett. Elvira saß neben mir. Die Jungs stießen knatternde Sätze aus und konzentrierten sich auf die Fahrt. Wir wanden uns gerade auf einer der zahlreichen Autopistas durch die hässliche Innenstadt, als ich bemerkte, dass Pedro immer wieder zwischen seine Beine unter das Handschuhfach griff. Ich beugte mich unauffällig vor, lugte über seine Schultern und erkannte, dass er eine Flinte mit kurzem Lauf in einer offenbar provisorischen Halterung hin- und herschob. Er übte für den Ernstfall.

Wir verließen die Stadt Richtung Südwesten, und ich hatte es längst aufgegeben, mir Anhaltspunkte für den Fall einzuprägen, dass ich das Auto fluchtartig verlassen musste. Keine leichte Sache bei einem Zweitürer. Das Adrenalin machte mich ebenso wach wie starr. Ich rauchte, stierte aus dem Fenster, beklagte still meine Lage und stellte mir vor, wie unendlich glücklich ich wäre, wenn der Flieger mit mir an Bord bald abheben würde.

Raúl verließ die Autobahn. Die Abfahrt schlängelte sich einen Berg hoch, links und rechts einigermaßen wohnlich aussehende Häuser. Und am Ende der Straße plötzlich eine Polizeisperre. Besser gesagt: Militär vor einem provisorischen Schlagbaum. Hinter uns bereits andere wartende Autos. Ich wusste natürlich schlagartig ganz genau, wie es laufen würde, ich neige von Natur aus zur Hellsichtigkeit: Noch bevor hier irgendwer irgendeinen Ton würde sagen können, hätte man uns schon mit Kugeln durchsiebt. Ein Blick der Soldaten auf das Gewehr unter dem Handschuhfach, und alles würde in einem Blutbad enden. Ich war tot, tot, tot. Und hatte Angst, Angst, Angst.

«Cálmate!», zischte Elvira. Pedro und Raúl saßen ganz still.

Ein Soldat schlenderte mit Waffe im Anschlag vorbei. Er würdigte uns keines Blickes. Auch ich saß ganz still. Will heißen: wie gelähmt. An der Absperrung wurden wir – wie andere auch – einfach durchgewunken. Raúl erhob die Hand wie zum Gruß, als wir an den misstrauisch dreinblickenden Soldaten vorbeifuhren. Keiner meiner drei Amigos lachte. Ich schon gar nicht. «Wie können die mir das antun?» Ich verstand nicht, dass offenbar alle außer mir diese Art von Grenzsituation gewohnt waren. Es war nichts Besonderes, sich kurzzeitig mal in Lebensgefahr zu befinden. Mein Bewusstsein schwamm in einer schwärigen Brühe aus Wut und Selbstmitleid. An den Rest der Fahrt kann ich mich nur schemenhaft erinnern.

Elviras Freund, der angebliche General, war nicht zu Hause – also auch kein Jeep. Elvira hinterlegte dennoch die verschlossene Tasche beim Sekretär des Mannes. Der schob sie einfach mit dem Fuß in eine Ecke hinter dem Aktenschrank. Ich verstand nicht, warum sie so viel Vertrauen hatte, und legte mir zurecht, dass Commandante Unsichtbar wohl mein Vorgänger war. Pedro und Raúl fuhren uns zurück und bekamen zum Abschied noch einen Beso. Ich gab ihnen nicht mal die Hand. Wir packten sofort unsere Koffer und fuhren dann zum Busbahnhof.

So würde es weitergehen: Wir liebten uns noch drei Wochen bei ihren Freunden im Urwald, dann kehrte ich nach Deutschland und sie kurz darauf nach Spanien zurück. Fragen nach dem Verbleib des Goldes ignorierte sie fortan einfach und schnappte sich den ersten reichen russischen Exporteur, den sie finden konnte. Ich war damit raus und erleichtert.

In Venezuela, im Bus Richtung brasilianische Grenze, fühlte ich mich noch an mein Versprechen gebunden, ihr zu helfen. Aus den knarzigen Lautsprecherboxen über den abgewetzten Sitzen plärrten – völlig unpassend – die Hollies

«Sometimes all I need is the air that I breathe and to love you …» Da platzte mir der Kragen. Was mit meinem rudimentären Spanisch nicht so leicht war. «Porqué quieres liquidarme?» – Warum willst du mich liquidieren? Elvira lachte. «Du lebst doch noch, oder? Das sind alles Ängste in deinem Kopf.» Ich beschloss, für den Rest meines Lebens kein Sterbenswörtchen mehr mit ihr zu wechseln. Öde Palmenwälder zogen vorbei. Von der Nachbarbank starrten ein paar mitreisende Mädchen kichernd zu mir rüber. Evira legte ihre Hand auf mein Knie und gab mir einen Kuss auf die Wange. «Du bist schwach. Aber ich liebe dich, Gunten.» Meine Wut wurde noch größer, als ich bemerkte, dass ich mich selbst für feige hielt.

Dann überlegte ich, wie ich zu Hause die Geschichte erzählen könnte, in der ich binnen eines Tages zweimal dem sicheren Tod entkommen war und dabei eine wahnsinnig gute Figur gemacht hatte. Höchstwahrscheinlich sprechen Pedro und Raúl noch bis heute bewundernd von dem teutonischen Teufelskerl, der ihnen aus dem Wagenfond Rückendeckung gegeben hat und auf dessen Wiederkehr sie bis heute sehnlichst warten. Der deutsche Dichter und Denker beschäftigt sich derweil immer noch mit der Frage, ob in der Tasche wirklich zwanzig Kilo Gold gewesen sind. Mit eigenen Augen gesehen habe ich sie nie. V.W.

Das erste Schnäppchen

Unsere Familie war nicht reich, und das bekamen wir Kinder auch zu spüren. Es gab nie Fanta, sondern nur No-Name-Limonade, nie Levis, sondern nur C&A-Jeans. Wir bekamen keine Milka-Schokolade, sondern die Billigversion von Aldi, wir hatten keinen Scout-Schulranzen und keinen Pelikan-Füller. Unsere Fahrräder kamen vom Discounter, und Brötchen kauften wir immer mindestens zehn Stück, denn dann kostete das einzelne nur noch acht Pfennig. Meine Eltern waren Rabattjäger und Schnäppchensammler, und ich folgte ihnen darin nach.

Es war Sommer, ich machte gerade Zivildienst beim ASB, dem Arbeiter-Samariter-Bund, und trug zusätzlich jeden Samstagmorgen Zeitungen aus, um mir Geld dazuzuverdienen. Nach einer anstrengenden Dienstwoche am Sonnabend um fünf Uhr früh Zeitungsstapel zu schleppen und Zeitungen in Briefkästen zu stecken, machte wenig Spaß. Gut zwei Stunden dauerte die Quälerei, dann verkaufte ich die übrig gebliebenen Tageszeitungen am zentralen Kiosk, trank dort einen schlechten schwarzen Kaffee und aß ein fettiges Croissant. Dabei rauchte ich eine Zigarette und las die Zeitung. Manchmal war es ein gutes Gefühl, als einer der ersten Menschen über das aktuelle Weltgeschehen informiert zu werden, manchmal war ich einfach nur müde.

Ich studierte immer auch die Kleinanzeigen. Dort fand ich eines Morgens das erste Schnäppchen meines Lebens: «Deutsche Gesellschaft für Auswärtige Politik verschenkt funktionsfähigen Kopierer». Ich war wie elektrisiert, schließlich waren Kopierer damals kostbare Büromaschinen, deren Anschaffungskosten schnell in die Zehntausende gingen. Gebrauchte Kopierer waren dementsprechend heiß begehrt. Kaum zu glauben, dass eine Organisation einen solchen Technikdiamanten verschenken wollte.

Sofort machte ich mich auf den Weg zur nächsten Telefonzelle und wählte die Nummer in der Anzeige. Der Herr in der Leitung, vielleicht ein Nachtpförtner, versicherte mir, dass der Kopierer noch da sei. Es habe sich auch schon ein zweiter Interessent gemeldet. Den Kopierer werde derjenige bekommen, der ihn als Erster abhole. Ich stürmte aus der Telefonzelle und radelte einem gefühlten Vermögen entgegen.

Auf dem Weg kamen mir mehrere Geschäftsideen. Vielleicht war dieser Kopierer ja das Fundament meines eigenen Copyshop-Imperiums. Die schossen gerade überall wie Pilze aus dem Boden. Oder ich würde das Gerät über eine Kleinanzeige wieder verkaufen. Mein Chef beim ASB zum Beispiel dachte gerade über die Anschaffung eines Kopierers nach. Möglicherweise, dachte ich, würde er diesen Kopierer mieten. Damit wäre ich wohl der erste Zivildienstleistende gewesen, bei dem der Chef ein Kopiergerät least. Ich strampelte noch schneller und hoffte, dass mir niemand zuvorkommen würde.

An der telefonisch durchgegebenen Adresse, einem großen Bürohaus, stellte ich das Fahrrad ab und klingelte. Die Tür öffnete sich automatisch. Ich fand den Pförtner, der hinter Sicherheitsglas saß, und erklärte ihm, warum ich gekommen war. «Sie sind der Erste, herzlichen Glückwunsch! Wollen Sie den Kopierer gleich mitnehmen?», fragte er. Da ich mit dem Fahrrad da war, ging das natürlich schlecht. Der Pförtner schob mir ein Formular durch den Ausgabeschlitz. «Bitte unterschreiben Sie den Schenkungsvertrag, dann kann ich den anderen Interessenten absagen. Einige sind schon unterwegs.» Das hatte ich befürchtet. Hoffentlich würde niemand reinplatzen und den Kopierer doch noch vor mir geschenkt bekommen. Ich überflog den Vertrag und erfuhr, dass ich mich mit meiner Unterschrift dazu verpflichtete, das Gerät, das mit kryptischen technischen Daten beschrieben wurde, innerhalb einer Woche abzuholen. Ansonsten seien zwanzig Mark pro Tag an Standmiete fällig. Kein Problem, dachte ich. Ich muss mir nur ein Auto leihen, am besten wohl einen Kombi.

Während ich den Schenkungsvertrag unterschrieb, meinte ich aus dem Augenwinkel ein feines diabolisches Grinsen im Gesicht des Pförtners zu erkennen. «Folgen Sie mir, ich zeige Ihnen das Gerät», sagte er und führte mich einen langen Flur hinunter. Wir bogen um eine Ecke und standen plötzlich vor einem gigantischen Metallschrank in monotonem Grau, in dem sicherlich drei Kühlschränke und eine Waschmaschine Platz gehabt hätten. «Das ist die alte Dame!», lachte der Pförtner. «Sie läuft noch mit dreihundertachtzig Volt Starkstrom. Ein Museumsstück, eines der ersten Rank-Xerox-Geräte.»

Ich konnte es kaum fassen: Das Ding hatte gemessen an seiner Größe lächerlich kleine Räder. «Der ist so schwer, da brauchen Sie zum Schieben mindestens vier Leute», schmunzelte der kleine Mann. Wie sollte ich das Teil dort nur wegbekommen? Mit einem normalen Pkw ging das niemals. Niedergeschlagen folgte ich dem Pförtner zurück zum Eingang. Als ich das Gebäude verließ, rief er mir hinterher: «Denken Sie daran: Nach einer Woche wird's teuer!»

Ich fuhr entmutigt nach Hause. Was in aller Welt sollte ich mit einem Kopierer anfangen, der groß wie eine Schrankwand war, der dreihundertachtzig Volt und einen Tieflader für den Transport brauchte? Am nächsten Tag zerbrach ich mir den Kopf, wie ich aus der Sache wieder aussteigen konnte. Egal, was ich tun würde, nach einer Woche musste das Ding da weg.

Am Montagmorgen fasste ich schließlich einen Entschluss, der sehr vorsichtig umgesetzt werden wollte. Ich fragte meinen Chef vom Arbeiter-Samariter-Bund, ob er nicht Interesse an einem Kopierer hätte. «Du weißt doch, dass wir darüber nachdenken, einen zu leasen. Warum fragst du?», wollte er wissen. «Ich habe ganz unerwartet einen Kopierer bekommen. Zwar kein besonders neues Modell, aber ich würde ihn euch zum Schnäppchenpreis anbieten. Für mich privat ist er eine Spur zu groß. Hier könnten wir sicher gut damit arbeiten. Er steht im Moment in einem Büro, aber wenn ihr den Kopierer noch diese Woche dort abholt, könnt ihr ihn gern zwei Wochen kostenlos testen.» Er schien sehr erfreut. «Das klingt ja ganz gut! Wollen wir ihn gleich abholen?» Nun musste ich aufpassen. «Na ja, das sollten lieber ein paar mehr Jungs machen. Wenn wir einen Rettungswagen und vier Zivis plus Fahrer hätten, könnten die den Kopierer schnell einladen und hierherbringen!» Mein Chef beauftragte tatsächlich den Fahrdienstleiter, der wiederum schickte einen Rettungswagen und vier Zivildienstleistende los, um das Monstrum abzuholen.

Eine knappe Stunde später wurde ich zum Fahrdienstleiter gerufen. «Was um Himmels willen willst du uns da andrehen?!», schnaubte er, ein Funkgerät in der Hand. «Meine Zivis haben mir gerade durchgegeben, dass sie das Ungetüm kaum rollen und auf keinen Fall anheben können. Man bräuchte dafür wohl eher einen Kran! Ich habe sie alle zurückbeordert! Hol dir deinen Scheißkopierer selber ab!»

Das war also das ruhmlose Ende meines Vorhabens, das Problem mit Hilfe meines Arbeitgebers zu lösen. Jetzt blieb mir nur noch, auf die Hilfe wahrer Freunde zu hoffen. Allerdings war mir die Sache etwas peinlich. «Was bitte hast du dir schenken lassen? Einen Kopierer, der so groß ist wie ein Elefant? Wer macht denn so was? Bist du krank?» – das waren in etwa die harmloseren Reaktionen. Bis zum Wochenende konnte ich trotzdem sechs Mann organisieren. Ich mietete einen Siebeneinhalbtonner und besorgte Stahlschienen. Mir war klar, dass wir das Gerät nur schieben konnten. Wir fuhren zur Gesellschaft für Auswärtige Politik, und ich parkte den Lkw vor der Tür.

Als wir uns um das Technikmonster versammelten, mussten einige lachen. Einer meiner Freunde stellte die nicht ganz unberechtigte Frage, warum ich mir das Gerät nicht vorher mal angeschaut hatte. Die Antwort blieb ich ihm schuldig. Wir versuchten, das Ding in Bewegung zu setzen. Und siehe da, es klappte: Langsam, aber stetig rollten wir es den Flur entlang bis ins Foyer. Dann schoben wir den Kopierer durch die breite Eingangstür bis zu den Treppen. Auf den Stufen hatten wir die Stahlschienen ausgelegt, nur gelang es uns leider nicht, das Gerät anzuheben, um die Rollen auf die Schienen zu bekommen. «Wir brauchen mehr Leute!», stellte einer meiner Freunde fest und fragte den Pförtner, ob er mal telefonieren könne. Die anderen nutzten die unfreiwillige Pause, um mir die zugegebenermaßen ebenfalls nicht ganz unberechtigte Frage zu stellen, wo ich mit dem Monster eigentlich hinwollte.

Mein Plan war noch nicht ganz stimmig. Ich hatte meinen Vater gefragt, ob es ihm etwas ausmachen würde, wenn ich den Kopierer erst einmal im Keller unseres kleinen Reihenhauses unterstellte. Allerdings war mir spätestens jetzt klar, dass sich der Kasten unmöglich die Kellertreppe runterbringen ließ. Trotzdem fiel mir keine andere Alternative ein, als ihn zum Haus meines Vaters zu transportieren.

Eine halbe Stunde später trafen vier weitere Freunde mit Motorrädern ein. Jetzt gelang es uns endlich, den Kopierer anzuheben und kontrolliert auf die Straße zu rollen. Wir konnten ihn über die Schienen sogar in den Lkw befördern. Der Kleinlaster ächzte unter dem beachtlichen Gewicht und ging deutlich in die Knie, aber wir fuhren schließlich los. Vorn im Lkw fanden wir zu dritt Platz, die anderen verteilten sich auf weitere Pkws und Motorräder. Einer meiner Freunde musste im Laderaum des Lkws mitfahren. Eine blöde Idee, wie sich bald herausstellte: Nachdem ich an einer Ampel stark bremsen musste, gab es einen Riesenschlag. Der Kopierer hatte sich gelöst und war gegen die Fahrerkabine gedonnert, dazwischen hatte es den unglücklichen Mitfahrer im Laderaum erwischt. Außer Schürfwunden an der Hüfte und an den Beinen hatte er glücklicherweise keine Verletzungen. Trotzdem fuhr ich den Rest der Strecke im Schritttempo.

Als wir am Haus meines Vaters ankamen, stellten wir schnell fest, dass der Kopierer schon aufgrund seiner Größe nicht in den Keller passte. Ein Kumpel schlug vor, das Ding einfach auf einen der zwei Parkplätze zu stellen, da mein Vater selten beide brauchte. Nachdem wir den Kopierer dort abgeladen hatten, versprach ich meinem Vater, das Gerät in ein paar Tagen wegzuschaffen. Um es vor Wind und Wetter zu schützen, breitete ich dann noch eine Lkw-Plane darüber aus.

Im Winter lag sogar Schnee darauf. Im Frühjahr bat mich mein Vater, den Kopierer endlich abzuholen. Ein Jahr später zog ich dann nach Berlin. Regelmäßig berichtete mir mein Vater am Telefon über den weiteren Verfall meines Schnäppchens. Mehr und mehr Roststellen bildeten sich am Gehäuse. Irgendwann kaufte er sich ein neues Auto und nutzte die Gelegenheit, mich zu fragen, ob ich schon über einen neuen Kopierer nachgedacht hätte – der alte käme nämlich sicher nicht mehr durch den TÜV. Schließlich bestellte mein Vater nach fünf Jahren, die der Kopierer auf seinem Parkplatz residiert hatte, einen Schrotthändler. Der zerlegte das Gerät zwei Tage lang vor Ort und transportierte die Teile anschließend ab. Die Entsorgung ließ er sich gut bezahlen, weil das meiste davon Sondermüll war.

Heutzutage wäre der Kopierer mit Sicherheit ein wertvolles Museumsstück. Ich denke, mein Vater hat damals einfach viel zu früh die Nerven verloren. R.S.

Das erste Mal Vater werden

Auf die Frage, was der schönste Moment meines bisherigen Lebens war, antworte ich normalerweise automatisch: «Die Geburt meiner Tochter.» In letzter Zeit bin ich etwas zurückhaltender. Nicht etwa, weil Laura mittlerweile Früchtchen-Bowle aus dem Hexenkessel der Pubertät trinkt, sondern weil ich bedaure, ein so wundervolles Ereignis nur ein Mal erlebt zu haben, und nicht mehr hören will, dass Charlie Chaplin mit fast dreiundsiebzig noch Vater wurde. Außerdem ist diese Erfahrung wirklich unbeschreiblich – alle Vergleiche mindern die Qualität des unmittelbaren Erlebens.

Dabei wäre ich fast zu spät gekommen. Meine Frau war mit einer Freundin ins Kino gegangen, ich hing im Studio rum. Plötzlich erschien auf meinem Handydisplay mit schrillem Signal die Nachricht «Es geht los!». Ich wusste, was zu tun war. Wir hatten alles zigmal durchgesprochen. Im Schlafzimmer stand eine Tasche mit allen notwendigen Utensilien, die ich mit ins Krankenhaus bringen sollte.

Laura war ein absolutes Wunschkind. Bisher war alles wie eine Routineoperation verlaufen. Zwei junge Menschen Mitte dreißig verlieben sich, und sie wird sofort schwanger. Drei Monate, nachdem sich die beiden kennengelernt haben, sind sie schon verheiratet und lesen sich in die Materie ein: Ernährungs-, Namens- und Erziehungsbücher, Wälzer über Schwangerschaftsvorbereitung. Das meiste davon erscheint den beiden wie Merkzettel für Deppen. Man beachte zum Beispiel beim Duschen des Babys: erst das Gesicht, dann den Popo. Dann allerdings sind immer noch Ohren und Füße übrig. Sie halten sich lieber an ihren Lieblingsvers des Dichters Khalil Gibran: «Eure Kinder sind nicht eure Kinder. Sie sind die Söhne und Töchter der Sehnsucht des Lebens nach sich selber.» Das sorgt für Respekt und gebührenden Abstand trotz inniger Nähe.

Die Hebamme hat kraft ihres Amtes schon eine ganze Hundertschaft von Zwergen in die Welt begleitet. Sie empfiehlt die Teilnahme an einem Entspannungskurs. Himmel sei Dank besteht die werdende Mutter darauf, allein dort aufzulaufen – der werdende Vater findet es eher lächerlich, im gleichen Rhythmus wie alle Versammelten atmen zu müssen. Dennoch zweifelt sie nicht an seiner Empathiefähigkeit.

Was beide am meisten fasziniert, ist die Unumkehrbarkeit des angestoßenen Prozesses. Das Kind wird kommen, so oder so. Auch wenn sie es immer noch nicht fassen können. So lange haben die beiden schon darüber nachgedacht, wie das Leben zu dritt wohl werden könnte oder sein sollte, und doch keine Antwort gefunden. Immerhin, alle Untersuchungen sagen voraus: Das Kind wird gesund sein. Am Badezimmerspiegel hängt das erste Ultraschallbild, das die Gliedmaßen eines Geckos und das Gesicht eines weiblichen Lichtwesens zeigt. Es wird ein schönes Kind werden. Wahrscheinlich das allerschönste überhaupt.

Nur eines trübt in den Augen des Vaters das Idyll der baldigen Elternschaft: das ständige Spargelessen. Immerzu kocht sie Spargel und wünscht sich nichts als Spargel, wenn er kocht. Erst spät enthüllt sie ihm ihr Geheimnis: Spargel wirke entwässernd. Er halte sie auch als Kugel schlank und reduziere den Abspeckvorgang nach der Geburt auf ein Minimum. Ihm selbst ist das Körpergewicht egal, sowohl ihres als auch seines. Er hat aus reiner Solidarität zugenommen. Erst spät wird er feststellen, dass sie ihr Gewicht weit schneller als er wieder loswird.

Ich brause über die Stadtautobahn und versuche, nicht darüber nachzudenken, wie alles werden wird. Inzwischen habe ich erfahren, dass Laura in der sogenannten Beckenendlage zur Welt kommen wird: Sie hat sich bis zuletzt nicht dazu durchgerungen, kopfüber in die Welt zu stürzen, und sitzt quasi in ihrer Unterwasserhöhle. Bis kurz vor der Entbindung, sagt die Hebamme, könne sich Lauras Lage noch verändern. Zur Not mache man eben einen Kaiserschnitt. Beim Grübeln stört mich immer wieder das Piepen der Autokonsole. Ich muss tanken.

Als ich die Tasche aus unserem Schlafzimmer hole, sehe ich einen kleinen Strampler, der obenauf liegt. Gerade groß genug für einen halben Meter Mensch. Noch heute kann ich nicht fassen, wie schutzlos wir auf die Welt kommen. Jedes Elefantenbaby rennt nach ein paar Minuten durch die Gegend, die Mutti hinterher. Nur für die volle Rüsselkontrolle braucht es noch zwei Jahre.

Zurück im Wagen, piept laut die Tankanzeige. Ich rechne nach: Die SMS ist fünfundzwanzig Minuten alt. Möglicherweise muss ich hinterher noch irgendetwas von zu Hause holen. Also besser jetzt tanken als später. Das letzte Mal tanken, bevor du Vater wirst, denke ich, während ich den Tankstutzen einstecke. Dann fällt mir auf, dass ich ja vielleicht schon Vater bin und das Kind nur noch nicht gesehen habe. Wie sie wohl aussehen wird? Klack. Tank voll. Zahlen.

Ich fahre beim Krankenhaus vor und stürme zur Rezeption. Es herrscht kaum Betrieb. Einen Freitagabend im Frühsommer kann ich zur Geburt nur empfehlen – wenn Sie das bei Ihrer Planung berücksichtigen möchten …

«Guten Abend, Wieprecht mein Name. Wo liegt denn meine Frau? Ich werde Vater!»

«Die Entbindungsstation ist die zwölf. Treppe hoch. Links. Sind Sie Herr Wieprecht?»

Vielleicht habe ich meinen Namen wieder zu schnell gesagt. Warum gewöhne ich mir nicht an, den Namen gleich zu buchstabieren? Selten wird er beim ersten Mal vestanden. Also noch mal: Wieprecht.

«Ja, warum?»

«Sie sollten sich beeilen!»

Ich renne die Treppe rauf und sehe wenig später auf dem Flur meine Frau. Sie ist bereits an den Wehenschreiber angeschlossen und rollt in Begleitung von Krankenschwester und Ärztin auf einer Liege an mir vorbei. «Die Wehen sind schon sehr weit!», ruft die Ärztin. «Aber zuerst müssen Sie noch das Formular am Empfang unterschreiben!»

Toll, da komm ich gerade her. Die Stimme der Ärztin signalisiert Alarmbereitschaft. Unterschreiben? Was denn? Dass ich hier bin? Meine Frau wird irgendwo hingeschoben, und ich soll noch einen Aufnahmeantrag ausfüllen? Mir schwant, dass wir gerade illegal Eltern werden könnten, renne wieder die Treppen runter und unterschreibe irgendwas. Vermutlich Versicherungskram. Bis heute weiß ich nicht genau, um was es ging. Haushaltsgeräte wurden in der Folge jedenfalls nicht geliefert.

Zurück auf der Station, sitze ich neben meiner Frau am Kopfende des Bettes, in einem für Krankenhausverhältnisse hübschen Zimmer. Sie könnte, wenn sie nicht solche

Schmerzen hätte, an der Wand auf eine Seenlandschaft bei aufgehender Sonne blicken. Allzu viel sehe ich von dem Aquarell allerdings selbst nicht: Das Glas ist nicht entspiegelt und zwingt mich dazu, das Ganze anders als geplant hautnah am Geschehen zu verfolgen (ein Freund hat mir gesteckt, dass man den weiblichen Schoß nur als Hort der Freude in Erinnerung behalten sollte).

Ich greife ihre Hand, und sie stöhnt, schreit und weint vor Schmerzen. Ich weine heimlich ein bisschen mit, weil ich so dankbar bin, dass ich die Geburt meiner Tochter miterleben darf. Gleichzeitig rede ich ihr mit Worten zu, die man genauso gut einem Athleten in der letzten Runde des Dreitausend-Meter-Hürdenlaufs zurufen könnte: «Du schaffst das! Bestimmt!» Aber was soll man anderes sagen? Schließlich ist man selbst ja auch da und irgendwann mal geboren worden. Der Wehenschreiber gibt ein kratzendes Rauschen von sich, mal leiser, mal lauter. «Da hört man», fällt mir dazu ein, «wie das Leben selbst anbrandet!» Niemand reagiert. Alle haben zu tun. Für den Hobbypoeten gibt es heute keine Ovationen.

Als eine der Schwestern kurz den Raum verlässt, sehe ich, dass das OP-Team draußen schon bereitsteht. Narkosegas in Flaschen. Jede fünfte Geburt erfolgt durch Kaiserschnitt. Das Drama ist zum Greifen nahe. Dann aber: Auftritt Laura.

Sie ist vom ersten Moment an makellos schön, weil sie mit ihrem Po und nicht mit ihrem Gesicht gegen den Druck des Geburtskanals angearbeitet hat. Dafür hat sie vom vielen Sitzen einen blauen Hintern. Von hier aus werden sich unsere Geschichten entwickeln. Erst rolle ich sie in ein Tuch, ungeübt und unbeholfen. Dann hält meine Frau unser Kind zum ersten Mal in den Armen. Das energetische Band, das die beiden verbindet, ist fast sichtbar. Wir beginnen sofort mit ihr zu sprechen: «Da bist du endlich!» Wir flüstern ihr alles Mögliche zu. Wie lieb wir sie haben. Wo sie jetzt ist. Wir wiederholen immer wieder ihren Namen und stiften damit ihre Identität.

Später erzählen wir ihr, dass sie schon im Mutterleib lesen wollte, und deshalb bis zum Schluss darin gesessen hat. Wir flunkern ihr vor, dass an den kleinen Plastikbäumchen aus den Überraschungseiern über Nacht Gummibärchen wachsen. Am liebsten aber hört sie die Geschichte, dass sie immer schon gern und viel Erdbeerkuchen gegessen hat. Überhaupt: wie früher alles war. Wir nennen sie Kleine Erbse, Ömmespömmes, Schnecke, Mon Chou und Flöhchen. Wir erzählen ihr so lange allen möglichen Kram, bis sie selbst damit anfängt, und hören dann berauscht zu. Wir lieben sie. So einfach ist das. Kein Wunder, dass wir uns vorher nicht vorstellen konnten, wie es ist, Eltern zu werden. Man muss es einfach selbst erleben. V.W.

Das erste Mal Nichtraucher

Wer nie geraucht hat, kann sich nicht vorstellen, wie es sich anfühlt, damit aufzuhören. Einfach deswegen, weil ihm die Suchterfahrung fehlt. Die Welt besteht eigentlich nicht aus Nichtrauchern und Rauchern, sondern aus Nichtrauchern, Rauchern und Ex-Rauchern. Nichtraucher zu sein ist leicht, Raucher zu werden auch. Die große Kunst besteht dagegen darin, Ex-Raucher zu werden. Und diese Leistung kann nur von Rauchern und Ex-Rauchern angemessen gewürdigt werden.

Ich hatte erst mit achtzehn Jahren angefangen zu rauchen,

in einem Alter, in dem viele schon wieder damit aufhören wollen. Mein eigener Plan sah vor, dass ich mit dreißig das letzte Mal am Glimmstängel ziehen würde. Dass Zigaretten nicht gesund sein können, ist für jeden Raucher, der morgens hustend und mit pelzigem Gefühl im Mund aufwacht, eine Erfahrungstatsache. Mit dreißig war das Rauchen trotzdem fast am schönsten, also verschob ich mein Vorhaben um weitere fünf Jahre.

Doch auch mit fünfunddreißig unternahm ich nur halbherzige Versuche. Meist scheiterten sie schon beim nächsten Kaffee. Wie sollte man den ohne Zigarette genießen können? Überhaupt breitete sich schon nach wenigen Stunden Entzug eine merkwürdige innere Unruhe aus. Ich hatte das Gefühl, dass mir etwas sehr Wichtiges für Körper und Geist fehlte, irgendein Stoff, der in der Lage war, dieses Unwohlsein zu beenden. Meist reichte es schon, zwei tiefe Züge zu nehmen, und eine Welle der Beruhigung wurde durch meinen Körper gespült.

Im Schnitt brauche es bis zu sieben Anläufe, um mit dem Rauchen aufzuhören, behaupten die meisten Ratgeber. Mir nahmen solche Informationen leider die Kraft durchzuhalten, denn das Scheitern schien ja offensichtlich die Regel zu sein. So stand ich mit neununddreißig Jahren vor einer traurigen Bilanz: Trotz einiger Versuche aufzuhören hatte ich seit dem achtzehnten Lebensjahr jeden Tag mindestens eine, meistens jedoch zwei Packungen Zigaretten geraucht. Selbst an Krankheitstagen mit Halsschmerzen oder sogar Erbrechen hatte ich Wege gefunden, Nikotin und Teer in meinen Körper zu pumpen.

Nun sollte damit endlich Schluss sein. Es war Silvester, und mein vierzigster Geburtstag funkelte bereits am Horizont des neuen Jahres, als ich mir wieder einmal vornahm, mit dem Rauchen aufzuhören. Psychologisch betrachtet war das natürlich wenig erfolgversprechend, da Vorsätze für das neue Jahr erfahrungsgemäß selten eingehalten werden. Umso demonstrativer drückte ich die letzte Zigarette aus, zerknüllte mit viel Pathos die Packung und verkündete lauthals den anwesenden Freunden und Bekannten: «Diesmal klappt's, es ist nur eine Frage der Haltung!» Und tatsächlich, ich ging ohne eine weitere Zigarette schlafen.

Als ich am nächsten Morgen erwachte, fühlte ich einen gewissen Stolz. Nicht zu rauchen war anscheinend doch leichter als gedacht. Allerdings stellte sich schon beim Frühstück das altbekannte Gefühl ein, dass mein Körper irgendetwas vermisste. Auch ein zweites Croissant konnte diesen schwer definierbaren Hunger nicht stillen. Der Kaffee machte alles noch schlimmer. Ich hatte Schwierigkeiten, mich zu konzentrieren. Immerhin hatte ich schon gut zehn Stunden keine Zigarette mehr geraucht. Das war schon dicht am Nichtraucher dran. Vielleicht, dachte ich, sollte ich es jetzt nicht übertreiben, mein Körper ist schließlich an das Nikotin gewöhnt. Ihn so abrupt auf Entzug zu setzen, könnte gefährlich sein.

Unschlüssig lief ich durch die Wohnung. Vorsorglich hatte ich keine Zigaretten mehr im Haus, nur lag leider noch eine alte Packung mit Mentholzigaretten in einer Küchenschublade. Mentholzigaretten schmeckten mir normalerweise nicht, ich rauchte sie eigentlich nur bei starken Halsschmerzen. Trotzdem zündete ich mir eine Kippe an, und natürlich half das sofort. Ein wohliger Nikotinfilm legte sich über meine Nerven. Der kurzen Entspannung folgte unendliche Frustration. Ich war ein weiteres Mal gescheitert. Entmutigt verließ ich die Wohnung, kaufte mir eine neue Schachtel und warf die Mentholkippen weg.

Wie hatten es andere nur geschafft, das Rauchen aufzugeben? Ein neuer Plan: 1. Ich nahm mir vor, es nicht zu übertreiben und mich darauf zu konzentrieren, erst mal nur vierundzwanzig Stunden nicht zu rauchen. 2. Ich wollte mich ablenken und mich bestenfalls in Situationen begeben, in denen ich nicht rauchen konnte: Sport, Kino etc.

Ich nahm kurz vor dem Schlafengehen den letzten Zug meiner hoffentlich letzten Zigarette, sparte mir aber diesmal jedes pathetische Verhalten. Am nächsten Morgen stand ich auf, quälte mich in alte, sehr eng anliegende Sportklamotten und verließ die Wohnung, um im Park laufen zu gehen. Bereits nach vierhundert Metern bekam ich keine Luft mehr. Ich ging noch zwei Runden und brachte so etwa einen Kilometer hinter mich. Danach fühlte ich mich schrecklich, hatte aber zumindest keine Lust auf eine Zigarette. Zu Hause duschte ich und machte Frühstück. Den Kaffee ersetzte ich durch Tee. Ich spürte wie die Male zuvor, dass etwas fehlte, aber da waren auch andere Gefühle: Schmerzen in den Beinen und Lust auf Koffein. Zusammen konnte ich das gut aushalten.

Zur Arbeit nahm ich Bonbons und Kaugummis mit. Ich hatte mich gegen Nikotinkaugummis entschieden, weil ich mindestens vierundzwanzig Stunden ohne Nikotin auskommen wollte. Immer wenn der Wunsch nach einer Zigarette aufkam, steckte ich mir einen Kaugummi oder einen Bonbon in den Mund. Schlimm war der erste Kaffee am Nachmittag. Das Koffein raste durch meine Venen, und ich konnte nicht anders, als mir eine Zigarette zu schnorren. Allerdings roch ich nur an ihr und steckte sie dann ein. Sie sollte die erste am nächsten Morgen sein. Der Tag, den ich vorher noch durchzustehen hatte, zog sich allerdings noch furchtbar in die Länge. Fast gebetsmühlenartig wiederholte ich in Gedanken: «Nur diesen einen Tag! Morgen rauche ich wieder, aber vierundzwanzig Stunden werde ich das ja wohl durchhalten!»

Mein Nichtrauchertag war grau und eintönig. Ich habe kein einziges Mal gelacht. Mir fehlten die Sprüche der Kollegen bei unseren gemeinsamen Zigarettenpausen. Wie traurig war doch das Leben ohne Kippen. Ich saß allein am Schreibtisch und lutschte öde Bonbons. Außerdem hatte ich ein ständiges Hungergefühl. Nach dem vierten Schokoriegel bekam ich Sodbrennen. Richtig konzentrieren konnte ich mich auch nicht. Trotzdem hielt ich eisern an meinem Ziel fest. Für den Abend war ich zum Kino verabredet. Vorher bereitete ich mir, noch als kleinen Snack, einen bayrischen Krustenbraten mit zwei Semmelknödeln zu. Die Rouladen mittags und die Batterie Schokoriegel am Nachmittag hatten meinen unbändigen Hunger nicht stillen können.

Im Kino war es einfach. Ich weiß nicht mehr, welcher Film lief, aber dass man im Saal nicht rauchen durfte, machte mir den Verzicht leichter. Schwierig war es dann wieder danach. Viele Besucher steckten sich sofort eine Zigarette an und machten sich rauchend auf den Nachhauseweg. Wie gern wäre ich einer von ihnen gewesen. Aber ich hatte es fast geschafft. Die Vorfreude auf die erste Zigarette am nächsten Tag gab mir die Kraft, auch diesmal nein zu sagen. Auf ein Bier kam ich nicht mehr mit – wäre ich mitgegangen, hätte ich mir den ganzen Tag sicher sparen können.

Es war noch nicht elf, als ich mich entschied, mich ins Bett zu legen. Ich war wirklich müde, und meine Beine schmerzten vom kläglichen Ertüchtigungsversuch am Morgen. Ich nahm noch ein paar Magentropfen, weil sich das Sodbrennen wieder bemerkbar machte, und ließ bei der Gelegenheit meinen Nichtrauchertag Revue passieren. Irgendwie hatte ich das Gefühl, auf der Arbeit nicht viel hinbekommen zu haben. Das stand auf der Soll-Liste. Auf der Haben-Liste stand dagegen: ein Tag ohne Zigarette! Allerdings war der noch nicht zu Ende. Wie oft hatte ich im Bett geraucht, vor dem Schlafengehen, mitten in der Nacht, weil ich aufgewacht war und nicht mehr schlafen konnte, oder nach anderen Bettaktivitäten? Doch ich drehte mich auf die Seite und schlief ein. Morgen früh, war mein letzter Gedanke, würde ich die geschnorrte Zigarette zum Kaffee rauchen.

Am nächsten Morgen wachte ich auf und freute mich. Ich hatte es wirklich geschafft: Zum ersten Mal in meinem Raucherleben hatte ich einen ganzen Tag lang nicht geraucht. Es ging also doch. Ich machte Kaffee und holte die Zigarette aus der Jackentasche. Der Kaffee roch irgendwie intensiver als sonst, die Zigarette auch, und mir fiel auf, dass meine Wohnung nach kaltem Zigaretterauch stank. Irgendwann werde ich ganz und gar aufhören, dachte ich, steckte die Zigarette in den Mund und zündete ein Streichholz an. Als ich das Feuer an die Zigarettenspitze führte, klingelte es – und zwar in meinem Kopf: Wie konnte ich nur so blöd sein! Da hatte ich es wirklich mal geschafft, vierundzwanzig Stunden nicht zu rauchen, und jetzt wollte ich einfach wie immer weitermachen? Würde ich es nicht vielleicht auch achtundvierzig Stunden aushalten oder sogar eine ganze Woche?

Ich habe die Zigarette nicht mehr angezündet. Und seitdem auch keine andere mehr. R.S.

Das erste Mal tauchen

In jungen Jahren lag ich oft im Hallenbad auf den graugrünen Bodenkacheln. Ich tauchte im Schwimmerbecken die 3,8 Meter bis auf den Grund hinunter, ließ alle Luft aus meiner Lunge, sorgte für Druckausgleich in den Ohren und machte es mir auf dem Rücken bequem. Durch meine beschlagene Taucherbrille besah ich die Schwimmer, die über mir vorbeizogen. Am besten gefiel mir die Beingrätsche der Damen beim Brustschwimmen. Manchmal sprangen Sportive vom Startblock, und ihre Körper tauchten schlagartig über mir auf wie Raumschiffe aus dem Hyperraum. Ich beobachtete aufmerksam, ob die Bikini-Oberteile der Springerinnen diesem Eintauchmanöver standhielten. Reine Empirie.

Ich stellte mir vor, wie toll es wäre, unter Wasser atmen zu können. Aus dem Fernsehen kannte ich kiemenlose Wesen, denen es besser ging als mir: Kapitän Ted King zum Beispiel, der in der Serie «The Great Barrier Reef» sämtliche australische Meerbusen umkurvte, oder der Mann mit der Mütze, Jacques Cousteau. Auch er hatte nur eine Geliebte: das Meer. Es gebar ihm ständig neue Wunder. Im Schwimmbecken reichte die Luft nur aus, um meine physischen Grenzen zu erfahren: den Moment, in dem der Einatmungsreflex unterdrückt werden muss.

Ich brauchte vierundzwanzig Jahre, um so viel Überschuss zu erwirtschaften, dass ich mir eine Tauchausbildung und die dafür notwendige Ausrüstung leisten konnte. Sechs Wochenenden lang büffelte ich Tauchphysik, Chemie und Theorie. Einmal pro Woche kroch ich in fünf Metern Tiefe am Boden des Springerbeckens herum und übte mit meinen Instrumenten, während ich eine Pressluftflasche auf meinem Rücken mit mir schleppte. Nicht ohne Stolz halte ich hier einmal fest, dass die Tauchausbildung damals noch harte Arbeit war. Von wegen einmal Mauritius und dann Open Water License in drei Tagen – wir haben das Tauchhandwerk noch von der Pike auf gelernt! Jawoll!

Weder gab es Tauchcomputer, noch hatten wir Jackets mit Inflator. Wir besaßen nur eine Rettungs- und Tarierweste, die einer Wärmflasche mit Halskrause glich. Irgendwie muss man den Körper ja davon abhalten, in die Tiefe gezogen zu werden. Also bläst man die Weste auf und erhöht damit den Auftrieb. Das nennt man Tarieren. Die blassrote Riesenhalswurst musste beim Abtauchen nach und nach aufgepumpt werden. Dafür musste man den Lungenautomat aus dem Mund nehmen und in die Weste «abatmen». Anschließend durfte man nicht vergessen, sich den Automaten mit dem vollgesabberten Mundstück wieder in die Schnute zu schieben. Um meinen Hals baumelte außerdem eine Tauchtabelle. Auf diesem postkartengroßen Stück Plastik sah man regelmäßig nach, wie lange man in der jeweiligen Tiefe bleiben konnte.

Tauchen anno 1987 bestand schon in der Vorbereitungsphase nur aus Zählen, Kontrollieren und Rechnen: Die Dauer des Tauchgangs las man an einer Uhr mit verstellbarem Zeitring ab, die maximale Tiefe am Stand eines Schleppzeigers, dann folgte ein Blick auf die Tabelle, wieder auf die Uhr, abatmen in die Weste. Die ersten Freiwassertauchgänge zu Übungszwecken vergingen rasend schnell, gesehen habe ich dabei vor allem die Zeiger meiner Instrumente. Fünf Meter unter der Wasseroberfläche waberte im Wannsee nur ein diffuses grünes Licht. Es gelang mir nicht, eine wissenschaftliche Sensation zu entdecken, eine seltene Planktonart zum Beispiel, die das Welthungerproblem für immer lösen könnte. Kurz darauf kam immerhin Spirulin auf den Markt, das aus Algen hergestellt wird.

Beim ständigen Aufblasen und Ablassen der Luft mit zahllosen Kontrollen und unbeholfenem Gezappel in einem sieben Millimeter dicken Ganzkörper-Kondom hatte man den Eindruck, man nähme an einer Mondexpedition mit Instrumenten teil, die Zweitklässler in der Schule gebastelt haben. Jedenfalls aus heutiger Sicht.

Die letzte Herausforderung vor dem Abschluss der Ausbildung war der Tauchgang im sogenannten Tauchturm, einer gut zehn Meter langen, auf dem Kopf stehenden Röhre. In die wird so viel Druck geblasen, dass die acht Meter Wasser, die man runtertaucht, drucktechnisch der Wegstrecke entsprechen, die man beispielsweise zwischen zweiunddreißig und vierzig Metern Tauchtiefe zurücklegen würde. Während man mit den Füßen im Wasser baumelnd darauf wartet, dass der maximale Druck aufgebaut wird, verändert sich erst einmal die Stimme. Micky Maus hat im Vergleich zu dem quäkenden Organ, das man bei hohem Luftdruck bekommt, einen beruhigenden Bariton. Das Atemgemisch aus dem Lungenautomaten fühlt sich aufgrund des enormen Drucks fast flüssig an, und es ist, als durchflute man seine Lunge mit einem wundersamen Elixier. Der Rest ist eher unspektakulär: Man aalt sich zu viert auf dem Boden der Röhre, sieht Blasen aufsteigen und vertraut darauf, dass der Mann an den Ventilen keinen Blödsinn macht. Das tat er in meinem Fall nicht. Anders als ich selbst während meines ersten Freiwassertauchgangs im offenen Meer.

Wer sich als Sporttaucher ins Reich der Fische aufmacht, tut das niemals allein. Ich war nach Sharm El Sheikh an der Südspitze der Sinaihalbinsel gereist – damals kaum größer als ein Fischerdorf – und brauchte also einen Tauchpartner. Den fand ich in Martin, einem Studienabbrecher aus Düsseldorf, knusperbraun, zerzaustes Haar, frisch gebackener Tauchlehrer und Herzensbrecher. Er stammte aus der Familie der Surf- und Skifahrer, die einen unverkennbaren Typus ausgebildet hat: eher kommunikativ als selbstgenügsam, eher lang- als kurzhaarig. Er trägt üblicherweise Freundschaftsbändchen, eine Vielzahl von Ketten und seit ewig und drei Tagen einen gleichnamigen Bart.

Die beiden Biologiestudentinnen, die mit uns an Bord waren, hatten ein Brettchen dabei, auf dem man unter Wasser schreiben konnte. Martin und ich interessierten uns eher für ihre Körpersprache, die man dank gut am Körper anliegender Bikinifetzen leicht verfolgen konnte. Ihre Nachricht an uns war eigentlich unschwer zu verstehen: «Danke, nein! Finger weg!» Die Supergockel I und II gaben trotzdem Vollgas. Wir führten eine Show auf, die zeigen sollte, wie sehr wir die Technik beherrschten. Wie nebenbei gingen wir noch einmal den Tauchgang durch: «Zwei Minuten auf maximaler Tiefe. Da unten ist ein interessanter Graben. Dann linksrum, den Hang hoch!» Ich hatte kaum zugehört und sagte nur: «Klar!» Die Damen legten derweil ihre Anzüge an. Wir halfen ihnen mit den Flaschen. Abgang der Ladys rückwärts über die Bordwand, Hände an der Maske. Dann waren wir dran.

Mein erster Freiwassertauchgang auf offener See. Die Nervosität, der enge Anzug, die Bleigewichte um die Hüfte, die Last der Geräte und die Hitze machten das Eintauchen zu einer echten Erlösung. Von der fetten, trägen Larve zum Schmetterling in weniger als einer Sekunde. Kühle Leichtigkeit. Wasser drang durch die Neoprenschicht und legte sich als feiner Film um den Körper, erst kühlend, später wärmend. Der erste Atemzug unter Wasser verschaffte tiefe Zuversicht.

Mit dem Kopf nach unten tauchten wir ab. Martin fragte mich in Zeichensprache, ob alles in Ordnung sei. Daumen und Zeigefinger zu einem Kreis, die drei anderen Finger hoch: Alles bestens! Dann fielen wir. Und fielen. Und fielen. Der Schleppzeiger meines Tiefenmessers erreichte fünfunddreißig Meter. Wir tauchten tiefer. Ich kam mit dem Tarieren kaum hinterher, aber Martin tauchte weiter, als sähen uns die Biologiestudentinnen dabei zu.

Vielleicht sollte ich erwähnen, dass Sporttaucher heute nur bis zu dreißig Meter tief in Neptuns Reich vordringen sollen. Damals lag diese Grenze noch bei vierzig Metern. Zahlreiche Unfälle haben die Sporttauchverbände dann eines Besseren belehrt. Ab zweiundvierzig Metern Tiefe begann ich mir also vorschriftsgemäß Sorgen zu machen. Vergeblich versuchte ich, Martin an der Spitze seiner Flossen zu fassen. Er stieß immer weiter in die Tiefe vor. Fünfundvierzig, achtundvierzig, fünfzig Meter. Zu sehen war da beinah nichts mehr. Ab vierzig Metern war alles tiefblau, das Grün wich zuletzt, Orange war schon bei fünfzehn Metern Tiefe nicht mehr wahrnehmbar. Und der Druck. Der Druck war … aufregend. Der ganze Körper wurde zusammengepresst, und alle Zellen arbeiteten dagegen an. Schöner als in Muttis Bauch.

Dreiundfünfzig Meter. Eine unvergessliche Zahl. Martin schwebte vor mir, beäugte seinen Tiefenmesser, griff nach meinem. Ich wusste zu diesem Zeitpunkt noch nicht, dass sein Schleppzeiger defekt war. Dreiundfünfzig Meter, tralalalala … Plötzlich war die Euphorie da, ganz unerwartet. Ich lag auf dem Rücken und drehte mich. Wofür brauchte ich diesen ganzen Ausrüstungsquatsch eigentlich? Alles überflüssiges Zeug. Meine mittlerweile auf Erbsengröße geschrumpfte Gehirnabteilung für vernunftgeleitetes Handeln sendete ein Signal: «Volker, das sind die Symptome des Tiefenrausches! Achtung, Lebensgefahr!» Mir war das egal. Ich glotzte einen silbrigen Fisch an. Der hatte auch keine Ausrüstung. Kann ich auch, dachte ich mir. Dummdidumm ... Dideldudeldö.

Ich trieb weiter auf dem Rücken und fragte mich, ob die Strahlen der Sonne mich noch treffen konnten. Und wie man wohl ohne Lungenautomat hier unten auskäme. Was sollte das blöde Gefuchtel mit dem Daumen? Auftauchen? Wieso Auftauchen, ist doch prima hier! Martin packte mich unter den Armen und zog mich mit. Wir stiegen langsam auf. Zehn Minuten waren vergangen. Die Euphorie blieb in dreiundfünfzig Metern Tiefe.

Von da an wurde es ein elend langweiliger Tauchgang. Den Rest der Zeit hingen wir erst in neun, dann in sechs und drei Metern Tiefe an der Ankerleine und atmeten Stickstoff ab. Eine Hand am Tau, trieb ich in der leichten Strömung, der Blick ging in die Tiefe. Dort unten war ich für einen Moment sehr, sehr glücklich gewesen. Nahezu überirdisch glücklich. So sollte es nie wieder werden. Ein Jahr später in Spanien fand ich heraus, dass der Rausch auch zu Panik und Depression führen kann. Schon in fünfunddreißig Metern Tiefe.*

Ich bin nie wieder so tief gekommen wie beim ersten Mal. Aber ich wünsche mir, dass der Tod immer dieses freundliche Gesicht bewahren wird und ich ihm einmal ebenso

* Nachdem ich diesen Text beendet hatte, erzählte ich die Geschichte meinem Freund Thomas. Der zuckte nicht mal mit dem Mundwinkel. «Ich war mal Beleuchter bei einer Unterwasser-Hai-Show. Meine damalige Freundin hat die Haie per Hand gefüttert. Meine größte Tiefe waren dreiundsiebzig Meter, und ich hatte über eintausendeinhundert Tauchgänge. Aber deine Geschichte ist natürlich auch ganz nett.»

euphorisch, wie ich dort unten war, begegnen werde. Ich war in dreiundfünfzig Metern Tiefe. Ich war dem Grund sehr nahe und hatte ihn doch noch nicht erreicht. V.W.

Das erste Mal im Drei-Sterne-Restaurant

Am Montag gab es Serbisches Reisfleisch aus der Maggi-Tüte, am Dienstag Mirácoli (Nudeln mit fertiger Tomatensoße aus der Tüte), am Mittwoch Pommes frites vom Imbiss, am Donnerstag Tiefkühlpizza, am Freitag Fischstäbchen und am Wochenende noch mal Fisch: das «Schlemmerfilet» von Iglo. Das war meine Kindheit. Meine Mutter konnte beziehungsweise wollte nicht kochen. Nur wenn meine Oma zu Besuch war und für uns Essen machte, gab es Selbstgekochtes wie Schweinebraten, Rouladen oder Kartoffelnudeln mit Apfelmus aus eigener Ernte. Das schmeckte dann deutlich besser als bei Mutti.

Trotz der guten Erfahrungen mit Omas Küche blieb ich auch in meiner Studentenzeit der schnellen preiswerten Ernährung treu. Ich kaufte beim Discounter, bei dem man die Lebensmittel noch selber aus dem Palettenkarton reißen musste und es anschließend aussah wie auf einer Müllhalde. Gern aß ich auch in Schnellimbissen: Currywurst, Döner, Schawarma und, wenn es mal vegetarisch sein sollte, Falafel. Als Raucher schmeckt man die Unterschiede sowieso kaum. Als ich dann mit dem Rauchen aufhörte, kam natürlich der große Hunger und mit ihm die Begeisterung für Lebensmittel in allen Farben, Formen und Strukturen. Auch die Zubereitung begann mich zu interessieren, ich kochte immer öfter selbst oder besuchte ambitionierte Restaurants. Dieser

Weg sollte mich konsequenterweise in meinen ersten Gourmet-Tempel führen.

Meine Freundin arbeitete in Südwestdeutschland, in einer Gegend, in der gutes Essen Tradition hat und die Restaurantszene über eine hohe Dichte an Michelin-Sternen verfügt. Ich wollte zum Besten der Besten, nach Baiersbronn, zum Chef de la Cuisine der Schwarzwaldstube, Harald Wohlfahrt. Als ich mal wieder bei meiner Freundin zu Besuch war, rief ich im Restaurant an, um einen Tisch für drei Tage später zu reservieren. «Tut mir leid, mein Herr», gab eine freundliche weibliche Stimme am Telefon Auskunft, «da haben wir leider keinen Tisch mehr frei.» Ich schlug einen Termin in der Woche darauf vor. «Tut mir leid, da ist auch nichts mehr frei», bekam ich zur Antwort. «Die Wochenenden sind das nächste halbe Jahr ausgebucht und werktags die nächsten drei Monate.» Mir war klar, dass es sündhaft teuer werden würde – dass das Restaurant aber so exklusiv und bereits über Monate ausgebucht war, überraschte mich. Jetzt wollte ich natürlich erst recht dort essen. Ich rief noch einmal an und ließ einen Tisch reservieren: vier Monate, drei Wochen und zwei Tage später, mittags und mitten in der Woche.

Bis es so weit war, sammelte ich alles über den Starkoch Harald Wohlfahrt, las Artikel in Feinschmeckerzeitschriften, informierte mich über Weine und kalkulierte schon mal die möglichen Kosten, die mit dem Besuch in Deutschlands Gourmet-Tempel Nummer eins wohl auf mich zukommen würden.

An unserem großen Tag fuhren wir bei blauem Himmel, Sonne und dreißig Grad durch den Schwarzwald und kamen um 12.30 Uhr am Zielort an. Dort standen fast ausnahmslos Autos der Luxusklasse: Porsche, Audi, Mercedes, Lexus,

BMW, vorzugsweise in der überdimensionierten SUV-Kategorie. Mein Peugeot sah daneben aus wie ein Zwerg im Land der Riesen. Das Restaurant gehörte zu einem Hotel und wirkte tatsächlich wie eine Schwarzwaldstube, sprengte dabei aber alle Dimensionen und Einrichtungsstile. Im Innern herrschte ein Arrangement aus «Gelsenkirchener Barock». An der Decke erdrückten das Auge rustikale Eichenbalken, die gigantische Ausmaße hatten, auf dem Boden lag ein Teppich, in den man tief einsank. Eine riesige Panoramascheibe eröffnete den Blick auf grüne Wiesen und Wälder. Während es draußen heiß war, regelte eine Klimaanlage die Temperatur im Gastraum auf kühle achtzehn Grad herunter.

Ein Kellner führte uns zu unserem Tisch. Nur zwei weitere Tische waren überhaupt besetzt. Von den Gesprächen der anderen Gäste war nichts zu hören, der Teppich schluckte offenbar alle Geräusche. Die Jacken behielten wir wegen der kühlen Temperatur an. Man brachte uns die Speisekarte, und wir entschieden uns relativ schnell für ein Fünf-Gänge-Menü.

Den Anfang machten wir mit einem Glas des hauseigenen Champagners. Ich versuchte, nicht auf die Preise zu sehen, registrierte aber doch, dass unser 0,1-l-Glas Champagner zwölf Euro kostete. Den Sommelier baten wir, uns ein Glas Wein für den Hauptgang zu empfehlen. Danach kamen zwei Kellner, die mit silbernen Zangen und großem Spektakel jeweils ein Brötchen in der Größe einer Streichholzschachtel auf unsere Teller platzierten. Als Brotfanatiker empfand ich das als Kampfansage. Dann kam das «Amuse-bouche»: ein gebratener Gänseleberwürfel, groß wie ein Zuckerstück, mit Gänseleberschaum. Der war sehr lecker, nur gab es leider auch in Kombination mit dem Minibrötchen wenig zu kauen. Die Kellner waren allerdings gut geschult. Kaum hatte ich mein Brötchen verdrückt, lief einer von ihnen los und transportierte ein weiteres quer durch das ganze Restaurant an unseren Tisch. Ich schlug ihm vor, gleich ein paar mehr mitzubringen, er aber versicherte, es mache ihm nichts aus, jedes Mal loszusprinten.

Der erste Gang wurde richtig zelebriert. Zwei Kellner brachten zwei bedeckte Teller und lupften gleichzeitig die silberne Abdeckung, während sie uns erklärten, was wir sahen: Tatar vom geräucherten Stör mit Kaviar, Kaiserschoten und eine Austern-Vinaigrette. Der intensive Geschmack von Meer, Salz und Fisch explodierte im Mund. Danach brauchte ich mindestens zwei Brötchen, um die Geschmacksnerven zu neutralisieren.

Auf den zweiten Gang mussten wir etwas warten. Mittlerweile war uns ganz schön kalt geworden. Ich zog meine Jacke aus, damit meine Freundin sie sich um die Beine wickeln konnte. Wir hofften, dass wir bald etwas Warmes zu essen bekommen würden. Der Hauptgang: Variationen vom Milchlamm, Knoblauchsoße und Fenchelkompott. Das Fleisch war raffiniert gewürzt und gebraten. Wirklich große Kochkunst! Dazu gab es einen sensationellen Rotwein aus Bordeaux. Er schmeckte nach dunklen Beeren und passte hervorragend zum Lamm.

Mittlerweile hatte sich das Restaurant etwas gefüllt. Vor uns saß ein russisches Pärchen, beide schätzungsweise Anfang zwanzig. Als Aperitif tranken die beiden gleich mal eine ganze Flasche Champagner. Hinter uns saß ein älterer Herr, der sich an den Kellner wandte: «Kann der Herr Wohlfahrt mir wieder eine Pfannküchlesuppe machen? Er macht sie so gut, wie meine Großmutter sie gemacht hat!» Bei der Gelegenheit dachte ich an die Rouladen meiner Großmutter, die hier sicher auch nicht durchgefallen wären.

Langsam merkte ich, was mir gefiel – und was nicht. Die Qualität des Essens faszinierte mich, auch der Wein und der Champagner waren exzellent. Die Kellner kannten sich aus, waren freundlich und gut zu Fuß. Die Kälte, das rustikale Ambiente und das ganze Klimbim gefielen mir dagegen nicht. Es gab hier zu viel Gelsenkirchener Barock, zu tiefen Teppichboden, zu viel Silber und Brokat, zu viel Show und leider nur viel zu wenige, zu kleine und zu weit entfernte Brötchen. Wir zitterten uns noch bis zur Nachspeise durch und stellten fest, dass offenbar auch den andern Gästen kalt war. Selbst die Russen froren: Die Frau hatte sich mittlerweile die Jacke des Mannes um die Schultern gewickelt. Die Rechnung kam, und ich zahlte dreihundertachtzig Euro. Immerhin war ich mir sicher, dass wir die Erkältung gratis dazubekamen.

Fast drei Stunden hatte mein erstes Mal im Drei-Sterne-Restaurant gedauert. Draußen wärmten wir uns bei dreißig Grad wieder auf, stiegen in unser Zwergenauto und fuhren los. Wir wollten noch ein wenig die Sonne genießen. Bloß nicht mehr frieren. R.S.

Die erste Midlife-Crisis

Nach Stunden und Tagen des Dauerverhörs bricht der Beschuldigte zusammen und gesteht endlich. Oft wird ihm ein Beweisfoto vorgelegt, das dann den Kollaps herbeiführt: Eine verräterische Furche ist zu erkennen, ein bislang nicht da gewesener Fleck oder ein anderes untrügliches Indiz. Die Tarnung fliegt auf. Da liegt er, der Täter, schuldig des Verbrechens, sich als Sterblicher unter die Götter mischen zu wollen und sich ins Arkanum der ewig Seligen vorgewagt zu haben.

Damit erreichen die Qualen des Alterns ihren unvermeidlichen ersten Höhepunkt: Gerade noch Jüngling oder Prinzessin, gesteht sich der nun doch schon lange erwachsene Mensch ein, dass seine Kräfte schwinden. Und zwar schneller als angenommen. Dieses Geständnis nimmt den körperlichen Malaisen letzten Endes nichts von ihrer Unerträglichkeit, es lindert aber die geistigen Qualen. Man weiß, woran man ist, und lernt, damit zu leben.

Doch bis dahin ist es ein weiter Weg, auf dem einem der böse und der gute Bulle arg zusetzen. Ständige Verhöre machen mürbe. «Wo hast du denn diesen Wanst her, Fettsack, häh?», will der böse Bulle wissen. Der gute Bulle macht sich die Nägel sauber und guckt mitleidig. «Er meint es nicht so. Aber recht hat er schon. Irgendeine Erklärung für das ganze Fett muss es doch geben. Vor zehn Jahren waren da nur Muskeln! Denk mal darüber nach ...»

Fluchtgedanken kommen auf: Selbst Luanda, die Hauptstadt von Angola, wird für einen Moment als Versteck in Erwägung gezogen, obwohl die Menschen in diesem Land auch heute noch eine durchschnittliche Lebenserwartung von unter vierzig Jahren haben. Schöner wäre natürlich ein vergnüglicher Lebensabend in der Karibik, aber da suchen sie einen immer zuerst. Also einfach mal wegrennen. Irgendwohin, Hauptsache, weit weg. Marathondistanz, unter vier Stunden, oder besser: noch schneller. «Hier geblieben, Fettsack!», tönt der böse Bulle. «Hör dir ruhig mal den ganzen Mist an, den du verzapft hast!» Er presst einen zurück in den Stuhl. Der gute Bulle bietet zum Trost eine Zigarette an. Wir sind schwach und nehmen an, obwohl wir damit längst aufgehört haben. Er blättert in den Akten und liest murmelnd die Stationen eines Lebens vor. Auch er ist unermüdlich auf der Suche nach Schwachstellen. Er wird schnell fündig.

Mich selbst traf es in finsterer Nacht, just am Vorabend meines vierzigsten Geburtstags. Ich verließ das Haus mit meiner Frau, der Babysitter winkte zum Abschied, wir fuhren mit der Taxe zur Philharmonie, und ich freute mich auf Rachmaninows Zweites Klavierkonzert. Die Passgenauigkeit, mit der sich mein Leben in die verbreitetste Vorstellung bürgerlichen Glücks fügte, hatte mir bisher tiefe Befriedigung verschafft. Alles da: Haus, Frau, Kind, Arbeit, Geld. Bravo! Sicher würde sich, dachte ich mir, das schöne Wohlbehagen dauerhaft einstellen, wenn es mir nur gelänge, all diese Umstände beständig nachzutunen. Hübsch steigerungsfähig bleiben! Luft nach oben gibt es immer.

Als die Streicher einsetzten, griff meine Frau nach meiner Hand. Unerwartet wertete ich das als schalen Versuch, die letzten, schweren Jahre vergessen zu machen. Die Stößel und Hämmer im Flügel bearbeiteten wie wild meinen Brustpanzer, der mehr und mehr Risse bekam. Herzschmerz. Anschließend, in einer gediegenen Cocktailbar, konnte ich die Tränen beim dritten Negroni nicht mehr halten. Inmitten der gefühlten Leere entstand ein Wirbelsturm aus Selbstmitleid, Sehnsucht und aufrechtem Bedauern. Gedichtverse kamen mir in den Kopf, die wie für mich gemacht waren: «Weh mir, wo nehm' ich, wenn / Es Winter ist, die Blumen, und wo den Sonnenschein, / Und Schatten der Erde? / Die Mauern stehn sprachlos und kalt, im Winde / Klirren die Fahnen.» Irgendetwas lief grundlegend falsch.

Die Midlife-Crisis ist keine Krankheit und auch kein spezifischer Zustand. Sie dürfen allerdings davon ausgehen, dass es sich um eine sehr reale, wenngleich luxuriöse Herausforderung handelt, die Bewohnern von Slums eher fremd ist (wer seinen Lebensraum nach Essbarem abscannt, hat keine Zeit für derlei Befindlichkeiten).

Der Begriff ist unscharf und bisweilen irreführend. Erfunden wurde er 1965 vom kanadischen Psychoanalytiker Elliott Jaques, populär wurde er 1974 durch den Bestseller «Passages» (dt. «In der Mitte des Lebens») der Autorin Gail Sheehy. Ein Schmöker, verfasst angelegentlich der schwer zu ignorierenden Parallelen im Verhalten mittelalter Männer: Die Herren hüpften bevorzugt mit jüngeren Damen ins Bett, ließen von einem Tag auf den anderen Gattin Gattin und Karriere Karriere sein. Alles blieb links liegen, nur der Schnaps nicht. Frau Sheehy erkannte, dass es sich dabei um eine Krise handeln musste. Ehefrauen und Arbeitgeber konnten da nur zustimmen. Abweichungen von der Norm sind im gesellschaftlichen Zusammenleben ja überhaupt ungern gesehen. Zudem fühlten sich auch die Jungs um die vierzig nicht mehr durchgängig bumsfidel: Jedes Wehwehchen wurde als Krebs im Endstadium, jede Stimmungsschwankung als Vorausahnung der Endzeit empfunden. Dagegen half nun wirklich nur Saufen.

Hinzu kamen später Psychotests, die auch nicht unbedingt zur Klärung des Sachverhalts beitrugen. Nicht wenige davon beinhalten zum Beispiel die krass differentialdiagnostische Frage «Sind Sie zwischen fünfunddreißig und fünfundvierzig?». Raten Sie mal, was passiert, wenn Sie «ja» ankreuzen. Später heißt es dann etwa: «Füllen Ihre Hobbys Sie nicht mehr aus?» Ich will mal so sagen: Was ist das für ein Leben, in dem einen Hobbys überhaupt ausfüllen?

Wie immer wollen auch in diesem Fall Internetforen zur Druckentlastung beitragen. Hier schreien Männer ihre über vierzig Jahre gereiften Einsichten in die Welt hinaus. «Weiterhin vermute ich, dass die Hormone (Kopuline und Pheromone) nicht genug verstanden und erforscht worden sind, denn diese steuern unser Sexualverhalten. Wir zwingen uns gar zu häufig zu Ehen, die nicht sein dürften.» So der etwas müde Versuch eines Mannes Mitte vierzig, einer Frau Ende vierzig zu erklären, warum ihr zuvor so treuer Gatte, Anfang vierzig, gerade mit ihrer wesentlich jüngeren Freundin, Anfang dreißig, in die Kiste steigt. Tenor: Lerne mit uns Testosteronmonstren zu leben.

Disneyland und die Pornoindustrie haben nach jahrzehntelanger Schleifarbeit tiefe Spuren bei beiden Geschlechtern hinterlassen. Geschlechtsspezifische Erwartungen wurden geschaffen, die stets und immer wieder aufs Neue auf Wiedervorlage kommen: Frauen leiden demütig in der unzerstörbaren Gewissheit, dass der Märchenprinz eines Tages schon kommen wird, solange sie es ihrem ungepflegten Alten nur übel genug nehmen, dass er mehr und mehr das Gegenteil dessen wird, was sie sich wünschen. Männer hoffen indes auf die ultimative Hure und suchen, anders als die Frauen, auch aktiv danach. Dennoch passiert nichts Weltbewegendes. Man sitzt in getrennten Wartesälen und erlebt, wie adipöses Gewebe sich vermehrt, das Testosteron schwindet und die Damen im Nebenraum sich wegen aufsteigender Hitzewellen Luft zufächeln. Wünschen kann man sich ja viel. Phantasieren auch. Aber die Realität sieht anders aus. Angst geht um.

Schon die Dreißigjährigen ahnen heutzutage nichts Gutes und flüchten sich in prophylaktische Heilsbeschwörungen. Man spricht sich Mut zu. Justin Timberlake zum Beispiel tönte mit nur dreißig Lenzen auf dem Buckel, als sei er der zweieiige Zwillingsbruder von Johannes Heesters: «Mein Leben war früher darauf ausgerichtet, etwas zu erreichen. Heute frage ich mich: Was bedeutet das, was ich erreicht habe?» Das habe ich mich schon in der ersten Klasse gefragt. Ich kam trotzdem nicht in die Schulzeitung.

Während die Jugendlichen uns Ältere also mit ihren umwerfenden Einsichten behelligen, sitzen wir still am Küchentisch und nicken, wenn sie zum ersten Mal mit der Unbill dieser Welt kämpfen, die uns schon erledigt, aber nicht erlöst hat. Wir können ihnen keinen Trost bieten. Immerhin leben wir noch. Vielleicht ist das tröstlich. Irgendwie geht es immer weiter.

Tiefer reicht die Einsicht allerdings selten. Da hilft uns auch das Magazin Focus nicht, das mit dem Testimonial für Schönheit im Alter aufmachte. George Clooney, am 6. Mai 2011 fünfzig Jahre alt geworden, bekennt dort: Ist die Krise überstanden, nimmt das allgemeine Wohlgefühl wieder zu. Sie dauert nur etwa zehn Jahre. Auch andere Menschen über vierzig schwärmen, wie schön ihr Leben im reifen Alter auf einmal geworden sei. Mehr Freiheit, weniger Druck, mehr Erfahrungen, weniger Leid, mehr Selbstsicherheit und weniger Rumgeeier. Na klar doch!

Wo auch immer Focus diese dürftigen Einsichten zusammengekratzt hat: Alle naselang beweisen uns die Gazetten das Gegenteil. Allein zu Weihnachten 2011 berichteten diverse Klatschblätter, dass Tom Cruise in eine tiefe Depression verfallen sei, weil er Falten in seinem Gesicht entdeckt habe. Der Arme. Sicher nur ein Einzelfall. Vanessa Paradis schmiss derweil nach dreizehn Jahren Johnny Depp aus der gewiss nicht bescheidenen Hütte. Er, der Achtundvierzigjährige, feiere und flirte zu viel. Frau Paradis forderte von ihm mehr Engagement für Beziehung und Familie. Die Nachrichtenagentur Associated Press zögerte nicht, diesen sensationellen Vorgang kurz und bündig zu bewerten: «Bislang galten Johnny und Vanessa als absolutes Traumpaar. Die Zeit wird zeigen, ob die beiden wieder zueinander finden.»

Die Zeit, pah! Da lachen ja die Hühner! Mittlerweise sind Depp und Cruise geschiedene Leute. Achten Sie mal darauf, wie alt ihre neuen Gespielinnen sein werden. Der gute und der böse Bulle reiben sich grinsend die Hände, die beiden kennen sich aus. «Die Zeit wird nur eins zeigen: dass beide letztlich allein sterben müssen. Bis dir dieses Schicksal blüht, Bürschchen, hast du Zeit, dich mit deiner Endlichkeit zu arrangieren! Hier, nimm dir 'ne Kippe, Fettwanst!»

So überwindet man am Ende also sein viriles Klimakterium: Man muss sich nur scheiden lassen, sich eine jüngere Freundin angeln, wie ein Hund unter der Trennung von den Kindern leiden, schließlich von der jüngeren Freundin wieder verlassen werden und dann erkennen, dass man auf einem Scherbenhaufen sitzt. Prost Mahlzeit. Im Leben aller großen Menschen hören die Kämpfe nie auf. Und sie beginnen auch nicht erst in der Mitte des Lebens. V.W.

Reife – Bis hierher danke!

Der erste Wohnungseinbruch

Ich war mir sicher, dass ich die Tür am Morgen abgeschlossen hatte. Als ich wieder nach Hause kam und den Schlüssel ins Schloss steckte, bemerkte ich allerdings, dass sie nur zugezogen war. Wahrscheinlich hatte ich morgens in der Hektik, links die Mülltüte, rechts meine Tasche, doch den einfachsten Weg gewählt und der Tür nur mit dem Knie einen Stoß gegeben.

Als ich dann in den Wohnungsflur trat, fragte ich mich, warum dort mitten auf dem Boden zwei zerknüllte Plastiktüten lagen. Es wurde immer wahrscheinlicher, dass ich die Wohnung am Morgen sehr gestresst verlassen hatte. Vermutlich hatte ich mal wieder zu wenig Hände für zu viele Dinge gehabt, und die beiden Tüten waren mir beim Versuch, sie aus der Ablage zu holen, runtergefallen. Das war für mich die plausibelste Erklärung. Oder sollte man annehmen, dass einem ungebetene Gäste zum Abschied zwei zerknüllte Plastiktüten im Flur hinterlassen? Sollte man wohl!

Der Blick ins erste Zimmer ließ mir für weitere Entlastungsspekulationen keinen Raum mehr. Ich konnte mir keinen Grund denken, warum ich morgens im Stress sämtliche Schreibtischschubladen rausgezogen und ihren Inhalt auf den Boden gekippt haben sollte. Es gab nur noch eine Erklärung: Bei mir war eingebrochen worden. Ich lief ins nächste Zimmer, und auch hier sah es aus wie in einer RTL2-Doku über Messies. Ich nahm das Telefon und wählte zum ersten Mal in meinem Leben die 110.

Gefasst berichtete ich, was passiert war. Ob der oder die Einbrecher noch in der Wohnung seien, wollte der Herr am anderen Ende der Leitung wissen. Das hätte ich natürlich auch gern gewusst. «Ich habe bisher niemanden gesehen», antwortete ich. Der Polizist gab sich damit zufrieden und versprach, jemanden vorbeizuschicken.

Meine Wohnung hat sechs Zimmer. Nur zwei hatte ich bisher betreten. Vielleicht saß in den restlichen vier Zimmern noch eine ganze Einbrechergroßfamilie, die sich gerade ins Fäustchen lachte, weil ich der Polizei vorschnell Entwarnung gegeben hatte. Vorsichtig öffnete ich die nächste Tür. Dahinter sah es aus wie in den beiden anderen Räumen. Verschiedenste Gegenstände lagen am Boden verstreut, von den Verursachern des Durcheinanders war nichts zu sehen. Das gleiche Bild in allen weiteren Zimmern. Ich war so fasziniert, an einem Schauplatz des Verbrechens zu sein, dass ich völlig vergaß, mich zu vergewissern, was überhaupt gestohlen worden war. Bei all der Unordnung wäre das allerdings auch nicht einfach gewesen.

Plötzlich klingelte das Telefon. Ein Kommissar teilte mir mit, dass es noch etwa eine Stunde dauern könne, bis er da sei. Es gäbe ja keinen Zeitdruck, die Einbrecher seien schließlich schon fort. «Was haben sie denn mitgenommen?», wollte er wissen. «Ich habe noch keinen Überblick», antwortete ich und überspielte damit mein Versäumnis. «Meistens», gab der Kommissar zu bedenken, «werden Notebooks, Uhren oder Schmuck geklaut.» – «Nicht bei mir, ich hab gar kein Notebook. Nur ein iPad!», entgegnete ich.

Nun gut, das iPad war dann allerdings trotzdem weg. Der Kommissar lag auch mit den Uhren und dem Schmuck richtig. Die Taschenuhr meines Großvaters, die Perlenkette der Großmutter: Der oder die Diebe hatten die wenigen wertvollen Dinge in meiner Wohnung gefunden. Als ich einen Moment zur Ruhe kam, spürte ich Wut in mir aufsteigen. Es ging mir gar nicht um den materiellen Wert, die Taschenuhr war mein wichtigstes Familienerbstück – nun war es in die Hände von Junkies oder Ganoven gefallen.

Langsam bedauerte ich, dass der Einbrecher bereits weg gewesen war, als ich in die Wohnung kam. Ich hätte ihn auf frischer Tat ertappen und dann alles ohne Polizei regeln können. Als Rächer seiner bisherigen Opfer hätte ich ihn gefesselt und verhört. Möglicherweise hätte ich behutsam Waterboarding eingesetzt, um ihn dazu zu bringen, alle seine Taten zu gestehen. Vielleicht wäre es mir gelungen, sein Diebesgut den Bestohlenen anonym zurückzugeben. Ihm selber hätte ich auch irgendetwas abgenommen, das einen großen ideellen Wert für ihn besitzt – wahrscheinlich seine große Glotze. Und ich hätte eine Botschaft für die gesamte kriminelle Unterwelt auf seine Stirn tätowiert: «Ich bin ein Vollpfosten.» Schließlich hätte ich, damit er nie wieder irgendwo einbrechen kann, eine Säge zur Hand genommen …

Meine Rachephantasien wurden vom Schellen der Tür unterbrochen. «Wenn ich den erwischt hätte!», begrüßte ich den Kommissar und seine Kollegin. Der Polizist sah mich an: «Erst mal guten Abend! Seien Sie froh, dass Sie nicht gekommen sind, als der oder die noch in Ihrer Wohnung waren, sonst wären Sie vielleicht niedergeschlagen worden. Jetzt wollen wir erst mal schauen, wie die reingekommen sind!» Auch darauf war ich bisher nicht gekommen. Gemeinsam begutachteten wir die Tür, und der Kommissar erklärte mir, wie anfällig Wohnungstüren seien, insbesondere wenn es sich, wie in meinem Fall, um Flügeltüren handle. Das Schloss und die Tür konnten leicht aufgebrochen werden, weil kein zusätzliches Stangenschloss den Türflügel schützte. «Aber selbst wenn Sie den schützen», meinte der Kommissar lakonisch, «treten die Ihnen hier unten einfach die Kassette der Tür ein und kriechen durch das Loch rein. Hab ich alles schon gesehen!»

Seine Assistentin versuchte in der Zwischenzeit, das große Chaos zu ordnen, um Spuren zu sichern. Dabei hatte sie Probleme zu unterscheiden, welche Unordnung von den Einbrechern verursacht worden war und welche von mir herrührte. «Die Bücher, hier auf dem Boden, liegen die da immer, oder waren das die Täter?», wollte sie wissen. «Die Bücher liegen auf dem Boden, weil im Regal kein Platz mehr ist», antwortete ich, ahnte aber sofort, dass meine gewohnte Unordnung aus Sicht der Polizistin wohl Verwahrlosungstendenzen bewies. «Die vielen Aktenordner auf dem Esstisch», fragte sie weiter, «haben die Einbrecher die da ausgebreitet?» Und ich musste kurz erläutern, dass man als Journalist nicht nur am Schreibtisch arbeitet. Gemeinsam mit der Polizistin kam ich schließlich zu dem Schluss, dass meine Sechszimmerwohnung für mich und meine Arbeitsutensilien langsam etwas zu klein geworden war. Vor allem, wenn jemand zusätzlich noch ein paar Dinge auf dem Boden verteilt.

«Die hatten es nicht leicht bei Ihnen!», schloss die Polizistin mit leicht vorwurfsvollem Unterton. «Bis sie hier was Wertvolles gefunden haben, mussten die einiges durchwühlen.» War das jetzt eine Anerkennung für die Hartnäckigkeit der Einbrecher oder gar ein Kompliment für mich, weil ich die Wertgegenstände so geschickt in meinem Wust versteckt hatte? Ich wusste es nicht. Allerdings sah ich meine Wohnung zum ersten Mal mit den Augen der Einbrecher. Da sind sie endlich drin und finden dann erst mal nur Bücherstapel, Papierstöße und in den Schubladen noch mehr Papier. Es mussten wirklich Profis gewesen sein, denn sie hatten die wenigen wertvollen Dinge schließlich entdeckt und mitgenommen.

So gegen zwei Uhr morgens brach dann auch das Ermittlerduo auf. Nun war ich allein in meiner verwüsteten Wohnung, die randvoll mit Dingen war, die anscheinend keinen großen materiellen Wert besaßen. Das hatte mir jetzt eine unbestechliche Instanz – der oder die Einbrecher – direkt und mit erschreckender Ehrlichkeit bestätigt. Am nächsten Morgen brachte ich mehrere Tüten altes Papier, das friedlich in meinen Schubladen geschlummert hatte, zum Altpapiercontainer. Danach konnte ich das nicht ganz so alte Papier, das bisher außerhalb der Schubladen herumgelegen hatte, in diesen verstauen – und die Wohnung sah aus wie neu.

Dann kam der Schlosser, ein netter Pole, der meine Wohnungstür reparierte und mir erzählte, dass in seiner Branche derzeit Hochkonjunktur herrsche. Natürlich finde er Einbrüche schlimm, indirekt aber profitiere er davon, ähnlich wie ein Bestatter vom Tod. Gestorben und geklaut werde immer, gerade wenn die Zeiten schlecht sind.

Mittags rief mich der Kommissar an und fragte mitfühlend, ob ich hätte schlafen können. «Viele Opfer, vor allem Frauen, tun sich schwer in ihrer Wohnung, nachdem jemand Fremdes alles angefasst und durchwühlt hat.» Ich konnte ihn beruhigen und sagte, dass es mir vollkommen egal wäre, wenn jemand in meiner Abwesenheit in der Wohnung herumturnen würde, solange er nichts mitgehen lasse. Der Gedanke, dass ein Fußfetischist Freude an meinen Socken gefunden haben könnte, machte mir weniger Sorgen als der Verbleib meiner goldenen Taschenuhr und der Perlenkette. Allerdings machte mir der Kommissar nicht viel Hoffnung. «Sehen Sie es doch mal so: Statistisch gesehen wird man einmal im Leben Opfer eines Einbruchs. Den haben Sie jetzt hinter sich!» Damit wollte er mir wohl zum Abschluss noch etwas Tröstliches sagen. Ich verabschiedete mich und dachte mir, dass man statistisch gesehen wahrscheinlich auch nur einmal im Leben so jämmerlich von der Polizei getröstet wird.

Meine Hausratsversicherung verlangte Fotos von der Perlenkette und der Taschenuhr, um den Schaden berechnen zu können. Da ich keine Fotos besaß, behauptete ich einfach, die Fotos hätten neben der Uhr und der Kette gelegen und wären ebenfalls gestohlen worden. Schließlich musste ich beide Gegenstände zeichnen. Nach zwei Monaten schickte mir die Versicherung einen Scheck. Die Taschenuhr und die Perlenkette wurden durch einen Sachverständigen mit jeweils dreihundert Euro bewertet, wahrscheinlich ein Bruchteil ihres tatsächlichen Werts.

Die Polizei hat sich seitdem nicht mehr gemeldet. Meine Wohnung ist inzwischen wieder aufgeräumt. Eigentlich wird es Zeit für eine polizeistatistische Ausnahme, einen neuen, einen zweiten Einbruch. Ich habe auch schon eine Einladung für die uneingeladenen Gäste geschrieben: «Willkommen, liebe Einbrecher! Leider ist nichts Wertvolles mehr da, aber in meinen Socken dürft ihr gern rumwühlen. Ich habe sie alle selbst getragen und noch nie gewaschen.» R.S.

Das erste Mal verarscht

Als kleines Kind hat man Eltern oder zumindest einen großen Bruder, der eingreift, wenn die Welt sich gegen einen verschworen hat. Der Hund, der beißen will, bekommt einen Tritt, und die Nachbarsjungen, die einem beim Spielen die

Sachen kaputt machen, kriegen Ärger. Als volljähriges Mitglied unserer Gesellschaft heißt der große Bruder «Justiz». Sie soll diejenigen verteidigen, denen Unrecht geschieht – was leider nicht immer klappt.

In der Straße, in der ich wohnte, waren Parkplätze Mangelware. Eines Abends hatte irgendjemand großflächig mobile Halteverbotsschilder aufgestellt, die aber, wie offenbar nur ich bemerkte, erst eine Woche später gelten sollten. Ich konnte mein Glück kaum fassen und parkte den Wagen direkt neben einem der Schilder.

Nachts blitzte, donnerte und hagelte es. Immer wieder schepperten die Fensterscheiben unseres Hauses. Ein richtiges Unwetter tobte in der Stadt. Am nächsten Morgen konnte ich die Bescherung sehen. Es lagen große abgebrochene Äste auf der Straße, und es kam noch schlimmer: Als ich zu meinem Auto kam, sah ich, dass die Motorhaube und der rechte Kotflügel eingedrückt waren. Eines der mobilen Halteverbotsschilder lag quer auf der Motorhaube. Der nächtliche Sturm musste es aus dem Ständer gerissen haben.

Ich ließ das Schild auf dem Wagen liegen, rief die Polizei an und beschrieb dem Revierbeamten den Sachverhalt. Die Antwort war überraschend: «Wegen einer kleinen Sachbeschädigung kommen wir nicht vorbei», meinte der Herr am Telefon. «Die meisten Schilder haben auf der Rückseite Aufkleber mit dem Namen des Aufstellers. Bei dem können Sie anrufen und Ihre Forderungen vortragen. Da ist kein polizeiliches Eingreifen notwendig!» Ernüchtert ging ich zurück zum Auto und untersuchte das Halteverbotsschild. Tatsächlich befand sich auf der Rückseite ein Aufkleber der lokalen Wasserbetriebe, auf dem sogar eine Telefonnummer stand. Sicherheitshalber sah ich mir auch die anderen aufgestellten Schilder an. Alle hatten den gleichen Aufkleber.

Ich notierte mir die Nummer und rief sofort an. «Guten Morgen. Sie haben in meiner Straße Halteverbotsschilder aufgestellt. Heute Nacht gab es einen schweren Sturm, der hat eines der Schilder umgeworfen, das dann mein Auto schwer beschädigt hat. Was muss ich tun, um Schadensersatz zu bekommen?» – «Was für ein Sturm soll denn heute Nacht gewesen sein? Das war doch ein ganz normales Gewitter!», belehrte mich der Mitarbeiter der Wasserbetriebe. «Unsere mobilen Schilder sind so befestigt, dass sie bei ein bisschen Wind nicht umfallen.» Jetzt wurde ich doch etwas verärgert. Immerhin lag das Schild ja noch auf meinem Auto. «Hören Sie, ich kann ein Foto davon machen. Und der Wetterdienst wird wohl bestätigen können, dass es schwer gestürmt hat. Muss ich erst einen Sachverständigen beauftragen, der Ihnen mitteilt, bei welcher Windgeschwindigkeit Ihre mobilen Schilder umfallen?» Die Wasserbetriebsstimme wurde jetzt deutlich freundlicher: «Schicken Sie uns das Foto, gern auch eine Sturmbestätigung des Wetterdienstes und natürlich einen Kostenvoranschlag zur Reparatur Ihres Autos.» Beruhigt notierte ich die Adresse und legte auf.

Ich ging wieder nach draußen und fotografierte den Schaden. Danach rief ich beim Deutschen Wetterdienst an. Dort wurde mein Anliegen eher als Problem wahrgenommen: «Wir können Ihnen doch nicht bescheinigen, dass heute Nacht aufgrund des Gewitters ein Halteverbotsschild auf Ihr Auto gefallen ist!», erklärte mir die Frau vom Wetterdienst. «Das will ich doch auch gar nicht! Ich brauche nur eine Bescheinigung, die bestätigt, dass es heute Nacht zu Windspitzengeschwindigkeiten gekommen ist, bei denen ein mobiles Straßenschild auf ein Auto hätte stürzen können.» Irgendwie ahnte ich, dass mein Anliegen schwer nachvollziehbar war. Ich hoffte trotzdem, dass man mir eine entsprechende Bescheinigung ausstellen würde.

Anschließend machte ich mich auf zur Autowerkstatt, um den Schaden begutachten zu lassen. Da mein Auto ein älteres Semester war, wollte ich Motorhaube und Kotflügel nur ausbeulen und neu lackieren, aber nicht ganz auswechseln lassen. Der Mechaniker schätzte den Schaden auf circa zweitausend Euro und versprach, mir einen Kostenvoranschlag zu schicken.

Am nächsten Tag las ich in der Zeitung, welche Schäden der Gewittersturm angerichtet hatte. Bäume waren entwurzelt, Dächer beschädigt worden. Viele Autos hatten Schäden durch herabfallende Äste erlitten. Allerdings las ich nichts von Autos, die durch umgefallene Verkehrsschilder beschädigt worden waren. Trotzdem schnitt ich den Zeitungsartikel aus – als Alternative, falls ich keine Bescheinigung vom Deutschen Wetterdienst bekommen würde.

Wiederum einen Tag später passierten wunderliche Dinge: Ein Lkw und mehrere Arbeiter tauchten auf und sammelten die Halteverbotsschilder, die ja eigentlich erst in der folgenden Woche gelten sollten, wieder ein. Vielleicht, dachte ich, will man nicht riskieren, dass bei weiteren Unwettern noch mehr Autos beschädigt werden. Instinktiv aber spürte ich wohl schon, dass dies wahrscheinlich nicht der Grund war.

Eine Woche lang passierte nichts. Dann kam zumindest der Kostenvoranschlag der Werkstatt. Der Wetterdienst ließ nicht von sich hören. Ich hatte begonnen, die Unterlagen für die Wasserbetriebe zusammenzustellen: Dem Foto, dem Kostenvoranschlag und dem Zeitungsartikel legte ich ein Anschreiben bei, in dem ich den Sachverhalt erklärte und mit Bezug auf das Telefonat meine Ansprüche anmeldete. Ich fühlte mich im Recht und befand meine Beweise für vollkommen ausreichend. Aber naturlich war ich gespannt, ob sich die Wasserbetriebe so schnell geschlagen geben würden.

Zwei Wochen später kam die Antwort. Sie war knapp und eindeutig: «Sehr geehrter … müssen wir Ihnen leider mitteilen, dass in der … straße zum angegebenen Zeitpunkt von uns oder in unserem Auftrag keine Schilder aufgestellt wurden … eine Regulierung des Schadens lehnen wir daher ab.» Ungläubig legte ich das Schreiben beiseite. Die glaubten also wirklich, sie könnten sich aus der Nummer herauslavieren. Dabei war das ein hundert Prozent sicherer Fall, jeder Anwalt würde mich mit Kusshand nehmen. Sofort stürzte ich zum Telefon und rief einen an. Ich hatte zwar keine Rechtsschutzversicherung, aber so was brauchen ja eh nur Verlierer. Diesen Fall konnte nicht mal ein Anfänger in den Sand setzen: Da waren die Schilder, das Foto und der Sturm. Alles war hieb- und stichfest.

Schon am nächsten Tag hatte ich einen Termin bei meinem juristischen Rächer. Er war zwar nicht ganz so optimistisch wie ich, aber zumindest bereit, den Fall zu übernehmen, und wusste auch gleich Rat. Ich sollte noch mal mit der Polizei sprechen. Angeblich hatten die eine Liste, in der alle mobilen Schilder verzeichnet werden. Er empfahl mir, eine Kopie zu besorgen, um damit den Beweis zu erbringen, dass die Wasserbetriebe Schilder in meiner Straße aufgestellt hatten.

Die Auskunft der Polizei machte mich allerdings vollkommen ratlos: Angeblich standen tatsächlich keine Schilder der Wasserbetriebe in meiner Straße. Zwar gab der Polizist zu bedenken, dass nicht alle Betriebe ihre Schilder anmelden, trotzdem gefiel mir die Antwort gar nicht. Schließlich hatte ich am Tag nach dem Sturm mit der Polizei telefoniert. Wenn einer der Kollegen vorbeigekommen wäre, hätte er die Schilder sehen können. Sicher wäre es wenig sinnvoll gewesen, nun auch noch die Polizei zu verklagen, obwohl ich Lust dazu gehabt hätte. Gott sei Dank hatte ich zumindest noch das Foto, das bewies, dass es Schilder der Wasserbetriebe gewesen waren. Mein Anwalt war von den neuesten Entwicklungen wenig erfreut und sprach besorgt von einem unklaren Ausgang vor Gericht. Das hielt ich für sehr pessimistisch. Ich wollte den Prozess auf jeden Fall, also reichte mein Rechtsanwalt die Klage ein.

Ein paar Monate später war es so weit. Da mein Anwalt meinte, mein Erscheinen vor Gericht sei nicht notwendig, blieb ich dem Prozess fern. Das Gericht habe alle Fakten und werde nach Aktenlage entscheiden, beruhigte er mich. Den ganzen Verhandlungstag über war ich nervös. Immerhin ging es um viel Geld und vor allem um Gerechtigkeit.

Am späten Nachmittag bekam ich den lang ersehnten Anruf. Es war kaum zu glauben: Ich hatte den Prozess verloren. Die Wasserbetriebe gaben an, dass ihnen jedes Jahr Hunderte von Schildern samt Aufkleber gestohlen würden. Die Schilder in meiner Straße seien vermutlich ebenfalls gestohlen worden, da sich in den Unterlagen der Polizei und der Wasserbetriebe keine Belege für das Aufstellen dieser Schilder fanden. Damit waren meine Beweismittel hinfällig geworden. Zusätzlich zum Schaden am Auto musste ich nun auch noch die Gerichtskosten zahlen, zusammengenommen etwa weitere zweitausend Euro.

Wäre mir die Sache als Kind passiert, hätte mein Vater den Wasserbetrieben einfach das Wasser abgestellt – und zwar für lange Zeit. Die Justiz dagegen ist eben nicht immer der große Bruder der Unrecht Leidenden. Hätte mich an diesem Tag die RAF angeworben, ich hätte mich angeschlossen … R.S.

Das erste Mal radioaktiv

Beim Schlucken hatte ich leichte Schmerzen, manchmal tränten die Augen, ich schlief schlecht, und schon bei geringer Anstrengung raste mein Puls, und ich schwitzte stark. Irgendetwas stimmte nicht. Ich hatte vor einem halben Jahr mit dem Rauchen aufgehört, neige aber zu Hypochondrie und attestierte mir wegen langjährigen Rauchens und häufigen Sodbrennens ein Speiseröhrenkarzinom. Nur weil man Hypochonder ist, heißt das ja noch lange nicht, dass man eigentlich gesund ist.

Ich nahm meinen ganzen Mut zusammen und ging zu einem HNO-Arzt. Der untersuchte mich lange, konnte aber den Tumor nicht finden. Er hielt mich für gesund. Trotzdem riet er mir, einen Allgemeinmediziner aufzusuchen, was ich dann auch tat. Der zweite Arzt wusste schon Bescheid, kaum dass ich das Sprechzimmer betreten hatte: «Bevor Sie mir sagen, wo Ihre Beschwerden liegen, behaupte ich, dass es die Schilddrüse ist!» Er begründete seinen sofortigen Verdacht mit dem Erscheinungsbild meiner Augen. Die waren tatsächlich relativ weit hervorgetreten. Ich sah ein bisschen aus wie der Bruder von Bart Simpson oder ein Verwandter des Komikers Marty Feldman. Ja, ich hatte zwei Tischtennisbälle als Augäpfel.

«Morbus Basedow» lautete die Diagnose, hervorgerufen durch eine Schilddrüsenüberfunktion. Die Symptome: nervöse Unruhe, zu hoher Puls, Schlafbeschwerden etc. Die Schluckbeschwerden kamen von der Vergrößerung der Schilddrüse. Immerhin hatte deren Überfunktion auch einen Vorteil: Ich hatte abgenommen. Der Körper geht an seine Reserven, wenn der Organismus auf Dauer im Überlastbereich läuft. Der Arzt ließ meine Schilddrüsenwerte bestimmen, beauftragte ein Szintigramm und verschrieb mir das Medikament Thiamazol, das die Überfunktion regulieren sollte.

Die Therapie verlief folgendermaßen: Man brachte den Patienten mit dem Medikament in den normalen Wertebereich und setzte dann die Pille ab. In fünfzig Prozent der Fälle hatte die Therapie Erfolg, und die Werte kehrten in den Normalbereich zurück. Bei den anderen fünfzig Prozent kam es zum Rückfall in die Überfunktion. So wie bei mir. Es blieb also nur eins: Die Schilddrüse musste weg. Nun konnte man seine Schilddrüse damals auf zwei Arten loswerden. Entweder man ließ sie sich in einer OP herausschneiden, oder man brachte sie unter der Bestrahlung durch radioaktives Jod dazu, sich in ihre Bestandteile aufzulösen. Bei der zweiten Methode schluckte man einfach eine Pille, der Rest passierte quasi von allein.

Ein echter Hypochonder will natürlich jede OP vermeiden, denn er kennt die Risiken. Schon eine falsche Anästhesie lässt dich für immer ruhen, ein falscher Schnitt des Chirurgen, und du bist zwar deine Schilddrüse los, kannst aber vielleicht auch nie wieder sprechen. Und nicht zu vergessen: Wer versicherte mir, dass sie in der Verwaltung keinen Mist bauten, nicht zufällig die Krankenakte verwechselten und mir einen künstlichen Darmausgang legten? Die radioaktive Pille zu schlucken und gesund nach Hause zu gehen, erschien mir da erheblich angenehmer und sicherer. Natürlich waren auch die Strahlungsrisiken nicht zu unterschätzen, aber hier ging es ja nicht um die Frage nach Kernkraft oder regenerativer Energie, sondern lediglich um etwas Alpha-, Beta- oder Gammastrahlung, die nicht weh tut, nicht riecht und nach nichts schmeckt.

In Holland konnte man das radioaktive Jod in der Praxis des behandelnden Arztes schlucken und dann nach Hause gehen. In Deutschland waren die Sicherheitsvorkehrungen etwas strenger: Hier musste man stationär ins Krankenhaus, um in einer Extra-Abteilung die Pille einzunehmen. Nach ein paar Tagen, wenn die Strahlung so weit abgenommen hat, dass vom Patienten kein Kontaminationsrisiko für seine Umgebung mehr ausgeht, durfte man wieder nach Hause. So wollte ich es haben.

Die Station, die mich aufnahm, lag im Souterrain. Vorab wurden noch ein paar Untersuchungen durchgeführt, dann checkte ich ein. Ich musste alle persönlichen Dinge abgeben, auch meine Kleidung. Die Ärzte, Krankenschwestern und Putzfrauen, die hier freiwillig arbeiteten, trugen Strahlungsmesser, deren Werte täglich überprüft wurden. Sie waren ausnahmslos älter als ich und hatten vermutlich ihre Familienplanung bereits abgeschlossen. Tägliche Strahlenbelastung kann unfruchtbar machen oder das Erbgut verändern und zu Missbildungen führen. Anders als in einem Kernkraftwerk waren es hier aber keine Brennstäbe, die diese Strahlung abgaben, sondern die Patienten.

Eine Schwester brachte mich auf mein Einzelzimmer. Das war kein Privatpatientenluxus, sondern notwendig, damit ich nicht zusätzlich der Strahlung der anderen Kranken ausgesetzt war. Das Zimmer hatte Bleiplatten im Mauerwerk, das Fenster direkt unter der Zimmerdecke war speziell bleiverglast und natürlich verschlossen. Die Schwester erklärte mir, dass draußen Strahlungsmesser montiert seien. Würde man das Fenster irgendwie öffnen, gäbe es automatisch Katastrophenalarm. Das Badezimmer wirkte normal, allerdings mussten sämtliche Abflüsse in einem Sondermüllbecken gesammelt werden. Denn natürlich waren auch die Ausscheidungen der Patienten radioaktiv. Mein Anzug war ein Zellulose-Einwegschlüpfer, der starke Ähnlichkeit mit einer Windel aufwies und natürlich ebenfalls zum täglichen Sondermüll gehörte.

Nach all den Erklärungen erhielt ich noch eine Einweisung zum Schutz des Personals. Die Schwester erklärte mir, dass sich in meinem Zimmer eine Klingel befand. Würde jemand schellen, sollte ich mich in die hinterste Ecke des Zimmers kauern und in dieser Stellung verharren. Nur so sei der notwendige Sicherheitsabstand von drei Metern zu den ins Zimmer tretenden Beschäftigten garantiert – etwa so weit reiche die Strahlung. Sollte ich ins Untersuchungszimmer geführt werden, hätte ich auch im Flur immer auf ausreichenden Abstand zu Arzt oder Pflegepersonal zu achten.

Die Krankenschwester forderte mich noch auf, meinen Patientenanzug anzulegen, dann ließ sie mich in meinem neuen Refugium allein. Ich ging ins Badezimmer und zog eine der schicken Zellulose-Einwegunterhosen an. Meine letzten persönlichen Kleidungsstücke übergab ich einem Plastiksack. Dann legte ich mich aufs Bett und wartete, was passieren würde. Nachdem ich eine halbe Stunde an die Zimmerdecke gestarrt hatte, war immer noch nichts passiert. Ich schaltete den Fernseher ein, im gleichen Moment klingelte es.

Die Tür ging auf, und sofort fuhr mich die Krankenschwester an: «Ich habe Ihnen doch gesagt, Sie sollen schon beim Klingeln nach hinten in die Ecke gehen! Bitte tun Sie das jetzt!» Ich antwortete auf dem Bett liegend, dass ich die Pille noch nicht eingeworfen hätte und damit noch ungefährlich sei. Darauf die Schwester: «Das spielt keine Rolle, Sie müssen sich ganz schnell daran gewöhnen, es geht schließlich um unsere Sicherheit!» Schuldbewusst sprang ich auf und lief in meine Ecke. «Gut. Folgen Sie mir, aber bitte mit drei Metern Abstand.»

Wir gingen durch den fensterlosen Flur ins Behandlungszimmer. Dort saß ein Arzt, der mir die letzten Instruktionen erteilte. Das radioaktive Jod lagert sich in der Schilddrüse an, aber nicht alles wird dorthin transportiert. Daher ist es wichtig, viel zu trinken. Nur so lässt sich verhindern, dass die Speicheldrüsen geschädigt werden. «Drei Liter Wasser sind das Minimum in den ersten zwölf Stunden», sagte der Doktor. Ich nahm mir vor, mindestens sechs Liter zu schaffen. Hitze oder körperliche Anstrengungen gelte es in jedem Fall zu vermeiden, da mein Schweiß radioaktiv sei. Mit meinem Urin solle ich ebenfalls nicht in Berührung kommen, auch dieser sondere Strahlung ab. Die Menge des radioaktiven Jods werde nach den Patientendaten genau berechnet: «Wir nehmen aber immer lieber etwas zu viel. Schließlich müssen wir verhindern, dass wir zu wenig von der Schilddrüse kaputt machen.» Ich unterschrieb noch ein paar Formulare, unter anderem, dass ich zustimmte hierzubleiben, beziehungsweise verstanden hatte, dass das Verlassen des Geländes ohne die Zustimmung der Ärzte ein Straftatbestand ist. Dann ging ich allein zurück in mein Zimmer.

Die Unterredung hatte mich beeindruckt. Ich kam mir vor wie in einem Science-Fiction-Film mit Superhelden, deren Schweiß strahlte und die mit ihrem Pipi Stahlplatten zerteilen konnten. Andererseits ging es hier um mein Leben – und vielleicht auch nur meine letzten Tage. Nach einer Weile klingelte es wieder, ich stand auf und ging in die Ecke. Die Tür wurde geöffnet, und der Arzt schob einen kleinen Tisch auf Rollen herein, darauf eine Flasche Wasser, ein Glas und eine kleine bleierne Amphore. «Kommen Sie ruhig näher, noch strahlen Sie ja nicht!», meinte der Arzt. «Die Pille ist in dem Bleigefäß. Bitte nicht anfassen, sondern nur schnell runterschlucken und dann viel hinterhertrinken. Ich gehe jetzt zur Tür und beobachte Sie dabei, um sicherzustellen, dass Sie die Pille auch wirklich einnehmen.» Nachdem sich der Arzt an der Tür postiert hatte, nahm ich den kleinen Zylinder und schluckte seinen Inhalt, der nicht größer war als handelsübliche Kapseln. Dann spülte ich mit der ganzen Flasche Wasser nach. Der Arzt verabschiedete sich und schloss die Tür.

Meine Speicheldrüsen schmerzten, und ich hatte das Gefühl, meine Schleimhäute trockneten aus. Hoffentlich weiß mein Körper, dass das radioaktive Jod in die Schilddrüse muss, dachte ich und legte mich hin. Schon komisch, kaum ist man als Patient im Krankenhaus, legt man sich sofort und ohne Not am helllichten Tag ins Bett. Ich ließ den Fernseher aus und entschied mich, etwas zu lesen. Dabei wurde ich müde und schlief ein.

So gegen 17 Uhr wachte ich auf. Ich war verschwitzt, und das machte mir sofort Angst. Ich hatte zu wenig getrunken, bisher gerade mal 0,7 Liter. Ich klingelte nach der Schwester. Sehr schnell öffnete sich die Tür, und ich hörte wieder die angsterfüllte Frage: «Sind Sie in der Ecke?» Ich sprang wie ein Irrer aus dem Bett und lief in die Ecke. «Ja klar, jetzt ist es ja ernst! Bitte bringen Sie mir viel Wasser, mindestens sechs Flaschen! Der Arzt sagt, ich muss viel trinken!» Die Schwester zögerte kurz und meinte dann nur, sie würde mir zum Abendessen etwas bringen.

Ich habe in meinem Leben schon nach 12 Uhr gefrühstückt, auch mal erst um 15 Uhr Mittag gegessen, aber um 17.30 Uhr habe ich noch nie zu Abend gegessen. Allerdings hatte mein Abendessen seinen Namen kaum verdient: zwei Scheiben Knäckebrot mit Frischkäse, ein Apfel und ein Joghurt. Entweder galt ich hier als adipös, oder meine Krankenkasse war pleite. Vielleicht war ich aber auch als Abgang für die Nacht eingeplant, und man wollte nicht mehr die volle Ration Nahrung investieren. In zwei Minuten hatte ich alles aufgegessen, danach trank ich eine Flasche Wasser nach der anderen. Davon musste ich viel pinkeln. Um 21 Uhr verlangte ich nach neuen Wasserflaschen und fragte, ob es noch etwas zu essen gebe. Ich bekam nur das Wasser.

Um 5.30 Uhr morgens, pünktlich zum Schichtwechsel der Krankenschwestern, gab es Frühstück. Also mitten in meiner üblichen Tiefschlafphase. Der Kaffee war sicher sehr gesund, er hatte kaum Farbe, dafür war das Brötchen so weich, dass man es auch ohne Zähne hätte essen können. Um 7.00 Uhr wurde ich zu einer Untersuchung gebracht. Dieses Spiel beherrschte ich ja nun bereits: klingeln, ab in die Ecke und der Krankenschwester mit drei Metern Abstand folgen. Im Behandlungszimmer stellten sich Arzt und Schwester hinter eine Bleiwand und maßen meine Strahlungswerte. Meine Schilddrüse strahlte wie ein schneller Brüter, was der Arzt zufrieden zur Kenntnis nahm: «In einer Woche können Sie nach Hause!» Damit wollte er mich offenbar aufmuntern. «In einer Woche? In den Vorgesprächen hieß es, nach drei bis vier Tagen!» Der Arzt versuchte, mich zu beruhigen: Das hänge davon ab, wie schnell das Material abgebaut werde. «Schließlich sind Sie eine Gefahr für andere Menschen. Die Strahlen gehen durch Mauern. Stellen Sie sich vor, Sie lägen in Ihrem Bett, und Ihre Nachbarn säßen unmittelbar hinter der Wand auf dem Sofa. Sie würden die ja verstrahlen!» Das wäre eigentlich ein Grund für mich gewesen, sofort nach Hause zu fahren. Dann hätten die nebenan endlich mal Ruhe gegeben.

Auf dem Weg zurück in mein Krankenzimmer – eigentlich war es ja eine Einzelhaftzelle – phantasierte ich vor mich hin. Ich stellte mir vor, ich ginge auf dem Ku'damm spazieren: Menschen, die mir zu nahe kamen, fielen sofort tot um. Die tragische Vorstellung, ein Mensch zu sein, dessen Nähe für andere tödlich ist, faszinierte mich. Ganz so weit war ich davon nicht entfernt. Krankenbesuch war aufgrund der Gefährdung nicht gestattet. Ich konnte mit Freunden und Bekannten nur telefonieren, und das auch nur über das Festnetz, denn die Bleiverglasung und die Wände meines Zimmers schirmten alle Handynetze zuverlässig ab. Meist kreisten die Gespräche dabei nur um ein Thema: Radioaktivität.

«Ist es gefährlich, mit dir zu sprechen?», wollte eine Freundin wissen. «Vielleicht strahlst du ja auch durchs Telefon.» Die Verunsicherung unter meinen Freunden war groß. «Musste das sein? Man braucht doch die Schilddrüse. Heute wird immer alles gleich entfernt. Warum hast du es nicht mit Ingwerspülungen versucht?» Andere meinten: «Du hast immer alles runtergeschluckt. Da war klar, dass die Schilddrüse das nicht mitmacht.» Einige konnten auch sehr einfühlsam sein: «Ich hätte sie rausschneiden lassen, das geht doch heute mit Laser ambulant. Was sie mit dir machen, ist ja wie im russischen Gulag.»

Nach vier Tagen, die alle gleich monoton verliefen, wurde ich entlassen – aber nur, weil ich bettelte und flehte. Ich musste mit Unterschrift versichern, dass ich meine Wohnung zwei Tage nicht verlassen würde und alle direkten Nachbarn nicht schwanger waren. Außerdem wurde die Polizei informiert. Sie sollte den ärztlich verordneten Hausarrest überwachen. Zu Hause angekommen, blieb ich also in der Wohnung, aß aber erst um 22 Uhr. Ich trank kein Wasser, sondern Bier, und davon nicht wenig. Danach ging ich ins Bett. Als es am nächsten Morgen an der Wohnungstür klingelte, blieb ich einfach liegen. R.S.

Der erste Marathon

Die Historiker streiten sich darüber, ob es den Lauf von Marathon nach Athen 490 vor Christus wirklich gegeben hat und der Bote Eukles tatsächlich mit den Worten «Wir haben gesiegt!» tot zusammengebrochen ist. Unstrittig ist dagegen, dass heutzutage immer wieder ältere Männer bei Marathonläufen nicht siegen und trotzdem tot zusammenbrechen.

Etwa ab dem vierzigsten Lebensjahr spüren Menschen den Schatten des Todes, und es ist leicht nachzuvollziehen, wenn sie sich für Extremsportarten begeistern, bei denen der Tod quasi mitläuft. Dazu kommt, dass der gealterte Organismus physiologisch betrachtet im Ausdauerbereich noch extrem leistungsfähig sein kann. Ein erfolgreicher Marathonläufer hat dem Tod die Hacken gezeigt und, richtiges Training vorausgesetzt, auch etwas für seine Konstitution getan. Entsprechend gehen Mediziner davon aus, dass der gesundheitliche Nutzen des Marathonlaufs seine Risiken bei weitem übersteigt.

Der Marathon boomt, nicht zuletzt, weil so viele Ältere mitlaufen. 1979 gab es in Deutschland jährlich fünfzig Marathonläufe, im Jahr 2005 bereits über hundertfünfzig. Im gleichen Zeitraum verzehnfachte sich die Zahl der Marathonläufer von zehntausend auf hunderttausend. Fast täglich finden irgendwo in Deutschland oder Europa diese spektakulären Langstreckenläufe statt, am 17. April 2011 etwa parallel in Zürich, Leipzig, Spreewald, im Darß, in Wien, Enschede, London und Madrid. Alle Veranstaltungen mit Rekordbeteiligungen. Der Marathonlauf hat lange gebraucht, um populär zu werden – mittlerweile ist er Breitensport.

Die Teilnahme an einem Marathon ist die zeitgemäßere Form der Kneippkur: nicht nur ein körperliches Unterfangen, sondern auch eine Reinigung der Seele. Gut vier bis fünf Stunden ist der durchschnittliche Marathonläufer unterwegs, dabei durchlebt er auf der genau 42,195 langen Strecke ganz unterschiedliche körperliche wie geistige Zustände. Im Schnitt verbraucht er etwa dreitausend Kalorien, muss mehrere Liter Flüssigkeit aufnehmen, und sein Herz schlägt gut hundertdreißigmal pro Minute.

Beim Start befindet sich der Läufer beinah in einem Rausch. Er wartet mit Tausenden Gleichgesinnten auf das Startsignal, klatscht wie die anderen in den letzten Sekunden rhythmisch in die Hände und spürt, wenn sich das Feld in Bewegung setzt, den Adrenalinstoß im ganzen Körper. Er hört den frenetischen Applaus der Zuschauer, hat noch leichte Beine und glaubt an seinen Erfolg. Einige Läufer unterhalten sich, andere kontrollieren bereits ihre Zeit, aber alle haben ein erkennbares Lächeln auf den Lippen. Eine unheimliche Energie, produziert von Zuschauern und Teilnehmern, liegt in der Luft.

Schon zwölf Kilometer später verändert sich das Bild langsam. Zwar werden auffällige Zuschauer am Streckenrand und Läufer mit eigenwilligem Laufstil oder seltsamer Kleidung noch registriert, aber der Blick des Läufers richtet sich jetzt stärker nach innen. Erste kritische Fragen tauchen auf: Stimmt das Tempo? Spüre ich erste Schmerzen? War es ein Fehler, die Brustnippel nicht abzukleben? Nach achtzehn Kilometern laufen nicht mehr alle, die ersten Teilnehmer sind zu erschöpft und gehen. Die meisten aber treibt die Euphorie weiter, immerhin ist gleich die Hälfte der Strecke geschafft.

Nach fünfunddreißig Kilometern ist diese Euphorie vollständig verflogen. Schmerzen in den Muskeln bestimmen den Laufrhythmus. Selbst die Arme tun weh, der gesamte Körper ist wund gelaufen. Die Kilometertafeln sechsunddreißig und siebenunddreißig werden gar nicht mehr wahrgenommen. Das Publikum ist merkwürdig gesichtslos, viele Teilnehmer werden am Streckenrand behandelt oder mit dem Krankenwagen abtransportiert. Niemand lächelt mehr. Der Läufer ist kurz vor dem Eintritt in den inneren Tunnel. Auf den letzten Kilometern wird er keine Schmerzen mehr spüren und die Außenwelt lediglich phasenweise erkennen. Vom Rand der Strecke dringen nur noch Wortfetzen an seine Ohren: «Durchbeißen ... ihr seid jetzt schon Helden ... mein Gott, siehst du fertig aus!»

Dann rauscht es auf einmal richtig im Kopf, die Augen nehmen die Umgebung wieder wahr, ein Höllenlärm setzt ein, das Publikum auf der Zielgeraden rastet aus, und ich sprinte die letzten hundertfünfundneunzig Meter!

Mediziner gehen davon aus, dass der Mensch beinah zwei Wochen braucht, um sich physisch von den Nachwirkungen des Laufs zu erholen. Psychisch wird man sich wohl nie davon erholen. Das soll man auch gar nicht, es gibt schließlich kaum eine bessere Allegorie für das Leben als den Marathon: Euphorie beim Start, Schmerzen auf halber Strecke, Tunnelblick gegen Ende und Sprint auf der Zielgeraden – und das alles hoffentlich in einer optimalen Zeit. R.S.

Die erste Hausdurchsuchung

Es war drei Uhr morgens, als es an der Haustür klingelte. Wie lange schon, wusste ich nicht. Ich befand mich in einer absoluten Tiefschlafphase und hatte Schwierigkeiten, wach zu werden. Bildete ich mir alles nur ein? Dann klingelte es wieder. Jetzt gab es keinen Zweifel mehr.

Um diese Zeit bedeutet ein unerwarteter Gast meist nichts Gutes. Es kann ein Betrunkener sein, der mit der Klingelei so schnell nicht wieder aufhört, oder aber es gibt einen Notfall, und das Haus muss geräumt werden. Ein Freund von mir hatte das schon einmal erlebt. Feuerwehrleute mit Äxten, Helmen und Atemschutzmasken standen nachts vor seiner Wohnungstür. Als er erschreckt öffnete, beruhigten ihn die tief durch die Masken atmenden Besucher: «Keine Panik! Wir müssen das Haus räumen.»

Ich hoffte auf die angenehmere dieser Möglichkeiten, den Betrunkenen, zog mir die Decke über den Kopf und versuchte, wieder einzuschlafen. Das war natürlich albern, denn ich war mittlerweile hellwach, und es klingelte schon wieder. Ich sprang aus dem Bett, zog einen Morgenmantel über und ging mit schlafsteifen Gelenken zur Tür. Die Haussprechanlage war seit Monaten defekt, also drückte ich nur auf den Öffner und dachte: Jetzt werden wir ja sehen, ob sich der Betrunkene ins Haus traut und was dann passiert.

Ich blieb im Wohnungsflur stehen und horchte an der Tür. Mehrere, vermutlich zwei Menschen mit energischen, schweren Schritten kamen die Treppe rauf. Das waren auf keinen Fall Betrunkene. Nach kurzer Zeit hörte ich sie vor der Tür, dann noch einmal die Klingel und lautes Klopfen. Langsam wurde mir mulmig. Sollte ich Opfer eines Überfalls werden? Im Grunde ginge es ja ganz einfach: Man klingelt mitten in der Nacht Menschen aus dem Schlaf. Die öffnen nichtsahnend die Tür und bekommen eins über den Schädel gezogen. Am Ende ist der Überfallene auch noch selbst schuld, denn wer macht schon um drei Uhr morgens freiwillig die Tür auf? Beunruhigt fragte ich mich, ob ich anfing, paranoid zu werden, oder einfach nur übermüdet war.

«Wer sind Sie?», rief ich durch die geschlossene Tür. Leider hatte meine Altbauwohnung keinen Spion. «Bitte öffnen Sie sofort, hier ist die Polizei!» Eine unmissverständliche Antwort. Aber genau das hätte ich als Räuber auch behaupten können. «Gut, nehmen wir mal an, Sie sind Polizisten. Was wollen Sie dann um diese Zeit bei mir?» Ich hielt mich für sehr intelligent – wenn meine Besucher nur eine Frage hätten, könnte man die ja auch bei geschlossener Tür beantworten. «Noch mal: Machen Sie bitte auf!», war die ungeduldige Antwort.

In Fernsehkrimis sind die Türen meist mit Ketten oder Gestängen gesichert, ich hatte so etwas nicht. Mich beschlich ein ungutes Gefühl. Wenn meine nächtlichen Besucher keine Polizisten waren, war es mit Sicherheit ein Fehler, die Tür zu öffnen. Andererseits: Wenn sie tatsächlich Polizisten waren, war es sicher ein Fehler, die Tür *nicht* zu öffnen. Ich gab meinen Widerstand schließlich auf, wollte aber zumindest mein Unbehagen deutlich machen: «Na ja, gut. Aber gern mach ich um diese Zeit nicht auf!» Verbrecher würden darüber wohl lachen, dachte ich, Polizeibeamten wäre es wahrscheinlich völlig egal.

Vor der Tür standen zwei Polizisten, die mir sofort ihre Ausweise entgegenstreckten. Was mir allerdings Sorge machte, war die Tatsache, dass beide die andere Hand locker auf ihre im Holster steckenden Pistolen gelegt hatten. «Wir treten jetzt ein, okay?» Damit informierten sie mich über ihr als Frage getarntes Vorhaben. «Gefahr im Verzug», sagte der eine, während der andere schon in das erste Zimmer vordrang. «Sagen Sie mir doch bitte, was los ist!», forderte ich, während mein Hirn auf Hochtouren lief. Welche Rechte hatte ich eigentlich? Hatte ich überhaupt Rechte? Durften die so einfach in meine Wohnung, brauchten die nicht einen Hausdurchsuchungsbefehl – wie ich es vom Fernsehen her kannte?

«Hören Sie, wir haben vor etwa einer Stunde drei Personen festgenommen, denen schwere Straftaten vorgeworfen werden. Diese Personen sind in mehreren Wohnungen gemeldet, unter anderem bei Ihnen. Wir wollen nachprüfen, ob die Personen hier tatsächlich wohnhaft sind – deshalb müssen wir uns einmal in Ihrer Wohnung umsehen. Dürften wir bitte alle Zimmer durchsuchen?»

Ich kapierte immer noch nicht, was hier gespielt wurde. Einigermaßen verwirrt erklärte ich, dass ich allein wohne, signalisierte aber schließlich mit einer Handbewegung meine Zustimmung. Sofort verschwanden die beiden Polizisten im nächsten Zimmer, kamen wieder heraus, liefen ins nächste, bis sie schließlich im Gästezimmer standen. «Wer schläft hier?», wollten sie wissen. Mit dem schlechten Gewissen, das man als Autoritätsgläubiger üblicherweise der Ordnungsmacht gegenüber hat, antwortete ich kleinlaut: «Gäste. Wenn Gäste da sind.» Das schien den Ordnungshütern zu genügen. Sie bedankten sich und machten Anstalten zu gehen.

Das fand ich jetzt allerdings problematisch. «Sie können mich doch nicht einfach mitten in der Nacht rausklingeln, durch meine Wohnung spazieren und wieder abhauen. Was genau mussten Sie denn hier so dringend überprüfen?» Die Polizeibeamten zögerten kurz, dann fing der eine an zu erklären: «Wir haben drei Osteuropäer festgenommen, denen Betrug vorgeworfen wird. Außerdem hatten die drei mehrere Meldebescheinigungen – auf einer davon stand Ihre Adresse. Wir mussten also, wie schon gesagt, schnell nachprüfen, ob Sie hier auch tatsächlich wohnen. Es tut uns leid, wenn Sie dadurch Unannehmlichkeiten hatten.» Damit gab ich mich noch nicht zufrieden. «Aber wie können die unter meiner Adresse gemeldet sein, wenn sie hier gar nicht wohnen – und wen haben die betrogen?», fragte ich. «Mehr wissen wir selbst nicht! Vielleicht fragen Sie mal beim Meldeamt nach. Entschuldigen Sie die Störung. Noch eine gute Nacht.» Dann gingen die beiden.

Fassungslos schaute ich ihnen hinterher. Wieso und vor allem *wie* hatten sich diese Betrüger in meiner Wohnung angemeldet? Ich legte mich wieder ins Bett, konnte aber lange Zeit nicht einschlafen. Ständig musste ich an die fiesen Verbrecher denken, die angeblich zusammen mit mir hier lebten.

Am nächsten Morgen hatte ich den Vorfall jedoch schon wieder fast vergessen, und ich entschied mich gegen einen Anruf beim Einwohnermeldeamt. Wenn die Meldebescheinigungen von Betrügern gefälscht worden waren, war das schließlich nicht meine Sache. Der deutsche Staat würde das auch ohne meine Hilfe klären können.

Diese Annahme erwies sich allerdings als falsch: Der deutsche Staat bettelte förmlich um meine Hilfe. Sechs Wochen später erhielt ich einen Brief vom Strafgericht, adressiert an die Herren Sadauskas, Petrowka und Lidici. Da ich die drei nicht kannte, aber immerhin laut Anmeldebescheinigung mit ihnen zusammenwohnte, öffnete ich den Brief. Es war eine Anklageschrift: Meinen drei Mitbewohnern wurden Bankbetrügereien vorgeworfen. Angeblich hatten sie Bankkonten in Deutschland eröffnet, um mit sogenannten Phishing-Tricks Gelder darauf umzuleiten. Das war schockierend, aber noch mehr schockierte mich die Tatsache, dass das Gericht offensichtlich immer noch der irrigen Ansicht war, dass die Betrüger mit mir unter einem Dach lebten.

Ich rief bei Gericht an. Man bat mich, den Brief einfach zurückzusenden. Anschließend telefonierte ich mit dem Einwohnermeldeamt und fragte, wer außer mir unter meiner Adresse gemeldet sei. Am Telefon wollte man mir jedoch keine Auskunft erteilen, also fuhr ich zum Amt, zog eine Nummer und wartete. Nachdem ich aufgerufen wurde, erklärte ich einer Verwaltungsangestellten mein Anliegen. Sie wiederum erklärte mir, dass die Auskunft, wer unter meiner Adresse gemeldet war, kostenpflichtig sei. Daraufhin wurde ich deutlicher: Ich erzählte ihr, dass möglicherweise drei Betrüger bei mir gemeldet waren oder es zumindest behaupteten. Kriminelle, die mit meiner Adresse Konten eröffnet und Straftaten begangen hatten. Natürlich lehnte ich es ab, für eine Auskunft Geld zu bezahlen, die dazu dienen sollte, Straftaten aufzuklären oder zu verhindern.

Abseits der Vorschriften unterbreitete mir die Verwaltungsangestellte ein unübliches Angebot: «Dann machen wir es doch nicht so förmlich! Nennen Sie mir einfach ein paar Namen, und wenn die bei Ihnen gemeldet sind, nicke ich einfach einmal kurz mit dem Kopf.» Das gefiel mir, und ich nickte meinerseits. Dann nannte ich die drei mir bekannten Namen, die mein Verwaltungsorakel jeweils durch ein Kopfnicken bestätigte. «Sind denn noch mehr Menschen bei mir gemeldet?», fragte ich entsetzt. Jetzt schüttelte sie den Kopf. «Wie kann das sein?», wollte ich wissen. «Die wohnen doch gar nicht bei mir! Wer hat denen denn eine Bescheinigung ausgestellt?» – «Es ist das neue Meldegesetz», antwortete sie verlegen. «Man braucht nichts mehr nachzuweisen, sie können einfach hierherkommen und behaupten, dass sie irgendwo wohnen. Das reicht vollkommen.» – «Das ist ja Wahnsinn!», rief ich. «Was meinen Sie, was hier los ist?», flüsterte sie. «Wir können nur leider nichts machen.» – «Gut, dann melden wir die drei jetzt ab. Ich kann ja bestätigen, dass die Herren nicht bei mir wohnen. So verhindern wir, dass die noch mehr Blödsinn machen», forderte ich. «Das geht nicht. Laut Vorschrift kann man sich nur persönlich abmelden. Was glauben Sie, was erst los wäre, wenn jeder jeden einfach abmelden könnte!»

Das verstand ich und fand es auch richtig, wenn es auch bedeutete, dass die drei, die ich nicht kannte und die Straftaten begangen hatten, offiziell vorerst weiter mit mir zusammenwohnten. Mir wurde unwohl bei der Vorstellung, dass die drei schweren Jungs möglicherweise Rechte einfordern, vielleicht sogar meine Wohnung untervermieten könnten. Ich malte mir aus, wie sie nach dem Absitzen ihrer Gefängnisstrafe fröhlich pfeifend vor meiner Tür standen und ihre Zimmer beziehen wollten. «Hören Sie, ich kann das nachvollziehen. Aber um mich selbst zu schützen, gebe ich bei Ihnen jetzt eine schriftliche Erklärung ab – und zwar, dass die drei nie bei mir gewohnt haben und es auch in Zukunft nicht tun werden. Dann haben Sie und ich etwas in der Hand, falls es irgendwann Ärger gibt.» Die Angestellte lächelte, und wir setzten das Schriftstück auf. Eine Kopie nahm ich mit.

Sechs Wochen später erhielt ich einen Brief des Polizeipräsidenten. Er teilte mir mit, er habe die drei illegal bei mir in der Wohnung eingetragenen Personen abgemeldet. Ich war sehr froh, dass er das übernommen hatte, und auch darüber, dass er mir das schriftlich mitteilte – und nicht um drei Uhr nachts bei mir Sturm klingelte. R.S.

Der erste Fallschirmsprung

Wenn bestimmte Ereignisse sich häufen, meint man, ihnen besondere Bedeutung beimessen zu müssen. In meiner Peergroup tauchte eine Zeit lang mindestens einmal pro Woche ein strahlendes Gesicht auf, das schier außer sich vor Begeisterung kundtat, ein Leben ohne Fallschirmspringen sei wie Autofahren ohne Räder. Endorphine, Endorphine! Das Allergeilste überhaupt! Endgeil! Sandra, Martin und Hans-Peter waren gesprungen, Marion und Frank wollten es tun. Es sei ganz einfach: Anzug an, Einweisung, ab ins Flugzeug und dann raus. Der Rest ergebe sich.

Im Sommer 2008 war es dann so weit. Eine Gruppe Erwachsener samt Kindern lungerte in einem Ferienhaus in den Kasseler Bergen herum. Abends verkündete Karl in Sektlaune, er habe auf dem Rückweg vom Einkauf das Hinweisschild eines Flugplatzes entdeckt. Man könne dort Tandemsprünge machen – dabei werde man in ein Gurtgeflecht eingeklinkt und springe aus dem Flieger, alles andere übernehme dann der Tandem-Partner, der sogenannte Divemaster. Die Gelegenheit sei günstig, das Wetter perfekt.

Das Unbehagen, das sich während seiner Schilderungen in mir ausbreitete, kannte ich schon von anderen Gelegenheiten: Es war die Angst vor meinem autonomen Nervensystem, das dazu neigte, stets dann reflexartig meinen Arm in die Höhe zu reißen, wenn die Frage im Raum stand, ob es für irgendeinen Blödsinn Freiwillige gäbe. Vielleicht war das der Zwang, sich etwas zu beweisen.

«Wer kommt morgen mit?», fragte Karl. Kurze Pause. «Ich!», rief mein Nervensystem. Alle anderen blieben still. Ich bereute sofort, ein verpflichtendes Personalpronomen ausgesprochen zu haben, weil ich wohl schon ahnte, dass die Schafe, die ich nachts dann zählen musste, um einschlafen zu können, mit straff angezogenen Fallschirmgurten erscheinen und ihre ängstlichen Määäääähs die Nacht durchdringen würden.

Nach ein paar Stündchen Schlaf saß ich am Frühstückstisch und bekam nichts runter. Der Blick aus dem Fenster machte alle Hoffnungen zunichte, dass wir den Sprung wegen schlechten Wetters verschieben würden. Letztlich war ich aber auch froh: Noch so eine Nacht wollte ich nicht erleben. Ich gab zum Abschied meinen Lieben einen Kuss und scherzte, dass meine Stereoanlage unter den Anwesenden aufgeteilt werden, mein Barvermögen aber der Stiftung «Seidener Faden» zugutekommen sollte, die Angehörige von Menschen betreut, deren Fallschirm sich nicht geöffnet hat. Selten klangen meine Witze hohler.

Wir fuhren mit dem Cabriolet zum Flugplatz Kassel-Calden. Ich parkte und betrachtete mein Auto, als wäre es das letzte Mal. Es sah aus wie immer: schwarz. Wir zahlten hundertfünfundsechzig Euro und nahmen mit vier anderen in einem Warteraum Platz, in dem die Stimmung zwischen hühnerartiger Aufgeregtheit und betretenem Schweigen changierte. Nach einer Weile öffnete sich eine Tür, und eine muntere Mollige rief unsere Namen auf. Dabei hatte ich noch nicht mal das Kleingedruckte im Vertrag gelesen. Egal, ich war leichter als neunzig Kilo, damit sprungtauglich, und runter kommen sie alle. Fertig. Außerdem sah das hier nicht wie ein Truppenübungsplatz für Suizidwillige aus.

Vor einem nahe gelegenen Flugzeughangar bekamen wir rote Overalls. Ich fing an zu schwitzen, als ich die gefalteten Schirme in den Regalen des Hangars sah. Wurden die auch regelmäßig kontrolliert? Den Fall «Möllemann» kannte man aus der Zeitung. Vergleichbare Unfälle auch.

Ein Mann kam auf mich zu und stellte sich mir vor: Dirk, mein Divemaster, über sechshundert Sprünge. Ich verkniff mir die Frage, ob sie auch alle erfolgreich verlaufen waren. Hier bedeutete Quantität Qualität. Er war gut einen Kopf größer, früher einmal bei der Bundeswehr, alle restlichen Infos löschte das Adrenalin gleich wieder aus meinem Speicher. Karl war begeistert bei der Sache und hatte die Güte, immer wieder zu mir herüberzulächeln. Ich schwöre, ich musste mir schon am Boden, noch vor dem Start, Tränen der Dankbarkeit verkneifen.

«Darf ich bitten? Da kommt unser Flieger!» Im Gegensatz zu meinen ablenkungssüchtigen Mitspringern interessierte ich mich weder für Bauart und -jahr noch für die Motorisierung unseres Flugzeugs, sondern kletterte einfach nur wie betäubt durch die kleine Luke. Jetzt waren wir zu zehnt. Vier Divemaster, vier Delinquenten, zwei Einzelspringer. Dirk schob mich in die hintere linke Ecke und begann, mich an ihm festzuzurren. Damit war klar: Wir würden das Flugzeug als Letzte verlassen. Geordnet wie die Osterhasen, die Anfang Mai noch auf den Sonderangebotsregalen verramscht werden, mit angelegten Ohren und weit aufgerissenen Augen, saßen wir in einer Reihe und starrten reglos vor uns hin.

Die Maschine rollte mit leichtem Ruckeln über das Flugfeld, dann zog sie mit einem Heidenlärm dem Himmel entgegen. «Alles klar?», fragte Dirk. «Hab mich nie besser gefühlt ... vorm Sterben», antwortete ich und dachte darüber nach, ob es sprachlich schön klänge zu sagen, man male den Teufel an die Schallmauer. «Mann, hab ich 'ne Angst!», rutschte es mir dann doch noch raus. Dirk tätschelte mir die Schulter, und zum zweiten Mal binnen fünfzehn Minuten war ich Tränen der Rührung nahe. «Du bist meine Sechshundertdreizehn, Volker!», ermunterte er mich. Das half während der nächsten dreißig Sekunden. «Wie lange brauchen wir wohl bis oben?», fragte Karl neben mir. Ich sagte, dass ich mal Pipi müsse, Hunger hätte und mir sehr, sehr langweilig sei – wann wir denn endlich da seien? Weitere zehn Sekunden Ablenkung.

Nach zehn Minuten flog die Maschine einen ansteigenden Bogen, und ich fragte mich, wer vor uns Novizen wohl die Ansprache halten würde. Denn ohne Rede konnte es nicht über die Bühne gehen. Nicht mit lauter Erstspringern. Unser Mut sollte gewürdigt, unser Vertrauen gestärkt werden. Ein – lebensgeschichtlich betrachtet – historischer Augenblick, der vielleicht einen kurzen historischen Rückblick rechtfertigt.

Beispielsweise hätte die Großtat des Franzosen Louis-Sébastien Lenormand Erwähnung verdient, der 1783 in Montpellier mit einem selbstgebastelten Fallschirm vom Turm des Observatoriums sprang und in einem Stück lebendig unten ankam. Der im Durchmesser vier Meter große Fallschirm sah aus wie der spitze Strohhut eines japanischen Reisbauern. Lenormand saß in einer Art Laufgitter, das mit Strippen befestigt unter der steifen Kappe hing. Mit seiner Erfindung wollte er es Menschen ermöglichen, aus den oberen Stockwerken brennender Gebäude zu entkommen.

Vielleicht hätte unser Redner auch ein Wort zu Jean-Pierre Blanchard sagen können, der am 3. Oktober 1785 in Frankfurt-Bornheim seinen Hund mit einer Wurst in einen Fesselballonkorb lockte und ihn später aus luftiger Höhe mit einem Fallschirm hinauswarf. Knapp ein Jahr später tat er das Gleiche mit einem Hammel, der – nachdem er zwar heil, aber schlussendlich sicher am Spieß gelandet war – stark nach Harnsäure geschmeckt haben dürfte.

Nichts davon fand Erwähnung. Plötzlich ertönte ein heiserer Alarmton, und ein grünes Licht unter der Decke leuchtete. Die Maschine flog merklich langsamer und ruhiger. Einer der Einzelspringer riss die Tür auf und ließ sich ins Leere fallen. Auf. Wusch. Weg. Der zweite rutschte in den Türrahmen, sprang aus dem Flugzeug und wurde ebenfalls sofort vom Wind weggerissen. Zawumm … Zawumm … Dann die Tandemspringer. Ein Paar nach dem anderen verschwand. Dirk setzte sich beziehungsweise uns in Bewegung. Ich kam mir vor wie ein hilfloser Käfer in Rückenlage. Er schob mich behände und schnell wie eine Spinne beim Sitzfußball gen Ausgang. Mir nichts, dir nichts hingen meine Beine aus dem Flieger.

«Arme vor die Brust! Kinn in den Nacken. Zurücklehnen!» Päng! Die in Videos und Fotos so oft bestaunten schwabbelnden Backen, an denen der Wind zerrt, spürte ich nicht einmal. Stattdessen reagierte die Hauptgeschäftsstelle meiner zentralen Bewusstseinsverwaltung sofort mit Massenentlassungen. Die gesamte Abteilung zur Verwitzelung von unerträglichen Lebensumständen: gefeuert! Das Großraumbüro, in dem vitale Körpermeldungen empfangen und bewertet werden: leergefegt. Die vier Stockwerke, in denen Sinneseindrücke mittlerer und stärkerer Intensität sortiert werden: keine Menschenseele. Nur noch mein innerer Amtsvorsteher reagierte auf diese Extrembelastung, er schrie: «Festhalten!», und ich bemerkte, wie meine Hände tatsächlich hilflos in der Luft herumtasteten, als gäbe es dort irgendeinen Halt. Mein Restverstand schüttelte darüber nur den Kopf und gestand sich ein, nicht mehr Herr der Lage zu sein.

Ich schätze, eine Viertelminute verging mit dieser Innenschau. Dann erst nahm ich die Außenwelt wieder wahr. Wir flogen direkt auf eine schnell wachsende Wolke zu. Über ihr hatte sich ein beeindruckender Regenbogen gebildet. Ein gutes Zeichen, fand ich. Große Freude wollte in mir aufkommen, bevor ein Zwischenruf meines Amtsvorstehers dazwischenkam: «Du wirst bald sterben!» Ich wollte, wollte, wollte nicht sterben und wehrte mich wie wild gegen den Gedanken, dass es jetzt zu Ende gehen könnte. Ich war verwirrt und benommen, als sich mit einem Ruck der Fallschirm öffnete.

Es war keine sensationelle Erfahrung. Ich war schlagartig enttäuscht, genauso plötzlich, wie unser Fall abgebremst worden war. Niemand in meinem Innern applaudierte. Selbstzufriedenheit kennt mein Amtsvorsteher nicht. Aber irgendwer quatschte auf mich ein. Ach ja, da war ja noch jemand. Dirk zog an der rechten Leine: «Wollen wir ein paar Runden drehen?» Er legte sich auf die Seite, und wir begannen, samt Schirm zu kreisen.

Es dauerte einen Moment, ehe ich begriff, dass sich mit einem Mal mein Körper bemerkbar machte. Mir war speiübel. «Bitte nicht drehen!» Dirk hielt sofort inne. «Bitte ... nicht ... drehen!» Grün karierte Felder und eine Landstraße unter uns. Die Kühe guckten mich nicht mal mit dem Hintern an. «Ich glaube ... ich glaube ...» Jetzt sehnte ich die Landung herbei und hatte gleichzeitig Sorge, dass wir zu schnell sanken, denn die Viecher unter uns gewannen rasend schnell an Kontur. «Ich glaube, ich muss kotzen!», rief ich. «Tu dir bitte keinen Zwang an», hörte ich Dirk. «Links und rechts ist frei!» Das klang nicht hämisch, aber auch nicht gerade mitfühlend. Ich frage mich wirklich, warum ich in diesem Moment fürchtete, ich könnte einem Zeitgenossen auf den Kopf göbeln, anstatt meinem Magen einfach freie Fahrt zu geben. Ich dachte wohl, das gäbe Ärger.

Die letzten paar hundert Meter bis zur Landung waren eine einzige Quälerei, die ich, soweit es überhaupt möglich ist, einen Brechreiz zurückzuhalten – genau damit zubrachte. Die grünen und cremefarbenen Ackerflächen wurden immer weniger, dafür aber immer größer. «Beine nach vorn!», rief Dirk. Ich zog die Beine an, wir schwebten wie eine Daune dem Boden entgegen und landeten sanft auf einer Wiese. Stabile Polage.

Dirk rasselte mit dem Geschirr und stand sofort ausgeklinkt hinter mir. Ich drehte mich auf alle viere und übergab mich. Besser gesagt: Ich würgte das Wenige heraus, das noch in mir war. «So richtig viel gab's heute Morgen nicht zum Frühstück, was?» Er klopfte mir auf den Rücken. «Alles okay bei dir?» – «Ich bin eine junge Kuh und übe das Wiederkäuen!» Ich fand, das klang etwas bemüht. Mir war eiskalt, ich hatte keinen trockenen Faden mehr am Leib, so sehr hatte ich vor Angst geschwitzt.

Dann kam die Euphorie. Die Freude, überlebt zu haben. Ich fühlte eine tiefe Befriedigung. Ich stolperte zum Hangar, der zu meinem Erstaunen ganz in der Nähe war. Dirk hatte sich nicht verflogen. Dort angekommen, traf ich Karl. «Alles klar?», fragte er. Ob er den Geschmack in meinem Mund erahnen konnte? «Jaja. Alles bestens.» Ich legte ihm meinen Arm auf die Schulter. «Wie war's bei dir?» – «Ganz schön! Und bei dir?» – «Wie ‹ganz schön›? Was meinst du damit?» Ich brauchte eine Verschnaufpause. Karl schien etwas enttäuscht. Beim ersten Mal habe es ihn mehr gekickt. Diesmal sei es eben nur ganz schön gewesen. Ich war fassungslos.

Jetzt wollte Karl aber doch wissen, wie es mir selbst ergangen war. «Nun …», erklärte ich, «als ihr alle draußen wart, hat der Pilot noch mal Vollgas gegeben und die Maschine richtig hochgezogen. Beim Ausstieg in der Stratosphäre habe ich mir dann einen extraterrestrischen Keim eingefangen. Bevor allerdings das Alien in mir heranwachsen konnte, haben meine Enzyme den Fremdkörper zu Tode verdaut, und mein Darm hat ihn ausgeschieden. Ich schätze, ich habe die Welt gerettet! Das Alien habe ich später auf der Wiese noch schnell beerdigt.»

«Ach so!», sagte Karl. Dann gingen wir einen Whiskey trinken. Wie alle anderen auch. Ich trinke ja sonst keinen Whiskey, schon gar nicht auf nüchternen Magen, aber ein erster Stratosphärenflug ohne Sauerstoffflasche mit extraterrestrischem Keimbefall und Göbelei am Ende, und das alles an einem Tag, das hält man ja im Kopf nicht aus. «Es wär mir lieb», bat ich Karl noch, «wenn du die Sache mit dem Flug in zwanzig Kilometern Höhe und dem Alien später nicht erwähnen würdest. Ich möchte da kein großes Ding draus machen.»

Karl hat sein Wort gehalten. Und so erfährt die Welt hier zum ersten Mal von ihrer Rettung. V.W.

Das erste Mal WLAN einrichten

Ich ahnte bereits als Jugendlicher, dass Computer einmal eine wichtige Rolle in unserem Leben spielen würden, und ich wollte dann nicht am Katzentisch sitzen. Schon mit siebzehn kaufte ich mir von meinem zusammengesparten Taschengeld einen «Sinclair ZX81». Das war ein kleiner Computer mit Tastaturfolie und einem Miniarbeitsspeicher, der an das Fernsehgerät angeschlossen werden musste. Zum Programmieren verwendete man die Computersprache BASIC, die Programme wurden dann auf Kassetten gespeichert. Einen Achtungserfolg erzielte ich unter meinen Freunden mit einem selbstgeschriebenen Wahlprogramm: Wenn man die absoluten Stimmzahlen eingab, errechnete der Computer die Prozentzahlen und zeigte das statistische Ergebnis in einem Balkendiagramm an. In meinen pubertären Träumen sah ich mich bereits als wichtigsten Konkurrenten von Bill Gates, der gerade Microsoft an den Start gebracht hatte, oder von Steve Jobs, der mit seinem Mac das Apple-Imperium aufbaute.

Während des Studiums leistete ich mir dann den ersten PC und lernte, mit dem Betriebssystem DOS umzugehen. Meine Hausarbeiten speicherte ich auf Floppy Disks. Nach zwei Jahren besaß ich meine erste Festplatte mit unglaublichen zwanzig Megabyte, später kam ein Laufwerk für Minidisks dazu. Mein erster Monitor war monochrom und zeigte alles in bernsteingrüner Farbe an. Das World Wide Web gab es natürlich noch nicht. In der Arbeitswelt wurden weiterhin Schreibmaschinen verwendet, ich dagegen befand mich ganz auf dem neuesten Stand der technischen Entwicklung.

1993 hatten sich Computer schließlich auch an meinem damaligen Arbeitsplatz durchgesetzt, und ich schrieb die erste E-Mail meines Lebens. Der damalige EDV-Verantwortliche schlug vor, sie an eine Kollegin zu senden. Erstaunlicherweise kam sie dort auch an. Die Empfängerin las sie mir gleich vor, was leicht ging, denn sie saß mir ja gegenüber. Zum ersten Mal überkam mich eine gewisse Fortschrittsskepsis: Warum sollte ich meinen Kollegen eine E-Mail schicken, wenn wir doch alle im gleichen Raum saßen und uns auch einfach mündlich austauschen konnten?

Mit der Zeit lernte ich, die Bedeutung der digitalen Kommunikation besser einzuschätzen. Allerdings hatte ich auch langsam das Gefühl, von der technischen Entwicklung mehr und mehr abgehängt zu werden. Als es schon ISDN gab, nutzte ich zu Hause immer noch ein analoges Modem. Und als ich dann ISDN hatte, gab es bereits DSL. Meine heimischen Rechner musste ich immer schneller auswechseln, um zumindest ansatzweise auf dem Stand der Technik zu bleiben. Während andere längst vom Tintenstrahl- auf den Laserdrucker umgestiegen waren, klapperte bei mir noch ein Nadeldrucker. Langsam verlor ich auch den Überblick über die Windows-Betriebssysteme. Und bei Word nutzte ich nur noch fünf Prozent der Funktionen. Zunehmend verstand ich die technischen Fachbegriffe nicht mehr. Als die ersten Smartphones mit mobilem Internet auftauchten, war ich begeistert von den neuen Möglichkeiten, wusste aber nicht, was ein «Hotspot» ist oder was «WLAN» heißt.

Als ich mir begeistert mein erstes iPad zulegte, erklärte man mir, dass ich für die Internetnutzung einen WLAN-Router bräuchte. So etwas besaß ich nicht. Ich hatte allerdings den Eindruck, dass außer mir alle Welt bereits einen eigenen WLAN-Zugang hatte. Suchte ich mit dem Smartphone in meiner Wohnung ein WLAN-Netz, wurden mir diverse angezeigt: «Juttas Netzli», «Der Daddler» und «Lady Chat-terly» konnte ich in meiner Nachbarschaft orten. Ein Freund hatte sein Netz «Scotty» genannt. Um sich einzuwählen, musste man das Passwort «Beam me up» eingeben. Das war cool und zeitgemäß. Selbst Altersheime warben schon mit drahtlosem Internetzugang. Nur ich lebte scheinbar noch in der Steinzeit.

Ich wollte mich nicht noch weiter abhängen lassen und begann mich zu informieren, ich surfte im Netz und befragte Freunde, Bekannte und Kollegen. Das Ergebnis meiner Recherche war eindeutig: Ein WLAN-Router musste her. Im Computerladen versprach man mir, die Installation würde automatisch erfolgen – anschließend hätte auch ich zu Hause ein Drahtlos-Netzwerk. Auf meine ängstliche Frage, ob die

Einrichtung auch für technisch weniger Versierte unproblematisch sei, nickten die Verkäufer ermutigend und erzählten mir, sie sei im Grunde nicht komplizierter, als eine Spülmaschine einzuschalten. Wie das ging, wusste ich – wenn auch nur bei einem Spülprogramm. Aber das musste ja niemand erfahren.

Ich suchte einen Router aus, der in vielen Tests gut abgeschnitten hatte. Dann fuhr ich nach Hause, um das neue Zeitalter einzuläuten. Das Anschließen war in der Tat ein Kinderspiel. Die Stecker und Kabel waren farblich markiert, und auf übersichtlichen Schaubildern wurde alles idiotensicher dargestellt. Bald war der Router mit meinem PC und dem DSL-Modem verbunden. Als ich den Computer hochfuhr, wurde das neue Gerät sofort erkannt, und ich konnte mit der Installation der mitgelieferten Software beginnen. Alles schien mir lächerlich einfach. Bereits nach ein paar Minuten waren die notwendigen Programme installiert. Mein erstes eigenes WLAN-Netz wurde angezeigt, und auch mein Smartphone fand das Netzwerk ohne Probleme.

Nachdem ich mein zuvor eingerichtetes Passwort eingegeben hatte, wurde eine Verbindung mit dem Router hergestellt – allerdings nicht mit dem Internet. Meine Euphorie erhielt einen Dämpfer. Ich versuchte, mit meinem stationären PC über den Router ins Netz zu kommen, aber auch das scheiterte. Vielleicht gab es gerade allgemein Probleme mit dem Internet? Ich machte eine kurze Pause – danach versuchte ich es noch einmal. Doch auch jetzt gelang es mir nicht, ins Netz zu kommen. Allmählich beschlich mich der Verdacht, dass die Installation vielleicht doch nicht so einfach war wie angenommen.

Ich baute den WLAN-Router wieder ab, immerhin hatte ich ja noch meinen Zugang über das Kabel. Nur erkannte mein Rechner leider das DSL-Modem nicht mehr und zeigte ständig Fehlermeldungen an. Verzweifelt deinstallierte ich die Software des Routers. Ohne Ergebnis. Wenn ich mich ohne WLAN noch in der Steinzeit befand, hatte ich mich jetzt, ganz ohne Internet, wohl in die Kreidezeit teleportiert. Ich konnte nicht mal im Netz surfen, um dort nach Hilfe zu suchen.

Entnervt formatierte ich die komplette Festplatte und installierte anschließend das Betriebssystem neu. Auch das brachte nichts. Das Modem wurde einfach nicht mehr von meinem Computer erkannt. Am späten Abend, nach Stunden des Herumprobierens, rief ich schließlich einen Freund an, dem ich sogar zutraute, aus einem Toaster einen WLAN-Router zu basteln. Er wohnte zwar in einer anderen Stadt, hatte aber Zeit und wollte mir am Telefon helfen.

Zunächst interessierte er sich für die Daten meines WLAN-Routers. Typenbezeichnung, Herstellungsjahr und Modellnummer standen in der Betriebsanleitung. Langsam las ich ihm alles vor. Dann wollte er die LAN-Einstellungen meines PCs und die IP-Adresse des Ports wissen, der zur Konfigurationsseite des Routers gehörte. Ich verstand natürlich überhaupt nichts. Jetzt begann die eigentliche Herausforderung: Er steuerte mich am Telefon durch zahllose Unter- und Unter-unter-Menüs der Netzwerkkonfiguration. Im Wechsel musste ich entweder endlos lange Zahlenreihen vorlesen oder aber selbst welche in Menümasken eingeben. Es wurden IP-Adressen gewechselt, Subnetzmasken definiert, Gateway-Einstellungen geändert und Installationsroutinen manuell durchgespielt.

Ab und zu hörte ich ihn am Telefon fluchen, manchmal brüllte er: «Hast du dich auch nicht vertippt?» In den unfreiwilligen Pausen, in denen der Rechner hochfuhr, um die neuen Einstellungen zu übernehmen, kochten wir uns Kaffee. Mein Rechner spuckte immer wieder neue Fehlermeldungen aus, und ich musste die angezeigten Zahlenreihen am Telefon durchgeben. Wie ein Mantra ratterte mein Freund Befehlszeilen runter, die ich allesamt auf Betriebssystemebene in den Rechner hacken musste. Anschließend hatte ich in wiederum anderen Untermenüs Einstellungen zu checken, die ich dann in Buchstaben, Zahlen oder Symbolen durchgab, ohne irgendetwas davon zu verstehen. Manchmal kam ich mir vor wie in einem abstürzenden Flugzeug – der Tower versuchte mir über Funk zu erklären, was ich tun musste, um den Bordcomputer wieder flottzukriegen.

Irgendwann forderte mein Freund mich auf, den Router völlig anders anzuschließen, als es in der Betriebsanleitung stand. Ich zögerte. Würde ich bei einer durch das Telefon gesteuerten Operation, auch auf Anweisung eines erfahrenen Chirurgen, nicht vielleicht aus Versehen die Hand ans Bein nähen? Ich folgte seinen Anweisungen, schließlich hing mein technisches Überleben von ihm ab. Noch einmal erhöhte sich die Zahl der Fehlermeldungen auf dem Bildschirm. Die Stimme meines Freundes wurde plötzlich sehr ruhig: «Jetzt dürfen wir keine Fehler machen ... wir müssen an die Grundwerte der Netzwerkeinstellung ran!» Für mich klang das, als kämen wir zum Höhepunkt einer Herzoperation. Wir mussten den Herzmuskel freilegen – bei einem falschen Schnitt wäre Schluss.

In einem Untermenü gab ich zweimal «n» statt «y» ein. Danach folgten erneute Versuche, sowohl die Softwareinstallation für den Router als auch die für mein DSL-Modem manuell vorzunehmen. Nach weiteren zwei Stunden war der Patient offensichtlich über den Berg: Die Fehlermeldungen wurden weniger. Nach einer dritten Stunde, es war bereits Mitternacht, sagte mein Freund auf einmal: «Jetzt müsste es eigentlich klappen.» Ich fragte, ob ich den nun sicher völlig falsch konfigurierten WLAN-Router wieder nach dem Schaubild der Betriebsanleitung anschließen sollte. Das aber war nicht im Sinne meines Experten. Und er behielt recht.

Auf einmal konnte ich wieder ins Netz – und diesmal auch drahtlos. Ich war fassungslos und hatte vor allem nicht die geringste Ahnung, warum es jetzt funktionierte. Mein Freund versuchte mir zu erklären, dass die internen IP-Adressen von Modem und Router zufälligerweise identisch konfiguriert worden waren und sich deshalb gestört hatten. Für beide Geräte hatten wir deshalb manuell neue Adressen vergeben müssen. Es habe so lange gedauert, weil er alles Mögliche, nur eben nicht das vermutet hatte. So oder so ähnlich verstand ich es jedenfalls. Wenn man überhaupt von verstehen sprechen möchte.

Insgesamt hatten wir gute sechs Stunden am Telefon verbracht. Seitdem komme ich in meiner Wohnung ohne Probleme drahtlos ins Netz. Allerdings weiß ich immer noch nicht, warum es funktioniert, und genauso wenig, was ich tun müsste, wenn es mal nicht mehr funktionieren sollte. Mit iPad, WLAN und Co. bin ich technologisch jedenfalls wieder up to date. Dass ich manchmal die einfache Welt des Sinclair ZX81 zurücksehne, wird jedem klar, der sich in mein heimisches WLAN einwählen will: Mein Netz heißt «Wiefunktionierts» und das Passwort lautet «KeineAhnung» … R.S.

Die erste Brille

Leider wurde die gesamte Literatur für mich unlesbar. Sachbücher fand ich langweilig, Romane abgedroschen. Ich ahnte bei nahezu jeder Geschichte, wie sie weitergehen und enden würde. Von daher wunderte es mich wenig, dass mein Interesse am Lesen allmählich und zuletzt gründlich nachließ. Das neue iPad, die vielen schönen Filme, die man über Stream sehen konnte, die bunten Apps auf dem Smartphone, all das war plötzlich viel interessanter. Meine Bücher dagegen blieben halb gelesen auf einem Stapel neben dem Bett liegen. Alles Schund, immer das Gleiche – mit Ende vierzig glaubte ich, das zu wissen.

Dabei fiel mir erst gar nicht auf, dass ich auch Zeitungen schneller als früher überflog und Nachrichtenmagazine nur noch mit Blick auf ihre Bilder durchblätterte. Meistens waren welche da. Ansonsten reichten Überschriften. Bis meine Freundin eines Abends vorschlug, sie könne ja mal mein Handy halten und sich damit in die Ecke stellen, das würde es mir vielleicht leichter machen. Ich verstand nicht. «Wieso? Was leichter machen? Was willst du in der Ecke?» – «Na, dann lies doch mal vor!» Ich konnte die Schrift noch einigermaßen erkennen. Anschließend hielt sie mir das Handy mit einer grünen SMS-Blase unter die Nase. Ich zog den Kopf zurück, wie es kluge Schildkröten beim Anblick eines Boxhandschuhs tun. Zuerst sah ich nichts außer schwammigen Blöcken, dann halb Verschwommenes. «Wie alt sind wir jetzt, Herr Professor?» – «Siebenundvierzig, du Nervensäge.» Sie lächelte und nickte. Mein Lächeln verschwand, und ich verstand.

Altersweitsichtigkeit. Das war der Beweis. Ich hatte davon gehört, den persönlichen Befall aber für unwahrscheinlich gehalten, zumal mir ein Augenarzt noch ein Jahr zuvor bescheinigt hatte, dass meine Glupschis ausgezeichnet seien. Also jedenfalls brauchbar. Solange es einem gut genug geht, denkt man selten daran, dass sich binnen eines Jahres weitaus mehr verändern kann als nur der DAX.

Eine hemdsärmelige Lösung für mein Problem fand ich noch in derselben Nacht: Eine Lesebrille aus dem Drogeriemarkt sollte mir helfen. 2,50 Euro, und Ruhe würde einkehren im Land der Hellsichtigen. «Im Bett sehen mich sowieso nur die, die nicht allein wegen meiner Augen da sind», witzelte ich. Monique lächelte etwas gequält. Sie ist ein paar Jahre jünger als ich und trägt seit Kindesbeinen eine Brille. Ich finde es aufregend, dass sie mich kaum sehen kann, wenn wir uns lieben, und sie danach dann die Brille aufsetzt und trotzdem bei mir bleibt. Mit ihren fünf beziehungsweise sechs Dioptrien ist sie ohne Sehhilfe aus der Sicht von uns Lesebrillenträgern halb blind. Der Beschützer in mir mag das.

Am nächsten Morgen stand ich vor dem fleckigen Spiegel eines drehbaren Brillenständers in einem nahe gelegenen Drogeriemarkt. Die Menge an unbrauchbaren Nasenfahrrädern, die die Industrie in der Lage war, herzustellen und auf den Markt zu werfen, beeindruckte mich schwer. Ich prophezeite dem Haus eine düstere Zukunft. Als der Laden ein Jahr später pleiteging und fünfundzwanzigtausend Menschen ihren Job verloren, fühlte ich mich etwas schuldig. Im bleichen Neonlicht der Ladenbeleuchtung wollte aber einfach keine Hochstimmung aufkommen. Ich verstand schnell: Drahtgekröse mit Plastikgläsern aus diesem Haus trägt nur, wer seiner Gleichgültigkeit gegenüber dem Geschmack der Mitmenschen Nachdruck verleihen will. Man sieht gut mit den Dingern, sieht aber auch scheiße aus. Aber: Wer jetzt nicht eitel ist, wird es niemals werden. Ich kaufte ein Modell, das nach Design aussehen sollte, zwei quadratische Brillengläser in der Größe einer halben Streichholzschachtel hatte und mit zwei Leichtmetallbügeln hinter den Ohren festgeklemmt wurde. Es kostete tatsächlich nur 1,99 Euro. «Stell dich nicht so an», dachte ich, «Aussehen ist nicht alles.» Nah – scharf, fern – verschwommen. Oder umgekehrt. Diese beiden Optionen hatte ich jetzt für denkbar wenig Geld erworben. Was für ein Luxus.

Meine erste Brille gammelte dann jedoch erst mal auf der Mittelkonsole des Autos vor sich hin. Ich kam mir einfach zu lächerlich vor mit dem Ding. Das ist der entscheidende Nachteil von Klarsicht: Hat man sich einmal im Spiegel gesehen, weiß man, wie man aussieht. Außerdem war die Brille zu eng, sie drückte hinter den Ohren. Daran änderte sich auch nichts, nachdem ich mit der Nagelfeile eine überstehende Plastikkante weggeschabt hatte. Bald war das Billigmodell von Münzen und Schlüsseln verkratzt. Lesen war immer noch kein Vergnügen. Die Bücher auf meinem Nachttisch schwiegen weiter vorwurfsvoll und weinten sich abends still in den Schlaf.

Erst als mein Arm nicht mehr lang genug war, um Zeitung lesen zu können, machte ich mich reuig auf, einen Optiker meiner Wahl aufzusuchen. Nachdem ich so gnadenlos an der Version Extrabillig gescheitert war, hatte ich beschlossen, dass es nunmehr ganz und gar auf die Kombi «Sehen und Aussehen» ankäme. Geld sollte keine Rolle mehr spielen. Man sieht ja nur einmal.

Ich parkte in zweiter Reihe und betrat den schicken Laden. Eine Grazie mit außerordentlich ansprechendem Äußeren sah mir tief in die Augen. Ich sei zum Sehtest da, sagte ich und guckte auf alles, was ich erkennen konnte. Der koste funfunddreißig Euro, meinte sie. Werde aber verrechnet, wenn ich hier im Hause eine Brille kaufe. Ich äußerte die Vermutung, dass es zu einem Geschäft dieser Art kommen könnte.

Zur Strafe für meine lüsternen Blicke versperrte sie mir dann die Sicht mit allerlei Linsen, die ich meinerseits mit «Vorher war besser!», «Jetzt ist besser!», «Nee, ist nicht besser!», «Ja, jetzt aber!», «Oder? Hm, ich glaub, vorher war doch besser!», «Oh, jetzt ist aber gut» zu kommentieren hatte. Ich sah ein kleines F, grazil und scharf wie selten zuvor. Kleine Einsen und große Gs hingegen fielen mir besonders schwer. Die Diagnose wurde mir schwarz auf weiß präsentiert. Ich konnte es kaum lesen. 1,25 Dioptrien links, 1,5 rechts. «Kein Wunder, dass Sie mit der Drogeriebrille nicht zufrieden waren!» Stimmt. Kein Wunder. Zwei Augen, unterschiedliche Sehschwächen.

Während die optische Wucht mir einen Lungo zubereitete, suchte ich im Smartphone schnell nach der teuersten Brille der Welt, um mich auf das Äußerste gefasst zu machen oder im besseren Fall einen tröstlichen Vergleich zu haben. Ich fand ein edelsteinbesetztes Modell von Cartier, an dem zwei wackere Heinzelmännchen jeweils sechshundert Stunden rumgeschraubt hatten, die für den prolligen Klotz anschließend rund hundertvierzigtausend Euro verlangten. Eine ähnlich aufgedonnerte Sonnenbrille sollte gar dreihundertfünfzigtausend Euro kosten. Danach fand ich noch heraus, dass Dioptrie mit «ie» geschrieben wird, im Singular kein «n» hat und ansonsten der Kehrwert der Maßeinheit Meter ist. Schlagartig hielt ich Optiker für einen akademischen Beruf. Ich konnte die Stärke meiner Lesebrille nicht mal mit Hilfe einer einfachen Faustformel ermitteln: «Kehrwert der Entfernung, in der man seine Zeitung lesen möchte, minus Kehrwert der Entfernung, in der man noch scharf sehen kann, ergibt den Brechwert der Lesebrille.» Darin war ich offenbar gut: Lesebrillen mit hohem Brechwert zu finden.

Die Grazie reichte mir den Kaffee und hieß mich in einem Sessel Platz nehmen. Dann schwebte sie mit den ersten drei Brillen an. Das Klackern ihrer Absätze auf dem Parkett ließ mich ernsthaft in Erwägung ziehen, sie zu bitten, mir sämtliche Brillen des Ladens einzeln vorzuführen. Ich verkniff mir wie stets und ständig die Frage nach dem Preis und stellte bald fest, dass es sich wie immer verhielt: Die teuersten Modelle gefielen mir am besten. Ich verstehe das nur nie. Wie können winzige Unterschiede so einen Unterschied machen? Stärke der Bügel, Form der Gläser, Fassung – bin ich ein Designer oder was? Dabei waren mir meine Auswahlkriterien nicht wirklich bewusst.

Schließlich probierte ich eine Fassung auf und wusste: Die war es. Schlicht, schwarz, edel, nicht zu wuchtig, schön streng. Meine. Alle weiteren Modelle dienten danach allein der Bestätigung dieser Tatsache. «Lassen Sie sich lieber ein wenig mehr Zeit. So eine Brille soll einen ja möglichst lange begleiten!» Für diesen Satz bekam sie Punktabzug. Ich mag es nicht, wenn andere mich an das Ende meiner Tage erinnern, schließlich denke ich selbst oft genug daran. Ich flötete trotzdem noch eine Weile gehobenen Blödsinn und versuchte, es mir mit der Vorstellung bequem zu machen, eine Brille für sechshundert Euro mein Eigen nennen zu dürfen. Immerhin: Gläser inklusive.

Auf der Arbeit hatte die Brille die gewünschte Wirkung. Man traute mir jetzt sogar einen Studienabschluss zu. Zu Hause fragte mich Monique, ob ich mich denn so wohlfühlen würde, als jugendlicher Nerd mit Berlin-Mitte-Attitüde, und nur meine Tochter wusste, wie man einen frisch vom Optiker

Heimgekehrten begrüßt: «Hallo Papa, neue Brille?» – «Ja. Gefällt sie dir?» – «Hm, ja. Is' gut. Du, Papa, kann ich mir ‹Wilde Hühner 2› aus dem Netz runterladen? Oder nein, kannst du das besser machen? Ich gebe dir auch einen Euro von meinem Taschengeld dazu. Wir könnten es mit letzter Woche verrechnen, da habe ich nämlich keins bekommen.»

Als ich mich durch die Menüführung von Apple-TV klickte, weil ich zum x-ten Mal das Passwort vergessen hatte und daher alle Geräte nach und nach neu einrichten musste, stellte ich fest, dass ich mit der Lesebrille nicht wirklich gut fernsehen konnte. Und es wurde nicht einfacher. In den nächsten Wochen war ich im Wesentlichen damit beschäftigt, die Brille aufzusetzen, abzusetzen, einzupacken oder auszupacken, auf den Kopf oder die Nase zu schieben. Ich trug sie sogar probeweise an einem Kettenband. Hoch, runter, putzen, hoch, runter. Ich kam mir vor wie ein Ritter, der geschworen hat, nicht eher wieder zu lieben, bis er sein Visier zwölf Milliarden Mal hoch- und runtergezogen hätte. Ich blieb unermüdlich. Noch wusste ich nicht, dass ich schon kurze Zeit später wieder in den gleichen Brillenladen gehen würde, um mich in die Geheimnisse der schwindelerregenden Gleitsichtgläser einweihen zu lassen, für die ich willens sein würde, noch mal das Doppelte zu bezahlen.

Vorerst war ich zumindest abends im Bett glücklich. Mit meiner Brille und den Büchern, die jetzt plötzlich wieder mehr Sinn machten, und mit einem erschlafften Ziliarmuskel, der sich sanft um meine schönen blauen Augen schmiegte. Immerhin hatte ich länger als die meisten durchgehalten: Presbyopie, Altersweitsichtigkeit, trifft die Menschen durchschnittlich ab fünfundvierzig. Mich hatte es erst mit siebenundvierzig erwischt. Ich beschloss allerdings, weiter kein großes Gewese darum zu machen und ganz in

Ruhe auf die gebührende Anerkennung für meine Wahnsinnsleistung zu warten. Eine Leistung, die – wie sich zeigen sollte – nur die allerwenigsten anzuerkennen in der Lage sind. V.W.

Das erste Mal bei den Olympischen Spielen

Ich habe schon etliche Fußballspiele live im Stadion verfolgt, genauso Basketball, Handball, Volleyball, Baseball und sogar American Football, aber noch nie ein Hockeyspiel. Ich litt nicht gerade darunter, war aber doch etwas aufgeregt, als sich die Chance dazu ergab. Es war ja auch nicht irgendein Spiel, sondern ein Länderspiel, und ein wichtiges noch dazu: Deutschland gegen Südkorea bei den Olympischen Spielen 2012 in London. Volker und ich berichteten für den deutschen Hörfunk über die Wettkämpfe und bekamen die Karten als Journalisten umsonst.

Das Spiel sollte um 20.30 Uhr beginnen. Etwa anderthalb Stunden vorher durchstreiften wir noch die gigantischen Malls unter den Bürogebäuden der Canary Wharf. Hier fand man auf mehreren Ebenen Sushi-Läden, Coffee-Shops und Convenience-Food-Buden neben ausgewählten Modegeschäften. Läden für Menschen, die jeden Tag Milliarden Dollar, Euro und Pfund durch die Welt transferierten und selbst ein paar hunderttausend im Jahr verdienten. Wir besorgten uns Sushi und Getränke als kleinen Reiseproviant, anschließend stiegen wir hoch zur Docklands Light Railway, die uns von der futuristisch anmutenden Station Canary Wharf zum Olympiagelände in Stratford bringen sollte. Die S-Bahn fuhr vollautomatisch, hatte also keinen Fahrer, sondern nur einen

Zugbegleiter. Der Zug wurde von Station zu Station voller und war fast überfüllt, als wir schließlich in Stratford ankamen. Das fahrerlose Technikmonster entließ uns ins Freie, und wir machten uns mit vielen anderen Olympiabesuchern auf den Weg zum Gelände.

Überall hingen riesige pinke Banner mit dem Aufdruck «London 2012» oder dem offiziellen Logo der Spiele. Wir liefen an Absperrungen, vielen Polizisten und «Olympic Volunteers» vorbei, die uns alle paar Meter begrüßten und antrieben. «Welcome to the Olympic Games 2012!», riefen sie durch das Megaphon. Manchmal brüllte Volker so laut zurück, dass sie erschraken.

Nach gut fünfzehn Minuten erreichten wir endlich den Eingang zum Gelände. Dort herrschten Sicherheitsvorschriften wie auf einem Flughafen. Man musste die Taschen leeren und den Gürtel ausziehen. Die Sachen wurden geröntgt, und unsere Getränke wurden uns abgenommen. Das Sushi durften wir zum Glück behalten. Wir erkannten sofort das Olympiastadion, den Olympiaturm, die Wasserballarena und das wellenförmig gebaute Aquatics Center, in dem die Schwimmer um Medaillen kämpften. Das Hockeystadion konnten wir noch nicht sehen, weil es sich ganz am Ende der riesigen Anlage befand.

Zehntausende Menschen bewegten sich über die gewaltige Fläche. Zwischen den Absperrungen, die auch hier aufgestellt worden waren, um die Menschenströme zu leiten, standen immer wieder Polizisten mit und ohne Pferd. Ich fragte einen der Bobbys, ob ich seinen Helm aufsetzen dürfe, um mich damit fotografieren zu lassen. Der Polizist nickte freundlich und reichte mir seine Kopfbedeckung. Irgendwie gab mir sein Gesichtsausdruck allerdings gleichzeitig zu verstehen: «Glaub bloß nicht, dass du heute der Erste bist, der das macht!»

Nach den Angaben auf den Schildern hatten wir zur Hockeyarena noch einen Fußmarsch von zwanzig Minuten vor uns. Wir setzten uns erst einmal an einen der wenigen freien Tische eines gigantischen Imbissstands und aßen unser mitgebrachtes Sushi, während die Touristen und Londoner um uns herum gigantische Portionen Fish and Chips in sich hineinbeförderten. Danach liefen wir zügig weiter, wir wollten schließlich nicht zu spät kommen.

Die Arena war gigantisch groß und demontierbar, die Zuschauertribünen waren wie ein Baugerüst zusammengeschraubt und außen mit blauer Folie abgehängt. Alle zehn Meter befanden sich Eingänge mit Kontrolleuren. Unsere kleine Sushi-Vesper hatte uns sehr durstig gemacht. Wir liefen also erst einmal zum nächsten Bierstand und kauften uns je einen Drittelliter Bier – für acht Pfund, also gut zehn Euro. Dann suchten wir den Eingang zu unserem Block. Kaum hatten wir ihn gefunden, verließen auch schon Massen von Menschen die Arena. Das erste Hockeyspiel des Abends war gerade zu Ende gegangen. Pakistan hatte Argentinien 2:0 besiegt. Das hatten wir also schon einmal verpasst.

Immerhin hatte das Spiel der deutschen Mannschaft noch nicht begonnen. Da die Menschen weiter aus der Arena strömten, blieben wir erst einmal draußen und tranken das Bier im Stehen. Viele der Zuschauer kauften sich, kaum dass sie aus dem Stadion kamen, gigantische Würste, die sie mit Zwiebeln belegten und in Ketchup tunkten. Hockeyschauen machte offenbar sehr hungrig. Wir dagegen tranken gemütlich ein Bier nach dem anderen und hatten langsam die Lockerheit, die wir für unser erstes olympisches Hockeyspiel brauchten.

Volker holte noch zwei Bier, dann begaben wir uns zu unseren Plätzen. Damit hatte jeder von uns bereits gute fünfzig

Euro in Alkohol investiert. Wir zeigten unsere Tickets vor und kletterten über eine schmale Treppe in den Zuschauerblock. Unsere Plätze waren allerdings schon besetzt. «I'm sorry but I think these are our seats», versuchte ich dem älteren Paar zu erklären, das sich dort breitgemacht hatte. Die beiden sahen mich nur hilflos an. «Die verstehen mich wohl nicht», meinte ich zu Volker. «Ach, ihr seid Deutsche!», rief daraufhin eine Frau in Deutschlandtrikot hinter uns. «Wir haben uns alle umgesetzt, damit wir als Fans zusammensitzen können. Setzt euch doch hier neben uns!» Volker zögerte nicht lange. Wenn eine junge Frau ihm einen Platz anbot, musste er natürlich annehmen. Ich setzte mich neben ihn.

Wir saßen jetzt also in der Riverbank Arena, in die sechzehntausend Zuschauer passten. Noch waren davon nicht allzu viele da, aber laut einer überdimensionierten, rückwärtslaufenden Uhr waren auch noch zwanzig Minuten bis zum Beginn des Spiels Zeit. Das Feld war tiefblau, damit die Zuschauer den Ball besser sehen konnten, vor allem diejenigen, die das Spiel vor dem Bildschirm verfolgten. Um uns herum saßen deutsche Fans, die Trikots mit den Namen der Nationalspieler trugen. Wir kannten keinen einzigen davon.

Überall wurden laut Fachgespräche geführt. «Habt ihr schon Karten für das nächste Spiel ... Morgen ist ein Empfang beim Hockeybund ... Der NDR hat noch Karten ... Wir treffen ihn später in der Hotelbar ...» Wie sich herausstellte, waren wir von ganz besonderen Fans umgeben: den Freundinnen, Geschwistern, Eltern und Großeltern der deutschen Hockeynationalspieler! «Reiß dich diesmal ein bisschen zusammen», raunte Volker mir zu. «Wäre schön, wenn du heute niemanden beleidigst!» Das reizte mich. «Im ersten Spiel waren die Deutschen ja nicht besonders überzeugend!», versuchte ich unsere Nachbarn zu provozieren. Die Gespräche verstummten. Volker schüttelte nur den Kopf. «Die spielen sich doch noch ein», meinte einer der Spielerväter. Entschuldigend erklärte auch die Freundin eines Spielers, die neben Volker saß, dass sich das Team sicher verbessern werde und das Ergebnis immerhin in Ordnung gewesen sei. Ich war zufrieden – dafür, dass ich von Hockey rein gar nichts verstand, hatte man mich erstaunlich ernst genommen.

Langsam füllte sich die Arena, und auch die ersten Spieler liefen auf. «Die Jungs haben eine exzellente Vorbereitung gespielt», meinte ein Spielervater. «Ja schon, aber können sie als Titelverteidiger dem Druck standhalten?», fragte ich zurück. «Noch so eine Platitude», murmelte Volker, «und ich geh kotzen!» Und schon standen beide Mannschaften zur Intonierung der Nationalhymnen auf dem Feld. Die Verwandten der Spieler um uns herum sangen bei der deutschen Hymne mit.

Danach begannen die Teams sich einzuspielen, und wieder lief eine Uhr rückwärts. «Das ist neu», erklärte mir mein Sitznachbar. «Die Warmmachphase gehört jetzt zum Spiel. Steht die Uhr auf null, wird angestoßen. Egal, ob die andere Mannschaft schon bereit ist oder nicht. In der Vorbereitung konnten die Deutschen gegen England auf diese Weise ein Tor schießen. Die Engländer waren einfach nicht rechtzeitig auf dem Feld.» Das hatte ich wirklich nicht gewusst. Ich fand es auch nicht sonderlich fair, erklärte es aber gern Volker, der nichts mehr liebt, als wenn ich ihm Regeln, Gesetze oder Meinungen erläutere.

Dann ging es endlich richtig los. Die Stimmung im Stadion wurde frenetisch und laut. Der deutsche Block um uns stand auf und skandierte «Deutschland, Deutschland!». Ich echote ein zaghaftes «Südkorea», bevor mich Volkers Blick zur Räson brachte. Er selbst konnte kaum etwas sehen, weil seine Sitznachbarin eine riesige deutsche Fahne schwenkte, die ständig an seiner großen Nase hängen blieb. Lange versuchte er, sich nichts anmerken zu lassen, irgendwann flüsterte er mir dann aber zu: «Ich gebe ihr noch zwei Minuten. Wenn sie dann nicht aufhört, wickle ich sie in die Fahne und werf sie in die Themse!»

Das Spiel war langweilig, aber die Zuschauer wollten ihren Spaß, und so brandete, begleitet von lautem Fußgetrappel, eine La-Ola-Welle nach der anderen durch das Stadion. Nach fünfzehn Minuten saßen alle wieder, und es wurde deutlich stiller. Ich sah natürlich sofort, wenn ein Pass der deutschen Mannschaft nicht ankam. «Wie wäre es mal mit einem Schuss aus der zweiten Reihe?», rief ich. «Man darf nur innerhalb des Schusskreises Tore erzielen», erklärte mir mein Sitznachbar, offenbar ein Hockeyexperte. «Was hat er gesagt?», fragte Volker. «Er sieht es wie ich!», antwortete ich und bemerkte, dass er mir bereits eine gewisse Hockeykompetenz zugestand.

Im gleichen Moment fiel völlig überraschend ein Tor für die Deutschen. Südkorea hatte nicht aufgepasst. Das Stadion jubelte, von den Fans um uns herum abgesehen, nicht sonderlich laut über die deutsche Führung. Es waren offenbar mehr gegnerische Anhänger da, und die eher neutralen Zuschauer hielten wohl auch eher zu Südkorea. «Die machen es den Deutschen aber auch leicht», meinte ich zu meinem Nachbarn, «die müssen doch bei der Ecke viel dichter ran!» Wieder war er nicht ganz einverstanden. «Das war eine Strafecke, dabei springt häufig ein Tor raus. Jetzt wird es aber tatsächlich einfacher. Die Südkoreaner müssen hinten aufmachen.» Ich drehte mich zu Volker, der sich gerade mal wieder die deutsche Fahne aus dem Gesicht streichen musste. «Die Südkoreaner müssen hinten öffnen. Das bedeutet mehr Chancen für die Deutschen!»

In der Pause zeigte die Großbildleinwand des Stadions die sportlichen Höhepunkte des Tages. Volker holte noch mal zwei Bier, und die Verwandten, Verschwägerten und Fans der Deutschen erzählten mir währenddessen, dass die gelbe Karte im Hockey, anders als beim Fußball, schon eine Strafe nach sich zieht: Der Spieler muss für zwei Minuten den Platz verlassen.

In der zweiten Halbzeit wurde Südkorea immer stärker. «Jetzt haben die Deutschen langsam Glück», meinte der Mann neben mir, «dass sie noch vorn liegen!» Vor allem gegen Ende des Spiels geriet die deutsche Mannschaft immer mehr unter Druck. Der deutsche Torwart hielt letztlich aber alles, sogar eine Strafecke. «Schnuppi, du bist supi!», rief ein Mann vor uns. Die Frau neben ihm rüffelte ihn sofort dafür: «Das darfst du nicht sagen! So darf ihn doch nur seine Freundin nennen.» Volker sah schon wieder nichts vom Spiel, sondern nur die deutsche Fahne. Dann war es auch schon vorbei, und wir verabschiedeten uns von der deutschen Hockeyfamilie wie langjährige Freunde.

Ein Fluss von Menschen trieb uns zur U-Bahn. Mit der Central Line ging es dann zur Tottenham Court Road. Wir wollten in einem Pub den Hockeyabend beschließen. In der Weltmetropole London waren die Kneipen allerdings alle schon dicht. Nur in der lausigen Hotelbar bekamen wir noch ein Pint. Wir bilanzierten, dass Hockey wohl nie zu unserer Lieblingssportart werden würde. Die Deutschen hielten wir für nicht sonderlich stark und sahen auch keine Medaillenchance. Den Familienblock, in dem wir gesessen waren, fanden wir äußerst sympathisch. Ein Wiedersehen konnten wir uns vorstellen. Aber nur ohne Fahne, wie Volker festhielt. Dann gingen wir schlafen.

Ein paar Tage später verlor das deutsche Hockeyteam klar gegen die Niederlande. Das hatte ich als frischgebackener Hockeyexperte auch nicht anders erwartet. Im Spiel gegen Südkorea hatte ich die Schwächen im Zusammenspiel ja genau beobachten können. Wiederum ein paar Tage später traf Deutschland erneut auf Holland, diesmal im Endspiel. Die Deutschen siegten, wie es hieß, verdient und wurden Olympiasieger. Anschließend feierten sie auf der «MS Deutschland» in den Docks von London bis in die Puppen, und es flogen angeblich sogar Möbelstücke ins Wasser. Fazit: eine grundsympathische Mannschaft mit tollen Fans, Familien und Freunden. Aber keine Ahnung, wie sie es geschafft haben, Olympiasieger zu werden. R.S.

Alter – Warum am Ende alles gut wird

Das erste Mal alt

Mittlerweile habe ich mich daran gewöhnt, in Geschäften oder auch auf der Straße fies angepöbelt zu werden. Wildfremde Menschen sagen Dinge zu mir wie «Junger Mann, wo ist denn die Goethestraße?» oder «So, junger Mann, nun zu Ihnen!». Das steht auf der nach oben hin offenen Rüpel-Skala sogar noch eine Stufe über «Alter Sack!» und fünf Stufen unter der Verwendung der ersten Person Plural («So, Herr Wieprecht, dann wollen wir mal das Töpfchen holen. Mal schauen, ob es heute geht.»).

Wir hier finden das nicht lustig. Die Verwendung der förmlichen Demütigung «Junger Mann!» bedeutet in der Langform nämlich «Ich tue mal so, als sähe ich Ihr graues, schütteres Haar und Ihre Falten nicht, und stelle mir vor, Sie trügen eine kurze Lederhose mit roten Herzchen und einem vom vielen Rutschen glattgewichsten Podex; diesen Mangel an Aufrichtigkeit verkaufe ich Ihnen allerdings als ausgesuchte Zuvorkommenheit, um Sie gänzlich der Lächerlichkeit preiszugeben».

Dann doch lieber mit «Ey, Alter!» angesprochen werden – so lautet schließlich die adäquate Anrede für körperlich ernstzunehmende Brüder der Prügelklasse A aus inhäusiger Sportstudiohaltung. «Ey, Alter!» bedeutet «Ich hau dir nicht in die Fresse, du haust mir nicht in die Fresse – hauen wir lieber jemand anderem in die Fresse!». Damit kann ich leben.

Nichts setzt dem Ego mehr zu als das Altern und seine Begleitumstände: Krankheit und Tod. Man war lange eine uneinnehmbare Bastion, nun ziehen sich Risse durchs Mauerwerk. Der Feind marschiert im Gleichschritt an, riesige Rammböcke werden in Stellung gebracht. Auf Dauer ist die Festung wohl nicht zu halten. Ernst dreht der König seine Runden. Die Hofschranzen sehen natürlich keinerlei Anlass zur Besorgnis: «Eure Majestät sind vollkommen sicher!» Der weise Herrscher schenkt ihnen jedoch keinen Glauben.

Irgendwie ist man all die Jahre ohne eine klare Verortung in der Alterspyramide zurechtgekommen. Ob man alt oder jung ist, war nie die Frage. Altersbedingte Veränderungen fielen kaum auf, weil an der Basis kein Gedränge herrscht. Man bewegt sich unbehelligt. Doch nach oben hin wird's enger: Andauernd muss irgendein Status quo verbessert oder zumindest erhalten werden. Das strengt an und beschleunigt den Verfall. Sätze, die man oft hat verlauten lassen, hört man jetzt zum ersten Mal selbst: «Du bist auch nicht mehr der Jüngste!» Doch wer ist das schon? Ungeborene vielleicht.

Mir wurde der Dolch der Altersfrage mit zweiundvierzig Jahren ins Herz getrieben. Ich stand Arm in Arm mit Silke, einer Freundin, die halb so alt ist wie ich, umgeben von Menschen, die mir eigentlich freundlich gesonnen waren. Wir alberten herum und hatten einen Mordsspaß, als eine von Silkes entfernten Bekannten ihr laut lachend über den Rücken strich und meinte: «Du hast aber einen lustigen Vater!» Klick. Die Granate zündet und explodiert. An der Oberfläche zeigt sich von der überwältigenden Scham nur ein gequältes Lächeln. Vati hat ja Humor. Und es wurde bald noch lustiger.

Vor einiger Zeit saß ich an einem der ersten Sommertage in einem Bierlokal, neben mir meine Tochter. Am Nachbartisch nahm eine alte Frau Platz, ihre Töchter halfen ihr vom Rollator auf ihren Stuhl. Die dritten Zähne der Frau entstammten wohl noch einer Zeit, in der die Techniker noch Granit und Stahl direkt am Zahnfleisch verklebten. Ihre Augen waren hinter den dicken Gläsern tischtennisballgroß. Ihr schütteres Haar leuchtete nikotingelb, ihre runzlige Haut wellte sich auf den Knochen. Die Finger dürr, das Lächeln milde. Sie sah meine Tochter an. Dann mich. Schließlich sagte sie zu Laura: «Dein Opa sieht aber nett aus!»

Manch einer wäre dem heransirrenden Pfeilschwarm ausgewichen, hätte sich weggeduckt, hinter dem Rollator der Frau versteckt, das Schild der Ignoranz vorgehalten, alles auf das spärliche Sehvermögen der Dame geschoben. Nicht ich. Wie MacGyver berechnete ich binnen vier Nanosekunden das Durchschnittsalter der Väter in der Klasse meiner Tochter, subtrahierte es von der durchschnittlichen Lebenserwartung eines männlichen Deutschen und potenzierte es mit der Höhe meines Dispokredits. Heraus kam eine Zahl in der Größenordnung von mehreren Milliarden. Ein untrüglicher Indikator dafür, dass ich bumsfidel und noch lange kein Opa war. Blitzschnell gab ich eine Antwort, die meine juvenile Schlagfertigkeit im gleißenden Licht der Öffentlichkeit unter Beweis stellte: «Ja, so ein netter Opa, haha.» Alle lachten. Ich überlegte, ob ich die Bremsschläuche am Rollator der Dame durchtrennen und einen Kickstartmotor anbringen sollte, entschied mich dann aber für ein weiteres Bier.

Seit einiger Zeit bin ich bestrebt, mich meinem fortgeschrittenen Alter entsprechend zu verhalten. Ganz anders als viele meiner ebenfalls siechen Brüder und Schwestern, die permanent so tun, als überlegten sie, was sie zum Schulabschluss-Ball tragen sollen, kaufe ich zum Beispiel Zahnpasta, die eigens für mich entwickelt wurde – sie trägt den

Vermerk «Spezielle Vorsorge für Zähne ab vierzig». Ferner habe ich mir ein Auto zugelegt, das ich mir wahrscheinlich nur ein Mal im Leben kaufen werde, wie mir der überaus zuvorkommende Verkäufer beim Anblick meiner Frisurreste überzeugend darlegte. Dass diese Entscheidung richtig war, merke ich daran, dass mich weitaus mehr Leute allein schon wegen meines Autos nicht mögen. Immer häufiger treffe ich mich in Selbsthilfegruppen mit Menschen, die wie ich eine ärztlich attestierte Allergie gegen sinistere Wirtschaftsberater haben. Wir sprechen dann auch über die Punkte, die wir in Flensburg haben, und was unsere Anwälte dazu sagen.

Am wichtigsten aber ist die Kleidung. Nie wieder Hemden, die auf Taille geschnitten sind. Und nicht die allerbilligsten, die sind nämlich oft so kurz, dass der Bauchansatz sie aus der Buchse zerren kann, was den Blick auf den fusseligen Bauchnabel oder das Bauarbeiter-Dekolleté freigibt. Auch die Unterwäsche amerikanischer Soldaten trage ich nur noch selten: T-Shirts. Wenn doch, achte ich darauf, dass auf dem möglichst einfarbigen Stoff keine Worte wie «Surfen», «Sonne», «Sun», «Soleil» oder «Playboy» stehen. Lustige Aufdrucke sind genauso tabu wie Krawatten mit Weihnachtsmann- oder Fototapeten-Motiv. Die Frage der Kopfbedeckung ist einfach zu beantworten: Man trage weder Baseballcap noch einen wie auch immer gearteten Hut. Beides ist einfach nur albern. Die Wahl der Schuhe erfordert einiges an kosmopolitischer Grundhaltung. Hier verfahre ich mit einer gesunden Mischkalkulation. Wohl wissend, dass gute Herrenschuhe sehr selten bei herkömmlichen Schuhhandelsketten feilgeboten werden, erlaube ich mir doch einmal im Jahr, ein paar schnell verrottende Treter zu kaufen, um nicht zu großmannssüchtig rüberzukommen. Die Welt soll sehen, dass ich noch auf etwas hin spare. Auch wenn ich bereits einen Nasenhaarschneider habe, bei dem ich schon zweimal die Batterien wechseln musste.

Sie sehen, ich bin total ausgebufft, lasse das aber nicht raushängen, weil man ja schließlich auch im Alter cool sein will. Im Grunde kaufe ich, was ich brauche, nachdem der Wunsch vorher dreimal in meinem Geist aufgetaucht ist und dort die Dringlichkeitsprüfung bestanden hat. Zuletzt war das eine neue Salatschleuder. Zu viel Wasser in der Salatsoße ist leider ein Problem, das sich auch im fortgeschrittenen Alter nur unter Einsatz schweren Geräts lösen lässt. Ich gehe immerhin davon aus, dass es die letzte Salatschleuder war, die ich in diesem Leben kaufen musste. V.W.

Das erste Mal im Altersheim

Laura, meine elfjährige Tochter, will nicht mit. «Ich werde dich auf keinen Fall ins Altersheim begleiten», sagt sie ruhig und bestimmt. Dabei hat sie Ferien und den ganzen Tag Zeit. Was ich denn da wolle, fragt sie etwas genervt, aber auch interessiert. «Ich will meiner Zukunft so nahe wie möglich kommen», antworte ich und kann ganz gut nachvollziehen, dass sie das nicht versteht. Wer denkt schon mit elf Jahren darüber nach, wie es wäre, im Altersheim zu leben? Bei mir hat das gedauert, bis ich vierzig war. Trotzdem wünsche ich mir aus pädagogischen Gründen, dass sie mich begleitet. Sie soll sehen, was es bedeutet, alt zu werden. Außerdem finde ich, man kann gar nicht genug Mitgefühl für unsere älteren Mitmenschen entwickeln.

Doch Laura denkt eher an sich. Auf die Frage, warum sie nicht mitwolle, antwortet sie: «Weil die Omis mir immer in die Backe kneifen und auf meiner Frisur rumtatschen!» Sie redet unter anderem von Frau Gillmann. Alle Hausbewohner sind immer vor ihr geflüchtet, weil keiner ihre als Gespräch getarnten, abendfüllenden Monologe zwischen Tür und Angel ertragen wollte. Manchmal stand sie vor den Mülltonnen im Hinterhof, selbst kaum größer als die grauen Container. Die Minute, die man für das Entsorgen der Flaschen benötigte, genügte ihr, um mit ihrer kratzigen, kehligen Stimme Schuldgefühle auszulösen. «Sie hetzen immer so. Hetzen Sie doch nicht so! Warum hetzen Sie denn immer?» Oft kniff sie Laura in die Backe, tätschelte ihren Kopf und sagte: «Du hast so wunderschöne Augen. Und so wunderschöne Haut!» Ich verstand den sehnsüchtigen Blick, missbilligte aber ihre Übergriffigkeit. Also hetzten wir. Selbst an dem Tag, als ihre Wohnungstür einmal sperrangelweit aufstand, Frau Gillmann auf einem Stuhl im Flur saß und sich dort ihr schütteres Haar frisieren ließ. Der Fahrer des Krankenwagens lehnte derweil am Fahrstuhl und rauchte. Sie verließ die Wohnung nur frisiert. Dieses Mal war sie nicht zurückgekommen.

«Es sind nicht alle alten Leute wie Frau Gillmann», sage ich zu Laura, «denk mal an deine Uroma!» Henriette wurde fast hundert und hätte noch lange als externer Festplattenspeicher arbeiten können. Akkurat und schnell, allerdings nicht immer voll einsetzbar, wenn das Betriebssystem bockte. Sie war eine kluge und humorvolle Frau, deren größtes Leid es war, anderen zur Last zu fallen, als sie blind, bettlägerig und pflegebedürftig wurde. Ihr Sohn lebte im gleichen Haus, und so konnte sie im Kreis der eigenen Familie gehen.

Wir selbst haben keinen Pflegefall in der Familie. Ich musste nie jemanden im Altenheim besuchen. Diese Häuser mit so wohlklingenden Namen wie «Seniorenresidenz» oder «Altersruhesitz» ließ ich bisher unbeachtet links liegen, wenn ich an ihnen vorbeirannte. So tun das wohl alle, bis man dann im meist höheren Alter doch mal umkippt oder zumindest aus dem Schritt kommt. Oft genug sind die Angehörigen dann überfordert und sehen sich nach einem Pflegeplatz um. Es geht manchmal nicht anders – alle anderen müssen weiterrennen, da bleibt keine Zeit für Rollstuhl schieben und Windeln wechseln. Also wird für Opa ein Platz gesucht. Möglichst nahe gelegen, komfortabel, erschwinglich. Kein Schrottplatz.

So beginnt es meistens, erzählt mir Birgit Pfahl, die leitende Pflegerin des Hauses Bergmann, ein in Windeseile hochgezogener Neubau. Nur die wenigsten kämen schon in meinem Alter, um sich nach einem Platz umzusehen, sagt sie. Frau Pfahl ist einigermaßen verwundert und fragt sich womöglich, was ich hier eigentlich will. Vielleicht bin ich einer dieser Reporter, der Pflegenotstände aufspüren will? «Ich möchte sehen, was noch kommen könnte», sage ich. Das, meint Frau Pfahl, sei ihr bisher noch nicht untergekommen. Ins Altersheim gehe man üblicherweise erst, wenn es nicht anders geht. Oft schaffen es die älteren Damen und Herren nach einem Krankenhausaufenthalt einfach nicht mehr, in die Häuslichkeit zurückzukehren. Gerade für Alleinstehende sei das häufig ein Problem.

Wir holen uns einen Kaffee. Am Fahrstuhl herrscht Gedrängel. Eine beleibte Frau mit Rollator krallt sich an den Bremsen fest, als eine nicht minder gewichtige alte Dame ihren Rollstuhl rückwärts aus der Fahrgastkabine manövriert. Ihr Bein ist geschient. Ein Wäschewagen biegt um die Ecke. Das Telefon an der Rezeption klingelt. Vor der Tür steht ein Krankentransporter, der Fahrer redet mit einer Dame, die ich für eine Pflegerin halte, sie ist höchstens dreißig. Was habe ich erwartet? Den ganzen Tag Edvard Griegs «Morgenröte» aus den Lautsprechern?

Frau Pfahl erzählt mir, sie habe vor zehn Jahren erkannt, dass Altenpflege die Zukunft sei. Welche Zukunft sie meint, bleibt unklar. Ihre mit Sicherheit. Auf dem Tisch liegt ein himbeerfarbenes Tuch mit goldenen Pailletten, außerdem eine Art Wochenprogramm. «Oh, ein Bauchtanzkurs!», rufe ich und finde mich selbst eine Spur zu fröhlich. «Ja, immer dienstags», kommentiert Frau Pfahl. Scheinbar gibt es an jedem Tag der Woche irgendeine Aktivität: Gesprächskreise, Hausarbeitshilfen, Basteln, Ergotherapie, Theater, Chor, Gymnastik, Ausflüge. «Am Wochenende waren die, die konnten, in Polen!»

Durch die bodentiefen Fenster kann man draußen alles sehen und von draußen hereinschauen. «Wir wollen volle Transparenz.» Ich frage Frau Pfahl, warum ich bisher nur ab und zu einen Krankenwagen, aber noch keinen Leichenwagen gesehen hätte. Geschieht der Abtransport der Toten nur zur Nachtzeit? Nein, der Wagen komme, wenn es notwendig sei. Während unseres Gesprächs ruft eine Bewohnerin an, die nicht so genau zu wissen scheint, ob sie erst zum Labor, dann zum Arzt und anschließend in die Seniorenpflege Bergmann gehen oder eine andere Abfolge wählen soll. Labor, Arzt, Seniorenpflege. Labor, Arzt, Seniorenpflege. Labor, Arzt, Seniorenpflege. Frau Pfahl ist nicht aus der Ruhe zu bringen. Draußen bläst der Wind einen Sonnenschirm um. Sie öffnet die Tür und ruft der Empfangsdame zu, sie möge bitte dem Hausmeister mitteilen, dass im Garten alles umfliege. Jetzt, wo der Schirm weg ist, kann ich Stiefmütterchen sehen, die in der Aprilkälte ausharren müssen. Die S-Bahn kommt vorbei. Ich denke darüber nach, ob das Gehör im hohen Alter zwangsläufig nachlässt.

«Das, Alter, ist unsere Zukunft!», meinte mein Freund Jacob einmal, als wir vor dem leuchtend orangefarbenen Block standen, der neben dem S-Bahnhof errichtet wurde. Plötzlich sah ich überall Altersheime, wo früher Baulücken waren. Das schöne Jugendstilhaus am Steinplatz wird dagegen von einem mongolischen Milliardär für fünfunddreißig Millionen Euro zum Luxushotel umgebaut. Dort lebten früher die einzigen Altersheimbewohner, die ich zumindest vom Sehen her kannte: prächtig, zentral, verwunschen. Eine geheimnisvolle Existenzform direkt neben meiner Schule.

Ich stelle die Frage, die ich eigentlich nicht stellen wollte: Was macht den typischen Geruch eines Altersheims aus? Hier sei er vergleichsweise mild, aber durchaus vorhanden. Frau Pfahl wirkt etwas verunsichert. «Meinen Sie Urin?!» Als wäre es so entsetzlich, wenn ich das gemeint hätte. «Nein, überhaupt nicht. Irgendwie nach Medikamenten, etwas stumpf.» – «Ach, Sie meinen das Desinfektionsmittel. Ohne das geht es nicht!» Im Grunde weiß ich die Antwort selbst: Es riecht verwelkt, als sei der Luft ihr Aroma entzogen.

«Man braucht viel Idealismus und Menschenliebe, um so ein Haus zu bauen», meint Frau Pfahl. «Und einen Sozialdienst, der alle juristischen, pflegerischen und finanziellen Fragen regelt.» Gerade in den Finanzen verbirgt sich offenbar eine Art finale Schicksalsformel: Je mehr errungenen Wohlstand man nach einem «gelebten Leben» investieren kann, desto höher ist der Anspruch auf Kommunikation und Fürsorge. In der Bildzeitung habe ich gelesen, dass ein Heimplatz mit Pflegestufe eins rund zweitausend Euro kostet. Ich muss die Bewohner dringend fragen, wie sie das eigentlich finanzieren. Und wie sie damit klarkommen, dass das Heim für sie wohl die letzte Station ihres Lebens ist.

Ich lerne Hans und Renate kennen, die beide heilfroh sind, in einer geregelten, maßvoll fürsorglichen Struktur zu leben. Hans ist erst sechsundsechzig. Er hat mit vierundfünfzig Jahren einen Schlaganfall erlitten, lag drei Monate im Koma und ist seitdem an den Rollstuhl gefesselt. Seine Gliedmaßen sehen seltsam verzogen aus. Sein Hessisch dagegen ist klar und bestimmt, als er mir mitteilt, dass ich erstens eine halbe Stunde zu spät sei und zweitens auch gleich noch Renate komme. Bis dahin solle ich mal schön warten mit meinen Fragen. Ich entschuldige mich und erkläre, dass das Gespräch mit Frau Pfahl länger gedauert habe als angenommen. Er vergibt mir schnell.

Hinter uns atmet jemand schwer. Renate geht an einem Rollator. Sie ist stark übergewichtig, setzt sich schnaufend und berichtet sofort von ihrer Krankheit. Wie sich ihre Bauchdecke nach einer OP monatelang nicht richtig schloss. Wie sie auf Toilette immer starr nach vorn blicken musste, um ihren Darm nicht zu sehen, der durch die Bauchdecke quoll. Ich schlucke. Aber immerhin, fährt sie fröhlich fort, habe sie nach vierundvierzig Jahren mit dem Rauchen aufgehört. Das hätte keines ihrer drei Kinder mehr erwartet.

Jetzt ist sie der gute Geist des Hauses: Sie hilft in der Küche beim Kartoffelschälen, unterstützt die Bewohner, deren Bewegungsfreiheit noch weiter eingeschränkt ist, hat für alle ein offenes Ohr. Hans ist im Heimbeirat. Da beschwert er sich gern mal, dass es viel zu oft Nudeln gibt. Preußen essen, wie Hans sagt, nämlich nur Kartoffeln und keine Nudeln. Kartoffeln seien einfach besser. «Die Preußen, die hier kochen, sind Polen», lacht Renate.

Beide haben Demut gelernt. Im ersten Stock, sagen sie, wohnen die Bescheuerten, die nichts mehr mitkriegen. Es gebe viele, die blind seien oder taub. Am schlimmsten aber seien die, die garstig und zornig sind. Die an allem rummeckern und die anderen ärgern. Eine Heimbewohnerin werfe immer mit ihrem Gebiss. Jeder hat seine Eigenarten. Hans ist schwul und muss drei- bis viermal am Tag gepampert werden. «Gepimpert wäre mir lieber», sagt er. Auch Renate lacht. Einer ihrer Söhne sei auch schwul. Hans und er hätten ihr erklärt, wie das so ist.

Wir verstehen uns prima. Mir wird bewusst, dass man natürlich auch als Heimbewohner seine Würde behält. Dass es diesen beiden gelingt, sich in ihrer Umgebung zum Wohl der anderen einzubringen. Dass das Geheimnis darin liegt, für andere da zu sein, statt sich selbst zu bemitleiden.

Ich habe mir extra viel Zeit genommen, damit die zwei nicht den Eindruck haben, ich wolle sie mal eben so im Vorbeigehen ausquetschen. Drei Stunden habe ich eingeplant, von denen eine bereits vergangen ist. Noch habe ich meine Überthemen nicht angesprochen: Geld und Tod. «Wie spät ist es?», fragt Hans. Ich sehe auf dem Handy nach: «Gleich zwölf!» Hans setzt abrupt seinen Rollstuhl in Bewegung und entfernt sich rückwärts vom Tisch. «Na, dann wollen wir mal an die Tröge. Du kannst dich ja mal melden, wenn du noch Fragen hast.» Erst als sich Renate ebenfalls an ihrem Rollator aufrichtet, verstehe ich die Situation. Struktur ist Struktur. Es gibt Mittagessen. Das Leben ruft. Da bleibt keine Zeit für die letzten, großen Fragen. Das Signal könnte deutlicher nicht sein: Zeit für mich zu gehen.

Gegenüber dem Fahrstuhl befindet sich das Speisezimmer. Ältere Herren und Damen löffeln bereits klappernd ihre Suppe. Sie blicken nicht auf, als ich an der offenen Tür vorbeilaufe. Ich überlege, ob ich wiederkommen soll, um meine ausstehenden Fragen zu klären. Falls ja, sollte ich eine günstigere Zeit wählen: Niemand geht zur Mittagszeit ins

Altersheim. Während sich die Fahrstuhltür schließt, wünsche ich mir, dass mein Geist immer offen genug für andere bleibt, damit ich mich nicht selbst bedauern muss, wenn es eines Tages nicht mehr anders geht. Das scheint mir die größte Würde zu sein, die man sich bewahren kann. V.W.

Die erste Konfrontation mit dem Tod

Mutter sagte immer, dass Opa alt sei. Außerdem habe er offene Beine. Wegen des Kriegs. Er habe Schmerzen und sei deshalb oft so miesepetrig und auffahrend. Wenn Opa neben meinem Stühlchen saß und mir beim Spielen mit dem Clown aus Holzscheiben zusah, lugte ich öfters auf seine Hosen. Ich stellte mir vor, er hätte verschieden große Löcher in den Waden und Oberschenkeln, durch die man durchsehen kann. Wie der Fahrradknochen, der alle möglichen achtkantigen Öffnungen hat. Und ich mutmaßte: Eines Tages würde auch der Rest seines Körpers in einem Loch verschwinden, das aus ihm erwachsen würde. Ich habe Opa nie nackt gesehen. Als er plötzlich starb, verschwand er einfach unter der Erde. Seinen Leichnam wollte man mir nicht zeigen. Es war mir recht. Der Tod sei einem Kind nicht zuzumuten, meinten meine Eltern, auch wenn er jeden ereilen könne. Das sei dann Gottes Wille.

Ich habe daher immer versucht, Gottes Willen zu erahnen und Ärger zu vermeiden. Und es wundert mich nicht, dass zumindest der eitle Fatzke in mir meine Sterblichkeit bis heute als Beleidigung empfindet, als unzumutbar, als absolute Frechheit. Ist sie eine Strafe? Wenn ja, für was? Gevatter Tod hat sich mir bislang entzogen, vielleicht aus Angst vor meinem Zorn, der wiederum aus meiner Angst erwächst. In meinem näheren Umfeld habe ich bisher nur eines seiner Opfer gesehen, näher bin ich ihm nicht gekommen. Mein Stiefvater starb zu Hause in seinem Bett, und eines weiß ich: In dieser Hülle war nichts mehr von dem liebenswerten Mann, der er einmal war. Sein guter Geist hatte ihn einfach verlassen. Wohin der ging? Vielleicht nirgends hin, sondern einfach nur weg? Ein Rätsel.

Man kann verschiedenste Probleme mit dem Tod haben. Sie beginnen bei Finanzierungsfragen im Fall der Beerdigung und enden auch nicht mit der Frage nach dem Sinn und dem Wohin. Soweit wir wissen, betreffen die meisten Angelegenheiten aber die Lebenden. Schon unsere Ahnen aus dem Neandertal mochten es nicht, wenn Opa und Oma vor ihrer Nase vergammelten, während sie an den Knochen eines Wollnashorns nagten. Sie fingen an, ihre Ahnen zu bestatten. Hundertzwanzigtausend Jahre sind die ältesten Grabfunde alt.

Bestattungen sind etwas genuin Menschliches. Oder haben Sie schon mal einen Trauerzug aus schwarz gekleideten Golden Retrievern gesehen, die ihrem Kollegen Schnuffo die letzte Ehre erweisen und ihn neben seinem erst letztes Jahr verscharrten Lieblingsknochen begraben? Im Tierreich schleppen nur Ameisen ihre Genossen, die sich totgerackert haben, weg. Aber Ameisen schleppen sowieso alles ab, was nicht bei drei auf den Bäumen ist. Und selbst da krabbeln sie noch hoch.

Doch zurück zum Menschen: Sobald sich in ihm das Bewusstsein seiner selbst regt, stellt sich die Frage nach dem Tod. Sie gehört zum Selbst wie die Kackwurst zur Verdauung. Natürlich könnte man auch weniger männlich-fäkalisch sagen: wie die Zeche und der Kater am nächsten Morgen zum Humpenpumpen (in diesem Bild müsste man allerdings auf die himmelschreiende Unzumutbarkeit des Vorgangs verzichten). Woody Allen beschreibt das so: «Ich habe keine Angst vor dem Sterben. Ich möchte bloß nicht dabei sein, wenn es passiert.»

Sorgen macht uns außerdem der natürliche Mangel an glaubwürdigen Zeugen, die uns darüber berichten, wie es denn so zugeht, wenn man erst einmal in den Fängen von Schlafes Bruder rumwest. An Argumenten, die für ein Leben nach dem Tod sprechen, fehlt es nun wirklich nicht. Die religiösen Schriften sind voll davon, und letztlich verweist jede drängende Frage des Lebens auf die Präsenz des großen Sinnstifters.

Dr. Sensenmann rät: Tun Sie nichts, was angesichts Ihrer Endlichkeit in die Tonne für Sondermüll gehört. Dafür ist das Leben zu wertvoll und zu kurz. Die Einmaligkeit ist vielen der erste und einzige Beweis, dass der Tod mehr ist als einfach nur ein Ende: Wenn es den Tod nicht gäbe, wäre unser Leben sinnlos. Den wenigsten von uns gelingt es allerdings, sich an einem Gedanken festzuhalten, der jeder Erfahrungstatsache entbehrt. Und so ducken wir uns gern weg, bis es irgendwann mal an der Tür klopft und uns ein unangemeldeter Besucher im schwarzen Umhang aus den leeren Löchern seines Schädels anstarrt. Im besten Fall geht es ja schnell: das Herz. Oder ein Lkw, der plötzlich auf der A2 zum Überholmanöver ansetzt, während wir auf der linken Spur die Freiheit genießen, selbst zu bestimmen, wie schnell wir fahren.

Und dann ist es schlagartig vorbei? Denkste. Das geht schon formallogisch nicht. Ein folgenloses Ende existiert nur in einem willkürlich abgeschlossenen System. Eine Unterrichtsstunde beginnt und endet, aber dennoch geht ihr der Weg zur Schule voraus, und es folgen die Pausenbrote. Alles hängt vom Ausschnitt ab, den das Bewusstsein wählt. Und für das Bewusstsein selbst lässt sich weder Anfang noch Ende finden.

Meinen Großvater hat das wohl nicht getröstet, als ihn der Schlag traf. Und es hat ihn auch zeit seines Lebens nicht interessiert. Er war zu beschäftigt, mit seinem Leid fertigzuwerden, das sich ihm in jeder Hinsicht aufdrängte und ihn löcherte. Wie die meisten begnügte er sich mit einer Vielzahl unzusammenhängender Ideen, mit denen er die Welt mal so, mal so zu fassen versuchte. Wenn überhaupt.

Der holländische Kardiologe Pim van Lommel hat in den letzten Jahren für einiges Aufsehen gesorgt, weil er Studien zu den Nahtoderfahrungen von Menschen durchführte, die einen Herzstillstand erlebt hatten und reanimiert worden waren. Verkürzt gesagt berichteten alle vom Licht am Ende des Tunnels, aber, viel entscheidender, sie bezeugten Vorgänge, die im Zimmer vonstattengegangen waren, in dem der Körper lag, den sie gerade verlassen hatten: welche Menschen da gewesen waren, welche Gegenstände hereingerollt oder entfernt worden waren, welche Verwandten tatsächlich Betroffenheit gezeigt und nicht nur erbschleicherische Krokodilstränen geweint hatten. Ihr Bewusstsein hatte das alles aus der Vogelperspektive wahrgenommen. Mit restelektrischen Vorgängen im Gehirn ist das nicht zu erklären.

Aber Sie müssen das alles ja nicht glauben. Wer diese Berichte überprüfen will, muss einfach nur abwarten. Protokoll zu schreiben wird dann allerdings schwer … Das ist bislang nur den Autoren des tibetischen Totenbuchs gelungen. Diese schrieben über ihre Erfahrung, dass es keinen ersten und einzigen Tod gibt, sondern immer wieder neue Bewusstseinszustände, die sich mit dem jeweiligen Körper, in dem sie gerade stecken, und seiner Geschichte identifizieren. Die herrschende Verwirrung beginnt mit der weit verbreiteten, aber irrigen Annahme, dass es ein real und eigenständig existierendes Ich gibt. Gibt es ein Ich, muss es auch ein Du, ein Gegenüber geben, das entweder mehr oder weniger hat oder ist als ich. Es entstehen Begehrlichkeiten und Abneigungen, die natürlich als real erlebt werden, sich aber bei eingehender Betrachtung in nichts auflösen. Die gute Nachricht ist: Dieses Nichts ist nicht nichts, sondern hat eigene Qualitäten, die erfahren werden können, sobald man nur eine Sekunde den Blick von den stets wechselnden Gedanken und Gefühlen abwendet. Diese Abwendung wird während der Meditation eingeübt und kann nach Aussage großer Meister zu einem Zustand dauerhaften Glücks jenseits von Zeit und Raum führen. Sie gleicht einem Sterben zu Lebzeiten, da man sich im Geist von allem löst. Es gibt nur noch Erfahrungen, keine Bewertungen mehr. So weit die Kurzversion.

Wenn es so einfach wäre, diesen furchtlosen, unendlich liebevollen und weisen Geisteszustand zu erreichen, von dem die sogenannten Erleuchteten berichten, würde der Weg dahin auf Beipackzetteln in Dosen bei jedem Discounter wohl reißenden Absatz finden. Aber so wie in Opa der Krieg noch weitertobte, kommt der Geist einfach nicht zur Ruhe. Ständig passiert irgendwas Neues, und oft sind wir von der Richtigkeit unserer Realitätsauffassung so felsenfest überzeugt, dass erst ein Chefarzt kommen muss, der uns mitleidig und kopfschüttelnd ansieht, bis wir begriffen haben, dass wir alles andere als unerschütterlich sind. Aber Übung macht bekanntlich den Meister.

Ich möchte an dieser Stelle eine Abmachung mit Ihnen treffen. Einer von uns beiden wird früher sterben als der andere. Und derjenige, dessen Geist dann als erster in einem anderen Körper auftaucht, muss den anderen suchen, finden und ihm dann einen beliebigen Wunsch erfüllen. Okay? Schlagen Sie ein. Sie haben nichts zu verlieren.

Für den unwahrscheinlichen Fall, dass es keine Wiedergeburt gibt und wir vom Jüngsten Gericht zufällig ins gleiche Purgatorium geschickt werden, können wir ja noch mal in Ruhe quatschen. Da diskutieren wir dann bis zum Sankt-Nimmerleins-Tag die Frage, ob das hier alles jemals angefangen hat und deshalb auch enden muss. Ich werde sagen, dass Ursache und Wirkung als Prinzip durchgängig wirksam sind und unser Geist seit anfangsloser Zeit da ist, und Sie werden versuchen, genervt aus dem Topf zu klettern, in dem wir solidarisch sieden. Das klappt natürlich nicht, weil der Teufel gut aufpasst. Sie werden gequält lächelnd einwenden, dass es ja noch nicht eindeutig bewiesen sei, ob es nach der Hölle nicht direkt in den Himmel weitergehe. Das ganze Leid habe etwas sehr Reinigendes. Und so werden wir uns nie einig und sind im Streit füreinander Teil unserer jeweiligen Strafe.

Vielleicht aber kommt nach diesem Leben auch eine Zeit, wie sie der amerikanische Gehirnwissenschaftler David Eagleman in seinem Buch «Sum – Fourty Tales from the Afterlives» beschrieben hat. Dort finden sich mehrere reizvolle Gedankenspiele. Hier ist eines davon: Nach dem Tod wiederholen Sie einfach alles, was Sie in diesem Leben erlebt haben, noch einmal ganz von vorn und in einem Durchgang. Allerdings führen Sie die einzelnen Tätigkeiten nicht im Wechsel aus, sondern an einem Stück. Sie schlafen nicht etwa acht Stunden und gehen dann mal kurz fünf Minuten auf die Toilette. Nein, sie schlafen vierundzwanzig Jahre lang und verbringen danach sechs Monate auf dem stillen Örtchen.

Wenn das Leben nach dem Tod tatsächlich so aussieht, werden wir uns wohl nicht mehr treffen, und ich entbinde Sie hiermit von Ihrem Wort, mich zu finden. Ich werde im Jenseits allein dreiundvierzig Jahre ununterbrochen die Fachabteilung für Premium-Besserwisserei leiten. Sehr unwahrscheinlich, dass wir uns genau dann treffen, wenn Sie gerade vom Pott runterkommen. V.W.

Das erste Mal unter Toten

Im Vorspann der Fernsehserie «Raumschiff Enterprise» heißt es im englischen Original, dass das Weltall die letzte Grenze («the final frontier») sei. Das klingt gut, wir wissen auch, wie es gemeint sein soll, aber begrenzt ist der Raum erst mal nicht. Für uns Lebewesen gibt es nur eine definitive Grenze: den Tod. Diese Grenze überschreiten wir unserer Natur gemäß nur in unserer Vorstellung. Wie erkundet man nun diese Grenzregion, und wie erzählt man davon so, dass es andere nachvollziehen können? Theoretisch ist das ganz einfach. Expeditionen ins Totenreich haben Berichte hinterlassen, die zum Teil zu religiösen Manifesten geworden sind. Ich verweise in diesem Zusammenhang gern auf das Totenbuch der Tibeter (siehe dazu auch das vorangegangene Kapitel). Darin haben hoch entwickelte Geister die Erfahrung beschrieben, die wir Menschen im Kreislauf von Tod und Wiedergeburt seit jeher gemacht haben, gegenwärtig machen und immer wieder machen werden.

In der westlichen Moderne herrscht dagegen weitgehend die Auffassung, dass mit dem Körper der ganze Mensch stirbt. Allerdings käme doch wohl keiner auf die Idee, einen Piloten mit dem Flugzeug zu verwechseln. So gesehen erzählt das Totenbuch der Tibeter die Geschichte aller Piloten und ihrer zahllosen Abstürze nach Blindflügen. Die unvoreingenommene Erkundung unserer letzten Grenze ist im Diesseits jedoch recht schwierig. Aus Gründen der Ich-Anhaftung habe ich es auf der Redaktionssitzung abgelehnt, eigens für dieses Buch Suizid zu begehen. Damit ist mir die Erfahrung, das erste Mal ohne Körper zu existieren, vorerst erspart geblieben.

Es gibt jedoch Orte, an denen zwar nicht der Tod, aber doch die Toten allgegenwärtig sind, die wir uns üblicherweise schnell aus den Augen schaffen: die gerichtsmedizinischen Fakultäten. Die Lebenden entlocken den Toten dort ein letztes Geheimnis: Was hat den Tod besiegelt? Dem Treiben an einem solchen Ort beizuwohnen, bedeutet allerdings nicht notwendigerweise, ein Trauerspiel oder das schiere Grauen zu erleben. Am Ende der Leichenschau war ich sogar nahezu euphorisch.

An der guten Luft dort lag das bestimmt nicht. Es gibt keinen vergleichbaren Gestank. Selbst die schwefligen Gase der meterhohen Titanenwurz – die die größte Blüte der Welt hervorbringt, zum Kotzen riecht und in ihrer Heimat Sumatra deshalb auch Aasblume genannt wird – sind dagegen vergleichsweise harmlos. In den Räumen der Leichenschauer herrscht ein zutiefst menschlicher, unvergesslicher Geruch. Der süßliche Pesthauch des Todes kehrte später gelegentlich aus heiterem Himmel in meine Erinnerung zurück.

Im Institut für Rechtsmedizin der Charité im Berliner Stadtteil Moabit wurde für mich offensichtlich, woran ich ohnehin schon immer glaubte: dass der Mensch mehr als sein Körper ist. Das erleben zu dürfen, hat mich glücklich gemacht. Auch wenn ich jeden verstehe, dem das anders geht. Noch vor dreißig Jahren war ich einmal aus dem Pathologiesaal geflüchtet, in dem Medizinstudenten ihre Präparationskurse durchführten. Schon der Anblick der von der Haut befreiten, wächsernen Arme, die senkrecht in die Luft staken, war zu viel für mich gewesen. Vom Formalingeruch mal abgesehen. Ich hielt mich insgeheim für einen äußerst sensiblen Menschen, dem der Tod nicht zuzumuten ist. Ich war in diesem Moment nur Körper – zum Tode verdammt.

Folgendes war bei meinem Besuch in der Charité neben dem Gestank der zweite, ebenso starke, wenngleich subtilere Eindruck: Die vor mir liegenden Körper hatten alle klar erkennbar keine Besatzung mehr. Es war eines dieser blitzartigen Aha-Erlebnisse. Untersucht wurden dort leere Hüllen in unterschiedlichen Verwesungsgraden. Körperkapseln, die mal dreißig, mal siebzig Jahre lang durch die Zeit gereist waren und dann, oft unter großen Schmerzen, aufgegeben werden mussten.

Es ist ein schöner Maimorgen. Schon um sieben Uhr herrschen zwanzig Grad. Ich habe schlecht geschlafen und nicht gefrühstückt. Noch denke ich darüber nach, dass man Tote nicht unbedingt mitten in der Nacht in Augenschein nehmen müsste, da tritt mir auch schon Professor Michael Tsokos entgegen. Gedrungen, kräftig, grau meliertes Haar, leichter norddeutscher Zungenschlag. Businesshemd, blaues Jacket, Jeans. Er ist ein Star unter den deutschen Rechtsmedizinern. Seine spektakulärsten Fälle hat er erfolgreich publiziert. Ende der Neunziger war er in Bosnien, um dort exhumierte Leichen zu obduzieren. 2004/2005 identifizierte er in Thailand im Auftrag der Bundesregierung verweste Wasserleichen nach der Tsunami-Katastrophe. Das kann nicht jeder, und Tsokos kann zudem was ab. Er raucht nicht, trinkt nicht und schläft gut. Nur zu wenig. Er hat – bald – fünf Kinder und strotzt vor Lebensenergie. Seit 2007 leitet er sowohl das Institut für Rechtsmedizin der Charité als auch das Landesinstitut für gerichtliche und soziale Medizin. Tsokos lacht: «Und, gut geschlafen?» – «Prächtig!», antworte ich. Nur keine Schwäche zeigen. Jedenfalls noch nicht jetzt.

Wir sitzen zu neunt in einem kargen Konferenzraum. Ein irischer Anthropologe deutet mit einem Laserpointer auf ein an die Wand projiziertes Foto. Es zeigt das Seitenprofil eines Schädels, der 2009 bei einer Hausdurchsuchung nach einer Insolvenzverschleppung gefunden wurde. Soweit ich in meiner Aufregung folgen kann, handelt es sich wahrscheinlich um den weiblichen Schädel einer unter Dreißigjährigen aus frühneolithischer Zeit, die entweder aus Dänemark oder dem Kaukasus kam. Kleine Punkte in der Augenhöhle lassen auf Anämie, Blutmangel, schließen. Also trotz zerstörter Schädelbasis kein Mord. Und wenn doch, dann einer, der vor fünftausend Jahren stattfand. Wo auch immer der Insolvenzverschlepper den Schädel herhatte – gemordet hat er nicht.

Die Herren der Runde sind gut aufgelegt. Wir witzeln über meine Frisur beziehungsweise die Abwesenheit der nämlichen. Ich verspreche, so oder so wiederzukommen. Besonders jetzt, da ich wisse, wie offen und gelöst die Stimmung hier sei. «Nun, wir müssen ja nett sein. Zu uns kommt schließlich jeder ein zweites Mal!» – «Daher weiß meine Frau, was sie zu tun hat, wenn ich sterbe. Sie muss mich über die Stadtgrenzen schleifen, damit ich den Kollegen nicht in die Hände falle.» Ich würde mit jedem der Anwesenden abends ein Bier trinken gehen. Einfach wahnsinnig nette Leute, jeder auf seine Art sympathisch. Es ist die Solidarität der Lebenden.

Die Fälle des heutigen Tages werden durchgegangen. Ich zähle zwölf Tote. Wenn die Ärzte vor Ort keine eindeutige Todesursache finden, müssen die Rechtsmediziner ran. Auch die Polizei stellt im Rahmen ihrer Möglichkeiten allerlei Vermutungen an. In einem Fall zum Beispiel tippte der Beamte auf Lebensmittelvergiftung durch Paella. Dagegen spricht der Aktenvermerk, der Verstorbene habe in den letzten Monaten immer wieder unter Durchfall gelitten. Das Kind des Mannes ebenfalls. Fragt sich, ob beide die gleiche Paella gegessen haben oder sich das Kind im häuslichen Umfeld angesteckt hat. Ich bin heilfroh, dass diese Leute ihre Arbeit machen. Was mir in Restaurants und an Epidemien erspart blieb, werde ich wohl nie erfahren. Ich hoffe nur, dass ich nicht sterbe wie alle anderen: «Woran stirbt der Berliner?» – «1,2 Promille und 'ne Bockwurst im Hals!» Übrigens waren fünf der zwölf Leichen Alkoholiker.

Wir ziehen uns um: blaue Hose, blaues Hemd, Gummi-Clogs. «Dann wollen wir mal, was?» Die erste Schleusentür öffnet sich, und ich folge Tsokos zögerlich. Links und rechts Stahltische, geflieste Wände, grelles Neonlicht. Eine bedeckte und eine nackte Leiche. «Zum Glück ein Mann!», denke ich. Der Geruch wird stärker, als die nächste Tür aufgeht. Ungefähr hundert Füße, die unter Tüchern hervorlugen. Viele Zettel. Vorbei an zwei weiteren Leichen. Bei einer der beiden haben die Sektionsassistenten bereits mit der Öffnung des Körpers begonnen.

Schließlich kommen wir in den Hauptsaal. Fünf Tische, auf jedem eine Leiche. In der Ecke des Saals eine fernsehergroße Lampe, die bläuliches Licht ausstrahlt und Insekten anlocken soll. Ich sehe zu den Leichen und wieder weg, hin und wieder weg, in immer schnellerem Wechsel, bis ich merke, dass ich problemlos ertragen kann, was ich sehe.

Das Gehäuse auf Tisch fünf ist schon graugrün. Das Gesicht erinnert an einen verfetteten Ötzi. Oder die monströsen Lehmmasken afrikanischer Stämme. Gelbe Zähne ragen schief über die elefantenhautfarbenen Lippen. Auf einem weiteren Stahltisch liegt ein Zweiunddreißigjähriger, der einen Tag nach seinem Tod Geburtstag gehabt hätte. Gestern wäre das gewesen. Er ist sehr hager, seine Finger gleichen den Beinen der Außerirdischen aus «Alien».

Wir nehmen an, dass Zeit für die Toten keine Rolle mehr spielt. Schließlich nennen wir ihren Zustand «ewige Ruhe». Die Lebenden bewegt derweil die Todesursache, und dabei gilt: je frischer der Leichnam, desto einfacher die Diagnose. Woran starb der einsame Mann auf Tisch vier, der sechs Wochen in seiner Wohnung lag und zum Schluss nur noch als Hundefutter diente? Ich versuche mich in die Not des Tieres hineinzuversetzen und flüchte doch vor dem inneren Bild, das entsteht, als ich den klaffenden Schritt des Mannes sehe. Der Hund hat sich das letzte Würstchen geholt. Ich finde den Witz nicht despektierlich: Vielleicht hat der Tote so dem Tier noch das Leben gerettet. Aber was war geschehen? Das ist die Frage, die hier mit wissenschaftlicher Akribie beantwortet werden soll.

Dem Mann wird jetzt mit einem Skalpell die Kopfhaut von einem Ohr zum anderen aufgeschnitten, Tsokos' Assistent zieht die vordere Stirnhaut mit einem Ruck über die Augen. Der Haaransatz hängt über den Lippen, und mit der faltigen Gesichtshaut sieht der Tote aus wie ein betrunkener Jeck, der am Straßenrand eingenickt ist und dem die Maske zu tief ins … na ja … Gesicht gerutscht ist. Mit einer Trennscheibe wird der Schädel geöffnet. Handwerklich ein Meisterstück. Tsokos öffnet währenddessen mit einer Art Geflügelschere nicht minder schnell den oberen Brustraum. Es knackt. Über einundzwanzigtausend Mal hat er das schon gemacht. Wie verletzlich wir Menschen doch sind. Die Situation rührt mich so sehr, dass es mir fast die Tränen in die Augen treibt. Was wir für ein Gewese um uns selbst machen – unfassbar. Wer so verletzlich ist, sollte sich eher bescheiden. Ich meine wohl vor allem mich selbst.

Als das Gehirn entnommen wird, gibt es ein schmatzendes Geräusch, und ich überlege, ob ich das jetzt nicht eklig finden müsste. Plötzlich herrscht Unruhe. «Herrschaften am Tisch, bitte die Masken auf.» Tsokos deutet auf den Brustraum, und ich vermute, dass er die Eiterherde meint. Ich bin völlig fasziniert von dem Vorgang. Die Maske erweist sich im weiteren Verlauf als sehr nützlich, vor allem als der Dickdarm an der Reihe ist.

Ein Organ nach dem anderen wird entnommen und akkurat geöffnet, sodass man ohne weiteres alle inneren Strukturen erkennen kann. So sehe ich im Lauf der Obduktionen zum ersten Mal in meinem Leben Blasenkrebs, verhärtete Herzarterien, vernarbtes Infarktgewebe, Trommelfelle und vor allem eine, wie man mir versichert, außergewöhnlich ausgeprägte Meningitis, eine Gehirnhautentzündung. Daran ist der Mann auf Tisch vier gestorben. Der Hospitant aus Japan wird herbeigerufen, und Tsokos erklärt ihm auf Englisch, wie selten dieser Anblick ist. Der Japaner sagt erwartungsgemäß: «Ooohhh!»

Am schwersten ist für mich seltsamerweise der Anblick der zerschnittenen Kleidungsstücke zu ertragen. Die Habseligkeiten des Herrn mit den Alien-Fingern erinnern an sein vergangenes Leben. Die Vermutung liegt nahe, dass es nach herkömmlichen Maßstäben nicht besonders gut gelang. Die zerschnittene, billige Trainingshose. Die schmutzigen, abgetretenen Turnschuhe. Das schäbige T-Shirt.

Auf dem Nachbartisch ist der Brustkorb des Leichnams mittlerweile so weit wie möglich geöffnet worden. Die Rippen stehen weit auseinander und erlauben den Blick auf die Wirbelsäule. Das Bild erinnert mich an eine Szene aus dem «Schweigen der Lämmer». Dort dient das Szenario der Angstmache. Hier denke ich allen Ernstes: «So was hätte ich auch lernen können, wenn ich früher nicht so neurotisch gewesen wäre.»

«Sie scheinen hier ja ganz gut klarzukommen!», höre ich Tsokos sagen. Ich halte mich im Hintergrund und versuche die Kreise, die die Rechtsmediziner und ihre Assistenten ziehen, nicht zu stören. Es käme mir wie eine Entweihung vor. «Ja, ich bewundere Ihre Arbeit. Und diese Atmosphäre hier. Schwer zu beschreiben ...» Jeder Pharao würde sich so eine Truppe wünschen, die ihn einbalsamiert. Er nickt. «Wenn wir hier alle aufgeregt herumliefen, wären Sie sicher beunruhigt.» Stimmt. Es gibt kein Signal, dass hier irgendetwas falsch liefe. Konzentrierte Griffe und nüchterne Diagnostik. Entlastungshäme oder Zynismen fehlen. Alles wird gewogen, gemessen, auch fotografiert. Nichts, kein Hinweis, darf verloren gehen. Der Mann, der gestern Geburtstag gehabt hätte, erhält seine Organe zurück, der Bauch wird wieder verschlossen. Proben seines Bluts, seiner Organe und des Mageninhalts werden beschriftet. Fürsorglicher kann ein Staat seine toten Bürger nicht behandeln.

Als wir nach anderthalb Stunden auf einem kleinen Balkon sitzen und Kaffee trinken, diktiert Tsokos die Befunde. Sechs Minuten lang rekapituliert er die gesamte Obduktion, Farbe, Form und Veränderung aller Organe, hält jedes noch so kleine Merkmal fest. Es hagelt Fachbegriffe. Ich komme mir vor, als fahre ich eine Rallye, nur dass mein Beifahrer vierhundertmal schneller den Weg erklärt, als ich in der Lage bin zu reagieren. Es bleibt eine grobe Vorstellung von der zurückgelegten Strecke.

Es ist ein schönes Gefühl, hier in der Sonne zu sitzen. Es hätte weit schlimmer werden können: Frauen-, Kinder- oder Wasserleichen sind mir erspart geblieben. Auch Mordopfer gab es heute nicht. Eine Amsel setzt sich auf die Balkonstange. Der Kaffee ist so stark, dass mein Herz sofort einen Gang höher schaltet. Ich war zuvor noch nie an einem Ort, an dem Leben und Tod so dicht beieinanderliegen, fast eins sind, und ich versuche eine blöde Liedzeile von Faith No More abzuschütteln, die mir immer wieder einfällt: «It's a dirty job, but someone's gotta do it. We care a lot». Die Stereotypie meiner Assoziation nervt mich.

Abends bin ich zum Essen eingeladen. Andreas hat Geburtstag. Ich habe an diesem Tag das Leben sehr genossen. Und es geht weiter: Es gibt Lamm, grüne Bohnen und Rotwein. Als ich jedoch meine Begeisterung für die Arbeit der Gerichtsmediziner teilen will, winken die meisten ab und verziehen das Gesicht. Niemand möchte Details hören. Ich will gerade anheben, umständlich zu erklären, warum Tsokos' Mannen aus meiner Sicht maßgeblich zum Gelingen unseres gesellschaftlichen Zusammenlebens beitragen, da ist auch schon das Essen fertig. Der gläubige Katholik Bernd hält mir vor, ich würde das alles wie Ernst Jünger den Krieg in seinen «Stahlgewittern» schildern. Irgendwie heroisch überhöht. Frei von jeglichem Mitleid mit den Toten. Ich erspare den Gästen die Erläuterung des aus meiner Sicht wesentlichen Unterschieds zwischen Mitleid und Mitgefühl und sage stattdessen: «Da lagen menschliche Körper, ja, aber der Geist hatte sie bereits verlassen! Flugzeuge ohne Piloten!»

Das Thema zündet nicht. Wir essen. Ich halte mich jetzt vor allem an Bohnen und Rotwein. Denn die Knochen, die aus den Lammkoteletts ragen, erinnern mich an irgendetwas. Und es ist nicht Ernst Jünger. Anerzogene Reflexe legt wohl keiner ohne weiteres ab. Aber immerhin stellen diese Reflexe Grenzen dar, die man überwinden kann, wenn man vom Glauben abfällt und der eigenen Erfahrung vertraut.

Als ich angeschickert auf dem Fahrrad nach Hause fahre, kehrt der Leichengeruch in meine Nase zurück. Würde ich nicht so sehr an diesem Leben hängen, denke ich, könnte ich mich sicher auf das freuen, was meinem Bewusstsein bevorsteht, nachdem es meinen Körper verlassen hat. Ehe ich michs versehe, werde ich schon wieder euphorisch. Und so rolle ich auf die letzte menschliche Grenze zu. V.W.

FSC
www.fsc.org
MIX
Papier aus verantwortungsvollen Quellen
FSC® C083411

Das für dieses Buch verwendete FSC®-zertifizierte Papier *Schleipen Werkdruck* liefert Cordier, Deutschland.